Finnische Grammatik

FRED KARLSSON

Finnische Grammatik

Übertragung aus dem Finnischen von
Karl-Heinz Rabe

Bearbeitet von
Cornelius Hasselblatt
und
Paula Jääsalmi-Krüger

HELMUT BUSKE VERLAG
HAMBURG

Die finnische Originalausgabe erschien 1982 in Helsinki
unter dem Titel *Suomen peruskielioppi* (ISBN 951-717-273-7)
im Verlag Suomalaisen Kirjallisuuden Seura als Band 378
in der Reihe *Suomalaisen Kirjallisuuden Seuran
toimituksia* (ISSN 0355-1768)

Im Digitaldruck »on demand« hergestelltes, inhaltlich mit der 4., durchgesehenen und verbesserten Auflage von 2004 identisches Exemplar.
Wir bitten um Verständnis für unvermeidliche Abweichungen in der
Ausstattung, die der Einzelfertigung geschuldet sind.
Weitere Informationen unter: www.buske.de/bod.

Bibliographische Information der Deutschen Nationalbibliothek

Die Deutsche Nationalbibliothek verzeichnet diese Publikation
in der Deutschen Nationalbibliographie; detaillierte bibliographische
Daten sind im Internet über ‹http://portal.dnb.de› abrufbar.
ISBN 978-3-87548-381-9

© Helmut Buske Verlag GmbH, Hamburg 2004. Alle Rechte vorbehalten.
Dies gilt auch für Vervielfältigungen, Übertragungen, Mikroverfilmungen
und die Einspeicherung und Verarbeitung in elektronischen Systemen, soweit
es nicht §§ 53 und 54 URG ausdrücklich gestatten. Gesamtherstellung: BoD,
Norderstedt. Gedruckt auf alterungsbeständigem Werkdruckpapier, hergestellt aus 100% chlorfrei gebleichtem Zellstoff. Printed in Germany.

Vorwort

Die *Finnische Grammatik* ist die deutsche Ausgabe des Buches *Suomen peruskielioppi*. Die erste Auflage des ursprünglichen Werkes *Finsk grammatik* veröffentlichte die Finnische Literaturgesellschaft im Jahre 1978. Die finnische Fassung habe ich 1980 verfaßt.

Die kontrastiven Vergleiche des ursprünglichen Werkes sind zum größten Teil weggelassen worden. In den Kapiteln 21–22 wurden einige Korrekturen vorgenommen, ansonsten wurden ursprüngliche Struktur und Inhalt beibehalten.

Die *Finnische Grammatik* ist in erster Linie für solche Studierende der finnischen Sprache gedacht, die einfache Texte lesen können. Das Buch setzt keine weitere Kenntnis der Beschreibung der Sprache oder ihrer Grammatik voraus. Mit Grammatik sind hier allgemeinste Formen und Strukturen der geschriebenen Sprache gemeint. Die Regeln der Grammatik habe ich mit Hilfe einer angemessenen grammatikalischen Terminologie möglichst genau darzustellen versucht. Die Termini führen leicht zu einer theoretischen Darstellung, die ich durch Anführen zahlreicher Beispiele zu vermeiden suchte. Meine Absicht war, die Regelmäßigkeit der Grammatik auch aus den Beispielen ersichtlich werden zu lassen. Die Darstellung der Grammatik stützt sich in vielen Punkten auf die moderne Linguistik. Dadurch eröffnet das Buch einige neue Gesichtspunkte zu an sich bekannten grammatikalischen Dingen und der Art diese darzustellen, siehe z. B. die Anwendung der morphotaktischen Schemata (§§ 12–14), die Behandlung des Stufenwechsels (§ 15), die Darstellung der morphonologischen Vokalveränderungen vor suffixalem **i** (§ 16) sowie die Typologie der Flexionsparadigmen der Nomina und der Verben (Kap. 5–6). Die Form- und Satzlehre erscheinen im gesamten Buch in integrierter Abbildung.

Das Buch hat 22 Kapitel. Sie bilden in sich Einheiten, die man nicht nacheinander zu lesen braucht. Jedes Kapitel enthält ihrer Art nach zusammengehörige Strukturen. Das Anfangskapitel stellt eine allgemeine Einführung dar, das 3. Kapitel einen allgemeinen Überblick über die Formenlehre und das 7. einen zusammenfassenden Überblick über die wichtigsten Züge der Satzkonstruktionen. Es lohnt sich, sich mit diesen Kapiteln zuerst zu beschäftigen.

Die Grundlagen der Aussprache werden im 2. Kapitel behandelt, das durch den Überblick über die Eigenheiten der gesprochenen

Umgangssprache, die in Lehrbüchern im allgemeinen nicht erwähnt werden, im 22. Kapitel ergänzt wird.

Der Verfasser dankt Paula Jääsalmi-Krüger und Cornelius Hasselblatt, die freundlicherweise die Bearbeitung der Übersetzung auf sich genommen haben, für zahlreiche Präzisierungen und andere Verbesserungen.

Helsinki, im August 2000 *Fred Karlsson*

Inhalt

Vorwort 5
Zeichenerklärung 12

1. Einführung
§ 1 Die Verwandtschaft des Finnischen mit anderen Sprachen 13
§ 2 Die finnische Sprache in Vergangenheit und Gegenwart 14
§ 3 Grundzüge der Struktur des Finnischen 17
§ 4 Besondere Schwierigkeiten beim Erlernen der
     finnischen Sprache 19

2. Aussprache und Lautstruktur
§ 5 Schrift und Aussprache 23
§ 6 Vokale und Konsonanten 24
§ 7 Kurze und lange Laute 25
§ 8 Diphthonge 26
§ 9 Silben 27
§10 Akzent und Intonation 28
§11 Vokalharmonie 29

3. Überblick über die Wortstruktur
§12 Nomina und ihre Endungen 31
§13 Finite Verbformen und ihre Endungen 34
§14 Infinite Verbformen und ihre Endungen 37

4. Zwei wichtige Lautwechsel
§15 Stufenwechsel (**p, t, k**) 40
    15.1 Wie der Stufenwechsel auftritt 40
    15.2 Regeln des Stufenwechsels 41
    15.3 Anwendung der Hauptregel auf die Nomina . 43
    15.4 Anwendung der Regeln auf die Verben 46
    15.5 Weitere Beispiele zu Stufenwechseltypen . 48
    15.6 Einige Zusätze 50
§16 Vokalveränderungen vor -**i**-Endungen 51

5. Flexionstypen der Nomina
§17 Allgemeines 57
§18 Nomina der -**i**-Grundform 59

18.1 **tunti**-Nomina 59
18.2 **kivi**-Nomina 59
18.3 **kieli**-Nomina 61
18.4 **vesi**-Nomina 62
§ 19 Nomina der -**e**-Grundform 62
§ 20 Nomina der Konsonantengrundform 64
20.1 **ihminen**-Nomina 64
20.2 **ajatus**-Nomina 65
20.3 **taivas**-Nomina 65
20.4 **hyvyys**-Nomina 66
20.5 **avain**-Nomina 67
20.6 **työ/tön**-Nomina 67
20.7 **askel**-Nomina 67
20.8 Sonderfälle 68

6. Flexionstypen der Verben

§ 21 Allgemeines 69
§ 22 Infinitivendungen 70
§ 23 Flexionsstämme 72
23.1 **anta/a**-Verben 72
23.2 **huomat/a**-Verben 72
23.3 **saa/da**-Verben 73
23.4 **nous/ta-**, **tul/la**-Verben 74
23.5 **tarvit/a**-Verben 74
23.6 **lämmet/ä**-Verben 75

7. Grundstruktur der Sätze

§ 24 Konjugation der Verben im Präsens 76
§ 25 Nominativ (Grundform der Nomina) 79
25.1 Nominativendungen 79
25.2 Substantive teilbarer und
       unteilbarer Mengen 80
25.3 Gebrauch des Nominativs 80
§ 26 Singular und Plural 82
§ 27 Das Verb **olla** 84
§ 28 Possessivkonstruktion 85
§ 29 Verneinende Sätze 85
§ 30 Fragen und Antworten 87
30.1 **-ko ~ -kö**-Fragen 87
30.2 Wortfragen 90
§ 31 Kongruenz der Attribute 91

8. Partitiv

- § 32 Bildung des Partitivs 93
  - 32.1 Partitiv Singular 93
  - 32.2 Partitiv Plural 96
- § 33 Gebrauch des Partitivs 99
  - 33.1 Partitivsubjekt 99
  - 33.2 Partitivobjekt 102
  - 33.3 Partitivisches Prädikatsnomen 105
  - 33.4 Partitiv bei Mengenangaben 107
  - 33.5 Partitiv bei Prä- und Postpositionen 109

9. Genitiv, Possessivsuffixe und Akkusativ

- § 34 Bildung des Genitivs 110
  - 34.1 Genitiv Singular 110
  - 34.2 Genitiv Plural 111
- § 35 Gebrauch des Genitivs 114
- § 36 Possessivsuffixe 116
- § 37 Was der Akkusativ ist 120
- § 38 Akkusativendungen 122
- § 39 Adverbien der Menge anstelle eines Objekts 125

10. Die sechs Lokalkasus

- § 40 Allgemeines 126
- § 41 Inessiv 127
- § 42 Elativ 129
- § 43 Illativ 131
- § 44 Adessiv 134
- § 45 Ablativ 136
- § 46 Allativ 137
- § 47 Verben der Veränderung 139
- § 48 Zu einigen Ortsnamen 139

11. Sonstige Kasus

- § 49 Essiv 141
- § 50 Translativ 142
- § 51 Abessiv, Komitativ und Instruktiv 144

12. Zahlwörter

- § 52 Grundzahlen 146
  - 52.1 Flexion der Grundzahlen 146
  - 52.2 Gebrauch der Grundzahlen 148
- § 53 Ordnungszahlen 150

13. Pronomen

§ 54 Personalpronomen 154
§ 55 Demonstrativpronomen 155
§ 56 Interrogativpronomen 156
§ 57 Indefinitpronomen 158
§ 58 Relativpronomen 164

14. Tempora der Verben

§ 59 Präsens 166
§ 60 Imperfekt 167
§ 61 Perfekt 170
§ 62 Plusquamperfekt 173
§ 63 Verneinende Zeitformen 173

15. Modi der Verben

§ 64 Indikativ 176
§ 65 Konditional 177
§ 66 Imperativ 180
§ 67 Potential 184

16. Passivformen der Verben

§ 68 Allgemeines 187
§ 69 Passiv Präsens 188
§ 70 Passiv Imperfekt 191
§ 71 Passiv Perfekt und Plusquamperfekt 192
§ 72 Modi des Passivs 195

17. Infinitive der Verben

§ 73 Allgemeines 197
§ 74 Infinitiv I 198
    74.1 Grundform des Infinitiv I 198
    74.2 Translativ des Infinitiv I 199
§ 75 Infinitiv II 200
    75.1 Inessiv des Infinitiv II 200
    75.2 Instruktiv des Infinitiv II 203
§ 76 Infinitiv III 203
    76.1 Bildung 203
    76.2 Inessiv des Infinitiv III 205
    76.3 Elativ des Infinitiv III 205
    76.4 Illativ des Infinitiv III 205
    76.5 Adessiv und Abessiv des Infinitiv III 206
§ 77 Infinitiv IV 207

18. Partizipien der Verben

§ 78 Allgemeines 209
§ 79 Partizip Präsens Aktiv 210
§ 80 Partizip Präsens Passiv 211
§ 81 Partizipien des Perfekts 213
§ 82 Partizipialkonstruktion 215
§ 83 Temporalkonstruktion 219
§ 84 Agenskonstruktion 221

19. Steigerung der Adjektive

§ 85 Komparativ 224
§ 86 Superlativ 226

20. Kleine Wörter und Anhängepartikeln

§ 87 Adverbien 230
§ 88 Präpositionen 233
§ 89 Postpositionen 234
§ 90 Konjunktionen 237
§ 91 Anhängepartikeln 238

21. Wortbildung

§ 92 Allgemeines 242
§ 93 Ableitungen 244
  93.1 Nominalableitungen 244
  93.2 Verbalableitungen 250
§ 94 Bildung von Komposita 253

22. Umgangssprache

§ 95 Allgemeines 255
§ 96 Lautschwund und Assimilation 256
§ 97 Formenunterschiede 258

Flexionsschemata 261

Literatur 275

Sachregister 277

Zeichenerklärung

/	Der Schrägstrich / gibt die Grenzen zwischen dem Wortstamm und den verschiedenen Endungen an. Beispiele: **auto/ssa** 'im Auto', **äiti/ni/kin** 'auch meine Mutter', **sano/isi/n** 'ich würde sagen', **ole/mme lähte/neet** 'wir sind weggegangen'.
' '	Mit einfachen Anführungszeichen ' ' wird die deutsche Bedeutung finnischer Wörter und Formen angegeben, z. B. **kala** 'Fisch'.
[ ]	In eckigen Klammern [ ] wird die Aussprache der Wörter angegeben. Zum Beispiel bedeutet **rengas** [reŋŋas], daß das Wort in der Aussprache einen langen 'äng-Laut' enthält [ŋŋ], wie z. B. das dt. Wort 'Länge'.
´	Der Akzent ´ bezeichnet die Stelle des Hauptakzentes im Wort. Beispiel: in den Wörtern **tálo**, **tálo/on** ist der Hauptakzent in beiden Wörtern auf der ersten Silbe.
:	Der Doppelpunkt : zeigt an, daß zwei Formen miteinander wechseln. Beispiele: **käsi : käde/n**, **tul/la : tule/n**.
~	Die Wellenlinie ~ trennt Endungsvarianten, z. B. **-ssa ~ -ssä** (im Inessiv), **-vat ~ -vät** (3. Person Plural).
-n	Der Bindestrich - vor einem Morphem (z. B. **-n**, **-ssa ~ -ssä**) zeigt an, daß es sich um eine Endung handelt, die an den Stamm angehängt wird.
tule-	Nach einem Morphem zeigt der Bindestrich an, daß es sich um einen Stamm handelt, an den Endungen angehängt werden.

1 Einführung

Die Verwandtschaft des Finnischen mit anderen Sprachen
Die finnische Sprache in Vergangenheit und Gegenwart
Grundzüge der Struktur des Finnischen
Besondere Schwierigkeiten beim Erlernen der finnischen Sprache

§ 1 *Die Verwandtschaft des Finnischen mit anderen Sprachen*

Finno-ugrische Sprachen

Die finnische Sprache gehört zur *finnougrischen Sprachfamilie*. Diese unterscheidet sich erheblich von der indoeuropäischen Sprachfamilie, zu der z. B. Schwedisch, Englisch, Französisch, Deutsch, Russisch, Persisch und Hindi gehören. Nur die vier bekanntesten finnougrischen Sprachen werden außerhalb Rußlands gesprochen: Finnisch, Estnisch, Ungarisch und die samischen Sprachen (der Begriff „Lappisch" gilt als geringschätzig), die im Norden Finnlands, Norwegens, Schwedens und dem äußersten Nordwesten Rußlands gesprochen werden.

Die ostseefinnischen Sprachen

Die Sprachen, die dem Finnischen am nächsten verwandt sind, sind Estnisch, Karelisch, Wepsisch, Lüdisch, Wotisch und Livisch, die alle südlich und östlich um den Finnischen Meerbusen herum gesprochen werden. Von diesen *ostseefinnischen Sprachen* sind Finnisch und Estnisch am weitesten verbreitet. Diese beiden Sprachen sind sich, da sie sehr eng miteinander verwandt sind, so ähnlich, daß Finnen und Esten schon mit sehr geringen Kenntnissen der jeweils anderen Sprache einander recht gut verstehen können.

Vergleicht man die finnougrischen Sprachen zum einen in Bezug auf ihre Beziehungen untereinander, zum anderen in Bezug auf ihre Beziehung zum Finnischen, ergibt sich folgendes Bild:

Finnisch	Estnisch	Samisch	Mordwinisch	Komi	Chantisch
	Karelisch	(Lappisch)	Mari (Tschere-	(Syrjänisch)	(Ostjakisch)
	Wepsisch		missisch)	Udmurtisch	Mansisch
	Lüdisch			(Wotjakisch)	(Wogulisch)
	Wotisch				Ungarisch
	Livisch				

⇒ abnehmende Verwandtschaft mit dem Finnischen ⇒

Finnisch und Ungarisch unterscheiden sich stark voneinander, und die Verwandtschaft zwischen beiden Sprachen kann fast nur über sprachhistorische Vergleiche hergestellt werden. Vereinfacht gesagt, ist Finnisch vom Ungarischen ebenso weit entfernt wie Englisch oder Deutsch vom Persischen.

Die samojedischen Sprachen werden von einer kleinen Zahl von Menschen im Norden Rußlands, vor allem im westlichen Sibirien, gesprochen. Zusammen bilden die finnougrischen und die samojedischen Sprachen die *uralische Sprachfamilie*, deren Sprecherzahlen erheblich variieren. Sechs uralische Sprachen weisen mehr als 500.000 Sprecher auf: Ungarisch (15 Millionen), Finnisch (5 Millionen), Estnisch (1 Million), Mordwinisch (Erzja und Mokscha, 750.000), Mari (550.000) und Udmurtisch (500.000). Viele uralische Sprachen werden dagegen nur von sehr wenigen Menschen gesprochen, und ihr zukünftiges Überleben ist ernsthaft gefährdet, was für alle samojedischen Sprachen sowie für die Sprachen Chantisch (13.000), Mansisch (3.000), die zehn samischen Sprachen (30.000), Livisch (30), Wotisch (50), Lüdisch (5.000) und Wepsisch (6.000) gilt.[1]

§ 2 *Die finnische Sprache in Vergangenheit und Gegenwart*

Die Bevölkerungszahl Finnlands betrug am 31. Dezember 1997 5.147.349 Menschen. In Bezug auf die Muttersprache der Bewohner ergibt sich folgende Verteilung:

	1900	1950	1980	1995	1996	1997	1997
Sprache	%	%	%	%	%	%	Anzahl
Finnisch	86.75	91.10	93.50	92.92	92.86	92.74	4.773.576
Schwedisch	12.89	8.64	6.28	5.76	5.73	5.70	293.691
Samisch	0.06	0.05	0.03	0.03	0.03	0.03	1.716
Russisch	0.29	0.12	0.03	0.31	0.35	0.40	20.398
Andere	0.01	0.08	0.16	0.98	1.03	1.13	57.968
Summe							5.147.349

Die finnische Sprache ist die Muttersprache von 92.7% der finnischen Bevölkerung. In der Bevölkerungszahl von 5,15 Millionen ist auch die Minderheit von 294.000 schwedischsprechenden Finnen, den Finnlandschweden, enthalten, denen von der Verfassung dieselben Sprachrechte wie der finnischsprachigen Mehrheit garantiert werden.

---

[1] Aktuelle englischsprachige Informationen zu den finnougrischen (uralischen) Sprachen findet man auf den Internetseiten http://www.helsinki.fi/hum/sugl/fgrlang.html und http://www.helsinki.fi/~tasalmin/fu.html.

Außerdem zählt Finnland 2.000 samischsprechende Einwohner, 6.000 Zigeuner, wobei die Zahl der romanisprechenden Menschen unbekannt ist, des weiteren über 6.000 gehörlose Menschen, deren Sprache die finnische Gebärdensprache ist, und ungefähr 100 Tataren.

Seit dem Zusammenbruch der Sowjetunion sind außerdem mehr als 10.000 Menschen, die hauptsächlich den finnougrischen Minderheiten aus dem westlichen Teil Rußlands entstammen, nach Finnland eingewandert. Insgesamt ist der Ausländeranteil in Finnland jedoch weit geringer als in den Ländern Westeuropas.

Offiziell ist Finnland ein zweisprachiges Land, dessen Staatssprachen Finnisch und Schwedisch sind. Viele Auswanderungswellen haben zudem zu großen finnischsprachigen Minderheiten, besonders in Nordamerika (USA und Kanada) und in Schweden, wo heutzutage schätzungsweise 300.000 Finnen leben, geführt.

Die frühesten archäologischen Funde, auf die man in Finnland gestoßen ist, stammen aus der Zeit um 7.500 vor Christus. Aber es ist bis heute unmöglich, die kulturellen und sprachlichen Hintergründe dieser Ureinwohner Finnlands zu bestimmen. Finnougrische Ansiedlungen gab es in Finnland ab 4.000 vor Christus, deren Einwohner sich um 2.000 vor Christus mit baltischen und um 1.500 vor Christus mit germanischen Zuwanderern vermischten. Die so entstandene Bevölkerung nahm vor ca. 2.000 Jahren Ostseefinnen von der anderen Seite des Finnischen Meerbusens auf.

Politisch gehörte Finnland bis 1809 zu Schweden und war von da an bis 1917 ein autonomes Großherzogtum im zaristischen Rußland. Seit 1917 ist Finnland eine unabhängige Republik.

Während der schwedischen Herrschaft spielte die finnische Sprache eine untergeordnete Rolle, deren offizielle Benutzung sich auf Gottesdienste und bis zu einem gewissen Grad auf die Rechtsprechung beschränkte. Die Sprache der Verwaltung und der gebildeten Schicht war Schwedisch. Erst im Jahr 1863 wurde der finnischen Sprache „in allen Angelegenheiten, die die finnischsprechende Bevölkerung des Landes direkt betreffen", durch eine Verordnung, der eine offizielle Übergangszeit von zwanzig Jahren folgte, der gleiche Status wie dem Schwedischen gewährt.

Die frühesten finnischen Texte stammen aus den vierziger Jahren des 16. Jahrhunderts. Als Begründer der finnischen Schriftsprache gilt der Bischof von Turku, Mikael Agricola (1510?–1557), der während der Reformationszeit eine Übersetzung der Bibel ins Finnische begann. Etwa 5.350 Wörter, die Agricola verwendet hat, sind auch im heutigen Finnisch noch in Gebrauch.

§2 Einführung

Die finnische Sprache wurde lange Zeit sehr stark vom Schwedischen beeinflußt, besonders was den Wortschatz betraf, eine Folge der Tatsache, daß die Verwaltung im allgemeinen schwedischsprachig war. Da Turku bis zum Jahr 1812 die Hauptstadt Finnlands war, ist auch nachvollziehbar, daß die finnische Hochsprache sich vor allem auf der Grundlage der südwestlichen Dialekte Finnlands entwickelte. Erst im 19. Jahrhundert wuchs der Einfluß der östlichen Dialekte auf die finnische Sprache, was hauptsächlich der Verbreitung des finnischen Nationalepos, des *Kalevala*, zuzuschreiben ist, dessen erste Fassung im Jahr 1835 veröffentlicht wurde. Das *Kalevala*, das von Elias Lönnrot gesammelt und zusammengestellt wurde, basiert auf der Volksdichtung des östlichen Finnlands und Kareliens und war eine wichtige Inspirationsquelle für die nationale Bewegung des 19. Jahrhunderts, deren zentrale Figur Johan Vilhelm Snellman war.

Die nationale Bewegung hatte auch eine Menge sprachlicher Auswirkungen. Viele Sprachgelehrte wollten das Finnische durch die Ausmerzung von schwedischen Lehnwörtern und grammatikalischen Strukturen, die direkt dem Schwedischen entstammten, „fennisieren".

Da eine Sprache kein geschlossenes System ist, variiert sie auf verschiedene Arten, z. B. in regionalen Dialekten. Folgende Karte zeigt die wichtigsten Dialektgebiete in Finnland.

Die finnischen Dialektgebiete:
1. Südwestliche Mundarten
2. Südwestliche Übergangsmundarten
3. Häme-Mundarten
4. Südostbottnische Mundarten
5. Mittel- und nordostbottnische Mundarten
6. Nordfinnische Mundarten
7. Savo-Mundarten
8. Südöstliche Mundarten
▤ Schwedischsprachige Gebiete

In der zweiten Hälfte des 20. Jahrhunderts wurde dieses traditionelle Bild der Dialektgebiete durch Urbanisierung, allen Schichten zugängliche Bildung, verbesserte Kommunikations- und Transportmittel sowie durch andere gesellschaftliche Prozesse sehr stark nivelliert.

Dieses Buch handelt jedoch nicht von den regionalen Dialekten und ihren Unterschieden, Gegenstand ist vielmehr die offizielle Norm der Sprache, das Hochfinnische, wovon die Schriftsprache eine wichtige Variante ist. Aber selbst diese standardisierte Hochsprache ist nicht vollkommen einheitlich. Ihre grammatikalischen Strukturen wie auch die Aussprache im gesprochenen Hochfinnisch variieren leicht in Abhängigkeit von der Sprechsituation und einer Menge anderer Faktoren. Die Standardsprache, die in offiziellen oder förmlichen Situationen gesprochen wird, ist grammatikalisch der Schriftsprache sehr ähnlich, während das im Alltag gesprochene Finnisch sich auf verschiedene Weise von der eher formellen Benutzung, sowohl in der Aussprache als auch in der Grammatik, unterscheidet. Diese Unterschiede werden eingehender in Kapitel 22 behandelt.

§ 3 Grundzüge der Struktur des Finnischen

Anhängen von Endungen

Das Grundprinzip der Wortbildung im Finnischen ist das Anhängen von Endungen (gebundene Morpheme, Suffixe) an die Wortstämme. Indem man z. B. die Endungen **-i** 'Plural', **-ssa** 'in', **-si** 'dein' und **-kin** 'auch' an den Stamm *auto* 'Auto' anhängt, lassen sich im Finnischen folgende Wörter bilden:

auto/**ssa**	im Auto
auto/**i**/**ssa**	in den Autos
auto/**ssa**/**si**	in deinem Auto
auto/**si**	dein Auto
auto/**kin**	auch das (ein) Auto
auto/**si**/**kin**	auch dein Auto
auto/**ssa**/**kin**	auch im Auto
auto/**i**/**ssa**/**kin**	auch in den Autos
auto/**i**/**ssa**/**si**	in deinen Autos
auto/**i**/**ssa**/**si**/**kin**	auch in deinen Autos

Finnische Verbformen werden auf die gleiche Weise gebildet. Von dem Verbstamm *sano-* 'sagen' können mit Hilfe der Endungen **-n** 'ich', **-i** 'Imperfekt' und **-han** 'starke Betonung' folgende Wörter gebildet werden:

sano/**n**	ich sage
sano/**n**/**han**	ich sage (betont, emphatisch)
sano/**i**/**n**	ich sagte
sano/**i**/**n**/**han**	ich sagte doch (betont, emphatisch)

§ 3   Einführung

Das Anhängen von Endungen an einen Stamm ist eine morphologische Methode vieler europäischer Sprachen. Dennoch weicht das Finnische in zweierlei Hinsicht von den meisten anderen Sprachen ab.

Kasusendungen

Zum einen hat das Finnische mehr Kasusendungen als die meisten europäischen Sprachen. Diese Kasusendungen im Finnischen entsprechen Präpositionen oder Postpositionen in anderen Sprachen: Vgl. Finnisch: *auto/ssa*, *auto/sta*, *auto/on*, *auto/lla* und Deutsch *im Auto, aus dem Auto, in das Auto hinein, mit dem Auto.* Das Finnische hat fünfzehn Kasusendungen, das Deutsche vier und das Englische nur eine.

Der zweite Unterschied ist, daß im Finnischen in einigen Fällen Kasusendungen gebraucht werden, wo indoeuropäische Sprachen im allgemeinen selbständige Wörter verwenden. Das gilt für im Finnischen possessiv gebrauchte Suffixe, welche Possessivpronomen entsprechen, z. B. **-ni** 'mein', **-si** 'dein', **-mme** 'unser', vgl. *kirja/ni* 'mein Buch', *kirja/mme* 'unser Buch'.

Possessivsuffixe

Anhängepartikeln

Eine weitere Gruppe von Endungen, die typisch für das Finnische sind, sind die Anhängepartikeln, die immer als letzte nach allen anderen Endungen auftreten. Dabei ist es nicht immer leicht, exakt zu bestimmen, was diese Partikeln genau ausdrücken. Ihre Funktion dient häufig zu einem gewissen Grad der Betonung, ähnlich der Intonation in einigen anderen Sprachen. Die Anhängepartikeln sind **-kin** 'auch', **-han** 'emphatisch' (oft gebraucht im Sinn von 'du weißt schon, nicht wahr?') und **-ko** 'interrogativ', vgl. *kirja/ssa/kin* 'auch in dem Buch' und *On/ko tuo kirja?* 'Ist das ein Buch?'.

Eine weitere charakteristische Eigenschaft des Finnischen ist die weitverbreitete Verwendung von Endungen, wodurch dabei neue selbständige Wörter gebildet werden. Vergleiche das Grundwort *kirja* 'Buch' mit den abgeleiteten Formen *kirj/e* 'Brief', *kirja/sto* 'Bibliothek', *kirja/llinen* 'literarisch, schriftlich'; *kirja/llis/uus* 'Literatur', *kirjo/itta(a)* 'schreiben' und *kirjo/itta/ja* 'Schreiber(in)'. An Ableitungen (abgeleitete Wörter) können weitere Endungen angehängt werden, an Substantive z. B. Kasusendungen, Possessivsuffixe und Partikeln, so daß folgende Wörter gebildet werden können:

*kirja/sto/**ssa***	in der Bibliothek
*kirjo/ita/**n**/**ko***	soll ich schreiben?
*kirjo/itta/ja/**n**/**kin***	auch des Schreibers / der Schreiberin
*kirja/sto/**sta**/**mme***	aus unserer Bibliothek

Diese Endungen zu erlernen ist nicht so schwer wie oft angenommen. Da die Endungen oft ziemlich mechanisch aneinandergereiht wer-

Kein Genus   den, sind die finnischen Wortformen in der Regel leicht zu analysieren, wenn man die Endungen kennt.

Kein Genus   Finnische Substantive unterscheiden sich von denen vieler indoeuropäischer Sprachen in dem Punkt, daß es kein grammatisches Geschlecht gibt. Im Deutschen unterscheidet man „der – die – das", im Französischen „le – la", im Schwedischen „en – ett" usw., während diese Unterscheidung im Finnischen nicht auftritt.

Kein Artikel   Das Finnische besitzt außerdem keine Artikel (vgl. dt.: *ein* Auto – *das* Auto). Die semantische Funktion der Artikel wird im Finnischen häufig durch die Wortfolge ausgedrückt:

Kadulla on auto.	*Ein* Auto ist auf der Straße.
Auto on kadulla.	*Das* Auto ist auf der Straße.

Wenn Adjektive attributiv auftreten, stimmen sie in Numerus und Kasus mit ihrem Bezugswort überein, d. h. sie bekommen dieselben Endungen:

iso auto	das große Auto
*iso/**ssa** auto/**ssa***	im großen Auto
*iso/**n** auto/**n***	des großen Autos
*iso/**t** auto/**t***	die großen Autos
*iso/**i**/**ssa** auto/**i**/**ssa***	in den großen Autos

Lautstruktur   In der finnischen Sprache gibt es 21 Phoneme (Grundlaute): 8 Vokale und 13 Konsonanten. Diese Zahl ist deutlich geringer als in den meisten europäischen Sprachen. Der Hauptakzent liegt immer auf der ersten Silbe eines Wortes.

Das Schriftsystem ist insofern systematisch als ein bestimmtes Phonem schriftlich immer durch denselben Buchstaben wiedergegeben wird. Dieses Prinzip gilt auch in umgekehrter Richtung: Ein und derselbe Buchstabe entspricht immer dem gleichen Phonem.

§ 4 *Besondere Schwierigkeiten beim Erlernen der finnischen Sprache*

Wortschatz   Es ist angebracht, kurz auf die Bereiche der finnischen Grammatik einzugehen, die beim Erlernen der Sprache die größten Schwierigkeiten bereiten. Da Finnisch keine indoeuropäische Sprache ist, unterscheidet sich der Grundwortschatz erheblich von dem der indoeu-

§ 4 Einführung

ropäischen Sprachen. Die 15 meist gebrauchten Wörter im Finnischen sind:

1. *olla*	sein	6. *hän*	er, sie	11. *kun*	als, wenn
2. *ja*	und	7. *että*	daß	12. *niin*	so
3. *se*	es	8. *tämä*	diese(r/s)	13. *kuin*	wie, als
4. *ei*	nicht	9. *mutta*	aber	14. *tulla*	kommen
5. *joka*	welcher	10. *saada*	dürfen	15. *minä*	ich

Lehnwörter Ganz offensichtlich erfordert das Erlernen des finnischen Wortschatzes einiges an Anstrengung. Dieser Aufwand wird jedoch dadurch verringert, daß das Finnische Hunderte von direkten Lehnwörtern, vor allem aus dem Schwedischen, und eine große Zahl von Lehnübersetzungen besitzt, Ausdrücke, die in finnische Entsprechungen übersetzt wurden.

Im Folgenden einige Beispiele für direkte Lehnwörter mit ihren schwedischen und deutschen Entsprechungen:

ankka	anka, Ente	*kahvi*	kaffe, Kaffee
kakku	kaka, Kuchen	*kallo*	skalle, Schädel
keppi	käpp, Stock	*kirkko*	kyrka, Kirche
kruunu	krona, Krone	*pankki*	bank, Bank
penkki	bänk, (Sitz-) Bank	*posti*	post, Post
rokki	rock, Rockmusik	*sohva*	soffa, Sofa
sokki	chock, Schock	*tulli*	tull, Zoll
viini	vin, Wein		

Folgende Beispiele stellen zusammengesetzte Wörter dar, die direkt übersetzte Entlehnungen sind (wieder mit ihren schwedischen und deutschen Entsprechungen): *kirja/kauppa* 'bokhandel, Buchhandlung', *olut/pullo* 'ölflaska, Bierflasche', *rauta/tie/asema* 'järnvägsstation, Eisenbahnstation'.

Lautwechsel In §3 wurde angeführt, daß die Flexion der Wörter im Finnischen leicht sei, da die Endungen oftmals „mechanisch" an den Stamm angehängt werden. Tatsächlich ist das aber nicht immer der Fall. Die Gestalt des Grundwortes (Wurzel, lexikalische Form) ändert sich oft, wenn bestimmte Endungen hinzugefügt werden, d. h. ein lexikalisches Wort kann durch verschiedene Stämme dargestellt werden, abhängig davon, welche Endungen darauf folgen. Vergleiche die Beispiele der Flexion des Wortes *käsi* 'Hand' für verschiedene Fälle:

*kä***si**   Hand
*kä***de**/*ssä*   in der Hand

käte/en	in die Hand
kät/tä	Hand (Partitiv)
käs/i/ssä	in den Händen
käsi/kin	auch die Hand
käte/ni	meine Hand

Die Grundform *käsi* nimmt in Abhängigkeit von der folgenden Endung und deren Lautstruktur verschiedene Formen an. Diese Lautwechsel erfolgen nach Regeln, die in manchen Fällen sehr komplex sind. Hier paarweise weitere Beispiele dazu:

tunte/a	wissen	–	*tunne/n*	ich weiß
hyppää/n	ich springe	–	*hypä/tä*	springen
matto	Matte	–	*mato/lla*	auf der Matte
maa	Land	–	*ma/i/ssa*	in Ländern
tie	Straße	–	*te/i/llä*	auf den Straßen
tietä/ä	wissen	–	*ties/i*	er / sie wußte

Kasus auch bei Verben — Kasusendungen werden normalerweise an Substantive, Adjektive und andere Nomina angehängt, aber es kommt auch vor, daß sie an Verben angefügt werden.

Minä lähden *Jyväskylä/än*.	Ich gehe nach *Jyväskylä*.
Minä lähden *kävele/mä/än*.	Ich gehe spazieren.

Die Verbform *kävelemään* bedeutet wörtlich 'hineingehen ins Spazieren', genau wie *Jyväskylään* 'in (die Stadt) Jyväskylä hinein' bedeutet. Beide Formen enthalten die Kasusendung **-än** mit der Bedeutung 'hinein'.

Objekt — Das Objekt wird im Finnischen durch eine Kasusendung kenntlich gemacht. In den zwei folgenden Sätzen zeigt die Endung **-n** an, daß das mit ihr verbundene Wort das Objekt des Satzes ist. Die Regeln, die dem Gebrauch dieser und anderer möglicher Objektendungen zugrunde liegen, sind sehr komplex.

Minä ostan *kirja/n*.	Ich kaufe das / ein Buch.
Kalle näki *auto/n*.	Kalle sah das / ein Auto.

Länge der Laute — Das Schwierigste an der Aussprache des Finnischen ist die Länge (Dauer) der Laute: Unterschiede in der Länge sind wichtig bei der Unterscheidung einzelner Wörter. Vergleiche folgende Paare:

kansa	Volk	– *kanssa*	mit

tuli	Feuer	–	*tulli*	Zoll
muta	Schlamm	–	*mutta*	aber
			muuta	anderes
			mutaa	Schlamm (Partitiv)
tuulee	es ist windig	–	*tuullee*	es ist wahrscheinlich windig

2 Aussprache und Lautstruktur

Schrift und Aussprache
Vokale und Konsonanten
Kurze und lange Laute
Diphthonge
Silben
Akzent und Intonation
Vokalharmonie

§ 5 *Schrift und Aussprache*

Buchstaben Im Finnischen gibt es 8 Vokal- und 13 Konsonantbuchstaben: **i e ä y ö u o a** und **p t k d g s h v j l r m n**. Zwischen den Buchstaben und Phonemen herrscht folgende wichtige Entsprechung (mit Phonemen meint man Laute als Typen ohne Berücksichtigung kleiner Lautvarianten in der Rede ein und derselben Person oder zwischen verschiedenen Personen):

Buchstabe und Phonem

> *Jedem Buchstaben entspricht ein und dasselbe Phonem und jedem Phonem ein und derselbe Buchstabe.*

Zusätze
1) Der dem Buchstaben **u** entsprechende Vokal ist ein geschlossener gerundeter hinterer Vokal (vgl. dt. gut).
2) Der dem Buchstaben **o** entsprechende Vokal ist ein halbgeschlossener gerundeter hinterer Vokal (vgl. dt. rot).
3) Der dem Buchstaben **ä** entsprechende Vokal ist ein offener ungerundeter vorderer Vokal (vgl. engl. shall).
4) Der dem Buchstaben **y** entsprechende Vokal ist ein geschlossener gerundeter vorderer Vokal (vgl. dt. Mühle).
5) Der dem Buchstaben **ö** entsprechende Vokal ist ein halbgeschlossener gerundeter vorderer Vokal (vgl. dt. böse).

6) Der Buchstabenverbindung **ng** entspricht in der Aussprache ein langer [ŋŋ]-Laut (vgl. *rengas* [reŋŋas]).
7) Dem Buchstaben **n** vor **k** entspricht in der Aussprache ein kurzer [ŋ]-Laut (vgl. *Helsinki* [helsiŋki]).
8) Wird die Länge zur Bedeutungsunterscheidung gebraucht, werden die kurzen Phoneme durch einen Buchstaben, die langen Phoneme durch zwei (Doppelung) bezeichnet, z. B. tuli – tu**u**li – tu**ll**i; kansa – kan**ss**a; muta – mut**aa**.
9) Fremdstämmige Wörter können auch andere Buchstaben als die erwähnten enthalten, z. B. **b c f w x z**.
10) Die Umgangssprache weicht in der Aussprache in mehreren Punkten von der Aussprache der gesprochenen Standardsprache ab (Kap. 22).

§ 6 *Vokale und Konsonanten*

Im Finnischen gibt es 8 Vokal- und 13 Konsonantenphoneme, nämlich **i e ä y ö u o a** und **p t k d s h v j l r m n ŋ**. Alle Vokale und Konsonanten (außer **d v j h**) können sowohl kurz als auch lang vorkommen. Beachte besonders die folgenden Einzelheiten:

Aussprache der Vokale

1) Die langen Vokale **ii**, **yy**, **uu** werden als reine Langvokale ausgesprochen, nicht als Diphthonge und nicht auf -*j* oder -*v* endend.
2) Langes **aa** und kurzes **a** werden qualitativ gleich ausgesprochen. Vgl. *palassa, maa, maalla, vaara*.
3) Der Lautwert des langen **öö** ist [ø:] und des kurzen **ö** [ø], auch vor **r**, vgl. *sinäkö, pöllö, mörkö, Närpiöön*.
4) **ee** und **e** sowie **ää** und **ä** werden in allen Wortpositionen unterschieden, auch vor **r** sowie in Silben ohne Hauptakzent. Vgl. *te – tee, meille – meillä, teellä – täällä, piste – pistä, veneen – nenään, lehti – lähti, veri – väri, veressä – värissä; perkele, merkki, Eero, väärä*.

Aussprache der Konsonanten

5) **p**, **t**, **k** werden ohne Aspiration ausgesprochen, also ohne **h**-artigen Schlußlaut.
6) **s** wird meist ziemlich dunkel ausgesprochen und kann an einen š-Laut erinnern, vor allem, wenn es von **u**-Vokalen umgeben ist. Vergleiche *pussi, luussa, sumu, myös*.
7) **h** tritt auch zwischen Vokalen auf und wird dann schwach ausgesprochen. **h** kann auch in Verbindung mit Konsonanten auf-

treten, wobei es kräftiger ausgesprochen wird, besonders, wenn der folgende Konsonant **t** oder **k** ist. Vgl. *huono, miehen, paha, ihminen, varhain, vanha, vihko, vihta, sähkö, tuhka.*

8) **l** wird velarisiert ausgesprochen, wenn es zwischen **u-** und **o-**Vokalen steht. Vgl. *pullo, hullu, kulta, pala, villi.*

9) **r** wird stets als Zungenspitzen-r ausgesprochen, z. B. *pyörä, Pori, Turku, virrassa, kierrän.*

10) Nach bestimmten grammatischen Formen verlängert sich der Anfangskonsonant des folgenden Wortes oder der Anhängepartikel.

Die betreffenden Formen sind vor allem die auf -e endenden Nomina wie *perhe* (§ 19), der verneinende Indikativ Präsens wie *en tule* (§ 29), der Imperativ der 2. Person Singular wie *tule!* (§ 66) sowie der Infinitiv I wie *tulla* (§ 74). Beispiele:

	Schrift	Aussprache
auf -e endende Nomina	vene **t**uli	[vene**tt**uli]
	vene**k**in	[vene**kk**in]
	liike**m**ies	[liike**mm**ies]
verneinender Indikativ Präsens	en tule **T**urkuun	[entule**tt**urkuun]
	emme tule**k**aan	[emmetule**kk**aan]
	en ole **s**airas	[enole**ss**airas]
Imperativ 2. Person Singular	tule **t**änne	[tule**tt**änne]
	mene **p**ois	[mene**pp**ois]
	ole **h**iljaa	[ole**hh**iljaa]
Infinitiv I	haluan olla **t**äällä	[haluanolla**tt**äällä]
	haluan lähteä **p**ois	[haluanlähteä**pp**ois]

§ 7 *Kurze und lange Laute*

Der Unterschied zwischen kurzen und langen Lauten wird im Finnischen sehr wirksam ausgenutzt, um Wörter voneinander zu unterscheiden. Die langen Laute können in jeder beliebigen Wortposition auftreten, und es gibt nicht viele Einschränkungen, die regulieren, wie die langen und die kurzen Laute zu verbinden sind. Dies geht aus folgenden Beispielen hervor:

Tule tänne
Ulkona ei *tuule*
Ulkona ei *tuulle*
Ulkona *tuulee*
Pekka *tulee*
Pekka *tullee*
Pekka ei *tulle*
Ulkona *tuullee.*

Fast alle Kombinationen kurzer und langer Laute kommen vor: kurz-kurz-kurz, kurz-lang-kurz, lang-kurz-lang, lang-lang-kurz, kurz-lang-lang usw. Achte besonders auf die folgenden 3 Fälle:

drei wichtige Fälle

1) Unterschied zwischen kurzem und langem Vokal vor kurzem und langem Konsonant, z. B. *tili – tiili, tuli – tuuli, vino – viini, takana – taakka, muna – muuna – muunna, takka – taakka – takkaa – taakkaa – taka – takaa.*
2) Unterschied zwischen kurzem und langem Konsonant nach kurzem Konsonant, z. B. *karta – kartta, korpi – korppi, arki – arkki, Antila – Anttila, kansa – kanssa, pelko – palkki, lampi – lamppu, valta – valtti.*
3) Der Hauptakzent liegt immer auf der ersten Silbe des Wortes. Langvokale in einer nichtersten Silbe sind immer ohne Hauptakzent auszusprechen. Vgl. *táloon, hýppään, káappiin, rávintolaan, tálossaan.*

§ 8 Diphthonge

Im Finnischen gibt es 16 allgemeine Diphthonge, Verbindungen von zwei in derselben Silbe vorkommenden Vokalen. Nach dem jeweiligen Endvokal können sie in vier Gruppen eingeteilt werden.

auf -i endende

1) **ei** *ei, leipä, Veikko*
   äi *äiti, päivä, väittää*
   ui *uin, puissa*
   ai *kaikki, aika, vaikka*
   oi *poika, voin, toinen*
   öi *söin, töissä*
   yi *hyi, lyijy*

auf -u endende	2) au	taulu, kaula, sauna
	ou	koulu, noudan, krouvi
	eu	reuna, Keuruu, seutu
	iu	viulu, kiusaan, hius
auf -y endende	3) äy	täynnä, käyn, näytän
	öy	köyhä, löydän, löyly
ie, yö, uo	4) ie	tie, vien, mies
	yö	yö, työ, syön
	uo	tuo, Puola, juon

Beachte besonders die Unterschiede in den folgenden Paaren: **ei – äi, öi – öy, äy – öy, ei – eu** und **äy – eu**.

Im Finnischen gibt es außer den eben erwähnten auch noch andere Vokalverbindungen, aber diese bilden keine Diphthonge. Zwischen den Vokalen steht fast immer eine Silbengrenze. Beispiele:

sanoa   rupean
ainoa   tapahtua
vaikea   kireä
sallia   etsiä

§ 9 *Silben*

Die Silbentrennung unterliegt im Finnischen in den meisten Fällen der folgenden Hauptregel:

> *Vor jeder Konsonant + Vokal-Verbindung verläuft eine Silbengrenze.*

In den folgenden Beispielen sind die Silbengrenzen durch einen Bindestrich dargestellt: *ka-la, jo-kai-nen, kaik-ki, kui-ten-kin, sit-ten, suu-ri, päi-vä, al-kaa, purk-ki, pur-kis-sa, purk-kiin, Ant-ti, An-tin, An-til-le, Hel-sin-ki, Hel-sin-kiin, Hel-sin-gis-sä-kin.*

Außerdem verläuft die Silbengrenze zwischen solchen Vokalen, die keinen Diphthong bilden (§ 8), wie z. B. *no-pe-a, ai-no-a, hert-tu-aan, sal-li-a.*

§ 10 *Akzent und Intonation*

Für die Betonung der Wörter im Finnischen gilt folgende wichtige Regel:

Akzentregel

> *Der Hauptakzent liegt immer auf der ersten Silbe des Wortes.*

Vokale, die nicht in der ersten Silbe stehen, haben also keinen Hauptakzent. Der Hauptakzent liegt auch in solchen Lehnwörtern auf der ersten Silbe, in denen der Hauptakzent in der Ausgangssprache woanders liegt, vgl. *Hélsinkiin, vápaa, vóida, jókainen, máalaan, áatteellisuus; élefantti, límonaati, psýkologi, psýkologia, búlevardi.*

Intonation   Die finnische Satzintonation ist im allgemeinen fallend, aber die erste Silbe eines Wortes am Satzende kann man dennoch mit steigender Intonation aussprechen, ohne daß das Wort einen kräftigen Akzent erhält. In den folgenden Beispielen zeigen die Kurven die Intonation (Tonverlauf) an.

Huomenna Pekka lähtee Helsinkiin.

Illalla menen ravintolaan tanssimaan.

Urho Kekkonen oli Suomen presidentti.

starke Betonung   Will man einem Wort eine besonders starke Betonung geben, so geschieht das mit Hilfe der Intonation. Oft wird ein derartiges Wort außerdem an den Anfang des Satzes verlegt.

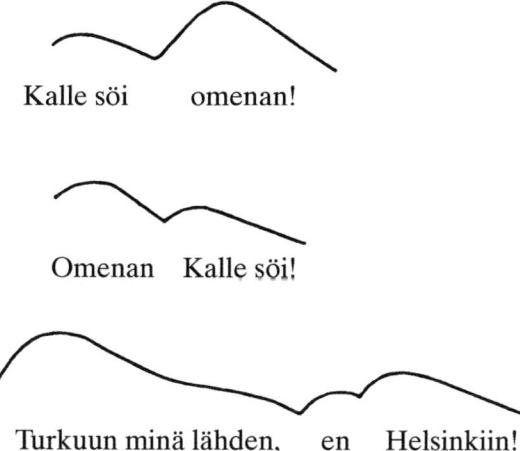

Kalle söi omenan!

Omenan Kalle söi!

Turkuun minä lähden, en Helsinkiin!

§ 11 *Vokalharmonie*

Viele Endungen treten in zwei Formen auf, wobei der Vokal variiert, z. B. *-ssa ~ -ssä, -ko ~ -kö, -nut ~ -nyt*. Diese Vokalwechsel bilden drei Paare; in jedem Paar gibt es einen hinteren und einen vorderen Vokal.

	hinterer	vorderer Vokal	Beispiel
Vokalpaare	**a**	– **ä**	*(-ssa ~ -ssä)*
	o	– **ö**	*(-ko ~ -kö)*
	u	– **y**	*(-nut ~ -nyt)*

Tritt in einer bestimmten Endung einer dieser 6 Vokale auf, gibt es eine Parallelendung, in der der andere Vokal des Paares enthalten ist. Tritt die Endung *-han* auf, gibt es auch *-hän*, wenn *-koon* vorkommt, so auch *-köön* usw. Die Stammvokale bestimmen, welche der beiden Endungen auszuwählen ist.

Endungsvokale

> *Tritt im Stamm einer der Vokale* **u, o, a** *auf, so muß in der Endung ein hinterer Vokal erscheinen (***u, o, a***). Gibt es im Stamm keinen hinteren Vokal, muß in der Endung vorderer Vokal (***y, ö, ä***) erscheinen.*

§ 11 Aussprache und Lautstruktur

In den folgenden Beispielen erscheinen die hinteren Stammvokale sowie alle an der Vokalharmonie beteiligten Vokale der Endungen halbfett.

Endung mit hinterem Vokal	Endung mit vorderem Vokal
talo/ssa	kylä/ssä
Turu/ssa	käde/ssä
Pori/ssa	venee/ssä
Porvoo/ssa	Helsingi/ssä
poja/lla	äidi/llä
auto/lla	tä/llä
kato/lla	miehe/llä
naise/lta	Ville/ltä
Kekkose/lta	tytö/ltä
sisare/lta	velje/ltä
he tule/vat	he syö/vät
he sano/vat	he mene/vät
on luke/nut	on pitä/nyt
tuo/ko?	tämä/kö?
tuo/ssa/ko?	tä/ssä/kö?
kirja/han	kynä/hän
kirja/ssa/han	kynä/llä/hän
Turu/sta/ko?	Kemi/stä/kö?
kahvi/la/ssa/han	kylpy/lä/ssä/hän

3 Überblick über die Wortstruktur

Nomina und ihre Endungen
Finite Verbformen und ihre Endungen
Infinite Verbformen und ihre Endungen

§ 12 Nomina und ihre Endungen

Nomina Mit Nomina meint man Substantive, Adjektive, Pronomen und Zahlwörter, also Wörter wie die folgenden:

Substantive	Adjektive	Pronomen	Zahlwörter
auto	*iso*	*minä*	*yksi*
katu	*kallis*	*he*	*kymmenen*
nainen	*pitkä*	*tämä*	*toinen*
hinta	*vanha*	*se*	*seitsemäs*

Diese vier Wortklassen erhalten gleiche Endungen, sie werden auf die gleiche Art und Weise flektiert. Bei den Nomina des Finnischen können (neben den Ableitungen) vier Arten von Endungen auftreten, nämlich die des Numerus, des Kasus, das Possessivsuffix sowie die Anhängepartikeln. Im folgenden werden sie allgemein dargestellt; in späteren Kapiteln werden sie detaillierter behandelt.

1) Numerus Im Finnischen gibt es zwei Numeri, Singular und Plural. Der Singular ist stets endungslos. Der Plural hat zwei Endungen, im Nominativ bzw. in der Grundform **-t**, in allen anderen Kasus **-i-**.

Singular	Plural
auto	auto/**t**
auto/ssa	auto/**i**/ssa
auto/on	auto/**i**/hin
pullo	pullo/**t**
pullo/sta	pullo/**i**/sta
pullo/lla	pullo/**i**/lla

§ 12   Überblick über die Wortstruktur

2) Kasus   Im Finnischen gibt es 15 Kasus. In der folgenden Tabelle sind die grammatischen Bezeichnungen der Kasus, ihre Endungen und ihre Grundbedeutungen aufgeführt. Die Vokalharmonie (§ 11) bestimmt, ob die Endungsvariante mit vorderem oder mit hinterem Vokal erscheint.

Name	Endungen	Bedeutung	Beispiel
Nominativ	Ø; Pl. **-t**	(Grundform)	auto
Genitiv	**-n**; Pl. **-en, -den, -tten**	Besitz	auto/n
Akkusativ	**-n, -t**, Ø	Objektendung	häne/t
Partitiv	**-a ~ -ä; -ta ~ -tä; -tta ~ -ttä**	unbestimmte Menge	maito/a; vet/tä
Inessiv	**-ssa ~ -ssä**	innen	auto/ssa
Elativ	**-sta ~ -stä**	von innen	auto/sta
Illativ	**-Vn; -hVn;** [1)] **-seen**, Pl. **-siin**	nach innen	auto/on; maa/han; Porvoo/seen
Adessiv	**-lla ~ -llä**	bei; auf, an (Dat.) Instrument	pöydä/llä
Ablativ	**-lta ~ -ltä**	von oben weg	pöydä/ltä
Allativ	**-lle**	nach; auf, an (Akk.)	pöydä/lle
Essiv	**-na ~ -nä**	Zustand	opettaja/na
Translativ	**-ksi**	Veränderung	opettaja/ksi
Abessiv	**-tta ~ -ttä**	ohne	raha/tta
Komitativ	**-ine-**	Begleitung	vaimo/ine/ni
Instruktiv	**-n**	mit, durch, per	jala/n

3) Possessivsuffixe   In der folgenden Übersicht sind die Possessivsuffixe des Finnischen aufgeführt. Mit Ausnahme der 3. Person gibt es verschiedene Endungen in Singular und Plural.

	Singular	Plural
1. Person	(minun) kirja/**ni**	(meidän) kirja/**mme**
2. Person	(sinun) kirja/**si**	(teidän) kirja/**nne**
3. Person	hänen kirja/**nsa**	heidän kirja/**nsa**

4) Anhängepartikeln   Als viertes können bei den Nomina Anhängepartikeln auftreten; sie treten auch bei finiten und infiniten Verbformen auf. Die häufigsten

---

[1)] Das Zeichen **-V-** bezeichnet den Vokal, der mit dem vorhergehenden identisch ist, z. B. Turk**u/un**, Helsink**i/in**, maa/han, tie/hen.

STRUKTUR DER NOMINA

Stamm	+	Numerus (2)	+	Kasus (15)	+	Possessivsuffix (5)	+	Anhängepartikel (5)	Wortformen
pullo									pullo
pullo		t							pullot
pullo				ssa					pullossa
pullo						ni			pulloni
pullo								kin	pullokin
pullo		i		sta				pa	pulloistapa
pullo				sta		ni			pullostani
pullo				ssa				han	pullossahan
pullo		t						kin	pullotkin
pullo				ssa		si		ko	pullossasiko
pullo		i		ssa		mme			pulloissamme
pullo		i		sta				kaan	pulloistakaan
pullo		i		ssa		nne		kin	pulloissannekin
hylly				ssä					hyllyssä
hylly				llä					hyllyllä
hylly						si		pä	hyllysipä
hylly				lle		si			hyllyllesi
hylly				ltä				kö	hyllyltäkö
hylly								kö	hyllytkö
hylly				n				hän	hyllynhän
talo				on					taloon
talo				na					talona
(hänen) talo						nsa		ko	(hänen) talonsako
(hänen) hylly						nsä			(hänen) hyllynsä
hylly		i		llä		mme			hyllyillämme

§ 13   Überblick über die Wortstruktur   34

Anhängepartikeln sind **-kin**, **-ko** ~ **-kö**, **-han** ~ **-hän**, **-pa** ~ **-pä** und **-kaan** ~ **-kään**. Beispiele zum Gebrauch:

Sinä/**kö** tulit?
Kekkonen/**ko** lähti Moskovaan?
Sinä/**hän** tulit.
Kekkonen/**han** tuli.
Sinä/**kin** tulit.
Kekkonen/**kin** tuli.
Sinä/**kään** et tullut.
Kekkonen/**kaan** ei tullut.

Das Nomen kann im Finnischen Endungen aller vier Gruppen enthalten, jedoch ist die Reihenfolge der Endungen festgelegt: Numerus + Kasus + Possessivsuffix + Anhängepartikel. In der Übersicht (S. 33) werden verschiedene Beispiele aufgeführt. In jedem „Gruppenkästchen" wird die Zahl der möglichen Endungen genannt. Mit Stamm ist hier das Grundwort ohne Endung gemeint. Es sei noch bemerkt, daß eventuelle Ableitungsendungen im Wort zwischen Stamm und Numerus stehen.

§ 13 *Finite Verbformen und ihre Endungen*

Das finite
Verb
1) Person

Mit einer finiten Verbform ist eine Form mit Personalendung gemeint, z. B. (minä) tule/**n**, (sinä) tule/**t**, Maija tule/**e**. Außer in der Person wird das Verb auch im Tempus, Modus und im Genus verbi flektiert. In den Passivformen gibt es zwei Endungen, die eigentliche Passivendung und die Personalendung -**Vn**. Zusätzlich kann man an die finiten Verbformen Anhängepartikeln anfügen. Die Ableitung der Verben wird in Kapitel 21 behandelt. Es gibt sechs Personalendungen, eine für jede grammatische Person in Singular und Plural.

	Singular	Plural
1. Person	(minä) puhu/**n**	(me) puhu/**mme**
2. Person	(sinä) puhu/**t**	(te) puhu/**tte**
3. Person	hän puhu/**u**	he puhu/**vat**

2) Tempus Es gibt zwei einfache Tempora im Finnischen, das Präsens, das eine noch nicht vergangene Zeit ausdrückt, und das Imperfekt, das eine vergangene Zeit ausdrückt. Das Präsens hat keine eigene Endung, die des Imperfekts ist **-i-**. Die Personalendungen folgen der Imperfektendung.

Präsens	Imperfekt
minä puhu/n	minä puhu/**i**/n
me sano/mme	me sano/**i**/mme
he sano/vat	he sano/**i**/vat
te seiso/tte	te seiso/**i**/tte
sinä kysy/t	sinä kysy/**i**/t

3) Modus Im Finnischen gibt es vier Modi, durch die u. a. das Verhältnis des Sprechers zum Aussageinhalt ausgedrückt wird.

Indikativ	Ø
Konditional	**-isi-**
Potential	**-ne-**
Imperativ	(vgl. unten)

Der Indikativ ist der häufigste Modus; er ist endungslos und stellt eine Handlung als faktisch oder geschehen dar. Der häufigste Gebrauch des Konditionals kommt in Konditionalsätzen vor; vgl. engl. *should* und den deutschen Konjunktiv. Der Potential ist ein seltener Modus, mit dem eine Handlung als möglich dargestellt werden kann. Die Personalendung wird nach der Modusendung angefügt. Der vierte Modus, der Imperativ, ist insofern ein besonderer Modus, als seine eigene Endung in den meisten Fällen mit der Personalendung verschmolzen ist, und dadurch sind sie nicht mehr voneinander zu unterscheiden.

	Imperativ	
	Singular	Plural
1. Person	Ø	sano/**kaamme**
2. Person	sano	sano/**kaa**
3. Person	sano/**koon**	sano/**koot**

Die häufigste Form ist die 2. Person Singular, die endungslos ist. In den anderen Personen gibt es wegen der Vokalharmonie auch die vordervokalische Endungsvariante, z. B. vie/**köön**, vie/**käämme**, vie/**kää**, vie/**kööt**. Die Imperativformen der 3. Person drücken eher einen Wunsch als einen Befehl aus und sind selten.

STRUKTUR DER FINITEN VERBFORMEN

Stamm	+	Passiv	+	Tempus, Modus	+	Person	+	Anhänge-partikel		Wortformen
puhu						n				puhun
puhu						mme				puhumme
puhu				i		tte				puhuitte
puhu				isi		vat				(he) puhuisivat
puhu						t		han		puhuthan
sano				i		n		ko		sanoinko?
sano				isi		mme		ko		sanoisimmeko?
sano		ta				an				sanotaan
sano		tta		isi		in				sanottaisiin
sano		tt		i		in		han		sanottiinhan
sano		tta		ne		en				sanottaneen
sano				kaa						sanokaa
sano				kaa				pa		sanokaapa
sano				kaa		mme				sanokaamme
sano				ko		ot				sanokoot
sano		tta		ko		on				sanottakoon
saa						n		ko		saanko?
sa				isi		n		ko		saisinko?
sa				i		t		han		saithan
syö		t		i		in				syötiin
syö		tä		isi		in				syötäisiin
syö		tä		isi		in		kö		syötäisiinkö?
syö		t		i		in		kin		syötiinkin

4) Passiv Die Passivformen drücken aus, daß eine unbestimmte Person Ausführende der Handlung ist, vgl. dt. *man*. Die eigentlichen Passivendungen sind -**tta**- ~ -**ttä**- und -**ta**- ~ -**tä**-, deren jeweilige Variante vom vorausgehenden Stamm abhängt. Manchmal verschwinden **a/ä**.

Diese Endungen werden direkt an den Verbstamm (oder abgeleiteten Stamm) angefügt. Eventuelle Tempus- und Modusendungen folgen der Passivendung. Nach ihnen fügt man die Personalendung des Passivs -**Vn** an, wobei „V" wiederum den unmittelbar vorhergehenden Vokal bezeichnet.

Aktiv	Passiv
sano/**n**	sano/**ta**/**an**
sano/isi/**n**	sano/**tta**/isi/**in**
sano/i/**n**	sano/**tt**/i/**in**

Auf Seite 36 wird ein Modell der finiten Verbformen dargestellt, aus dem die Reihenfolge der Endungen hervorgeht. Die Tempus- und Modusendungen sind im gleichen Kästchen, da sie sich gegenseitig ausschließen (in der gleichen Wortform können nicht Tempus- und Modusendung vorkommen). Als letztes kann am Verb immer eine Anhängepartikel vorkommen.

§ 14 *Infinite Verbformen und ihre Endungen*

Infinites Verb Mit infiniten Verbformen sind Formen gemeint, die (anders als die finiten Verben) keine Personalendung enthalten. Es gibt zweierlei infinite Formen, Infinitive und Partizipien. Infinitive kann man im Gebrauch mit Substantiven vergleichen, Partizipien wiederum mit Adjektiven.

Charakteristisch für die infiniten Verbformen ist die Funktionsendung, die im allgemeinen keine eigentliche Bedeutung hat, sondern lediglich anzeigt „dies ist eine infinite Form". Einige infinite Formen kann man wie finite Verben im Passiv flektieren (die Partizipien und den Inessiv des Infinitiv II). Anders als die finiten Verben, aber wie die Substantive, erhalten die infiniten Formen oft eine Kasusendung und ein Possessivsuffix. Die Partizipien können auch im Numerus flektiert werden. An alle infiniten Formen können Anhängepartikeln angehängt werden.

§ 14 Überblick über die Wortstruktur

Infinitive Im Finnischen gibt es drei wichtige Infinitive. Der wichtigste ist der Infinitiv I, die Wörterbuchform des Verbs. Jeder Infinitiv hat seine eigene Funktionsendung, die anzeigt, um welchen Infinitiv es sich handelt. Die Kasusflexion der Infinitive ist unvollständig. Der Infinitiv I tritt nur in zwei Kasus auf (Nominativ und Translativ), der Infinitiv II ebenfalls in zwei (Inessiv und Instruktiv) und der Infinitiv III in sechs (Inessiv, Elativ, Illativ, Adessiv, Abessiv und Instruktiv). Die Infinitive treten nicht im Plural auf. In Verbindung mit einigen Kasus können auch Possessivsuffixe vorkommen.

Infinitive

	Funktions-endungen	Beispiel
1.	-a ~ -ä	sano/**a**
	-da ~ -dä	syö/**dä**
	-ta ~ -tä	juos/**ta**
2.	-e-	sano/**e**/ssa/ni
	-de-	syö/**de**/ssä/mme
	-te-	juos/**te**/n
3.	-ma- ~ -mä-	sano/**ma**/lla
		sano/**ma**/tta
		sano/**ma**/an
		syö/**mä**/llä

Partizipien Im Finnischen gibt es zwei Partizipien, das des Präsens und das des Perfekts, die fast gleiche Funktionen haben wie Adjektive; außerdem treten sie in zusammengesetzten Tempora der Verben auf. Die Partizipien treten auch im Passiv auf. Wegen ihres adjektivischen Charakters lassen sie alle Kasus wie auch die Unterscheidung zwischen Singular und Plural zu. Manchmal werden an die Partizipien auch noch Possessivsuffixe angehängt. Im folgenden werden nur die Partizipien Aktiv aufgeführt.

Partizipien Aktiv

	Funktions-endungen	Beispiele
Präsens	-va ~ -vä	juo/**va**, syö/**vä**
Perfekt	-nut ~ -nyt	juo/**nut**, syö/**nyt**

Im folgenden Modell (S. 39) werden die Struktur der infiniten Verbformen und die Reihenfolge der Endungen dargestellt.

STRUKTUR DER INFINITEN VERBFORMEN

Stamm	+	Passiv	+	Infinite Endungen	+	Numerus	+	Kasus	+	Possessivsuffix	+	Anhängepartikel		Wortformen
puhu				a										puhua
puhu				a				kse		si				puhuaksesi
puhu				ma				lla						puhumalla
syö				dä										syödä
syö				dä				kse		mme				syödäksemme
puhu				va								kin		puhuvakin
puhu				va				ssa				kin		puhuvassakin
puhu				v		i		ssa				kin		puhuvissakin
puhu				va		t								puhuvat
puhu				nut										(on) puhunut
puhu				nee		t								(ovat) puhuneet
syö				mä				än						syömään
juo				ma				an						juomaan
juo				ma				an				ko		juomaanko?
syö				mä				ttä						syömättä
juo				ma				tta				han		juomattahan
juo				va										juotava
sano		ta												(on) sanottu
sano		ttu						sta						sanotusta
sano		tu												
sano		tta		va										sanottava
sano		tta		va				lla						sanottavalla
sano		tta		v		i		lla						sanottavilla
sano		tta		v		i		ssa				ko		sanottavissako?
syö		tä		e				ssä						syötäessä
vetä				mä				llä		si		hän		vetämällähän
vetä				e				ssä						vetäessäsi
syö		ty						ä		mme				syötyämme
syö				vä				n						(... Kallen) (Kallen) syövän

(on)
(ovat)

(on)

(... Kallen)

4 Zwei wichtige Lautwechsel

Stufenwechsel (**p, t, k**)
Vokalveränderungen vor **-i**-Endungen

§ 15 *Stufenwechsel* (**p, t, k**)

Reihte man alle Endungen mechanisch nach den Mustern aneinander, die oben für Nomina, finite und infinite Verbformen dargestellt wurden, wäre es leicht, finnische Wörter zu bilden. Aber das Anhängen von Endungen wird dadurch erschwert, daß das Anhängen im Stamm (links von der Endung) oft einen Lautwechsel bewirkt.

Der wichtigste dieser Wechsel ist der Stufenwechsel, der die Klusile **p, t, k** sowohl in kurzer wie in langer Form betrifft. In § 15.1 werden zunächst die verschiedenen Typen des Wechsels dargestellt. In § 15.2 werden dann die Bedingungen behandelt, nach denen **p, t, k** wechseln, und gleichzeitig werden die wichtigsten Regeln aufgeführt. In § 15.3–5 sind zahlreiche Beispiele für die Anwendung der Regeln enthalten, und in § 15.6 werden einige Sonderfälle erwähnt. „Starke Stufe" nennt man die Form, auf die die Regeln des Stufenwechsels angewandt werden, „Schwache Stufe" diejenige, die als Ergebnis des Wechsels entsteht.

§ 15.1 *Wie der Stufenwechsel auftritt*

pp, tt, kk   Die *langen* Konsonanten **pp, tt, kk** wechseln mit den entsprechenden kurzen Konsonanten.

    (1) **pp** – **p**   kaa**pp**i   kaa**p**i/ssa
    (2) **tt** – **t**   ma**tt**o   ma**t**o/lla
    (3) **kk** – **k**   ku**kk**a   ku**k**a/n

p, t, k   Die *kurzen* Konsonanten **p, t, k** wechseln im allgemeinen mit anderen Konsonanten; manchmal fällt jedoch **k** weg. Die wichtigsten Wechsel dieses Typs sind (4–7).

(4)	p	–	v	tupa	tuva/ssa
(5)	Vt	–	Vd	katu	kadu/lla
(6)	ht	–	hd	lähte-	lähde/n
(7)	k	–	ø	jalka	jala/n

t wechselt also mit **d** sowohl postvokalisch als auch nach **h**. In den folgenden fünf Fällen, in denen **p, t, k** nach Nasalkonsonant (**m, n, ŋ**) oder **t** nach **l** oder **r** steht, ist der Wechsel ein anderer als in den Fällen 4–7.

p, t, k nach Nasalen

(8)	mp	–	mm	ampu-	ammu/mme
(9)	nt	–	nn	ranta	ranna/lla
(10)	nk	–	ng [-ŋŋ-]	kenkä	kengä/n
(11)	lt	–	ll	kulta	kulla/n
(12)	rt	–	rr	parta	parra/ssa

t nach **l** und **r**

Die Wechsel (4–7) treffen also für den Fall zu, daß die Klusile nicht nach Nasalkonsonanten oder **l, r** stehen. In letzteren Fällen gelten die Wechsel (8–12). Außerdem treten noch vier relativ seltene Wechsel beim **k** auf.

Sonderfälle bei **k**

(13)	lke	–	lje	polke-	polje/n
(14)	rke	–	rje	särke-	särje/n
(15)	hke	–	hje	rohkene/t	rohjet/a
(16)	k	–	v	puku	puvu/n

Die Wechsel (13–15) sind sehr ähnlich: in allen wechselt **k** vor **e** mit **j**. Typ (16) ist selten und tritt nur in einigen Nomina auf, vor allem bei **k** zwischen **u – u**.

§ 15.2 *Regeln des Stufenwechsels*

Alle Wechsel (1–16) vollziehen sich unter den gleichen Bedingungen. Die Klusile von zwei- oder mehrsilbigen Wörtern haben Stufenwechsel, wenn bestimmte Endungen angefügt werden. Einerseits rührt der Wechsel von den Vokalen her, die zwischen Klusil und Endung stehen (nur bei kurzen Vokalen tritt Wechsel ein, bei langen Vokalen oder Konsonanten gibt es keinen Wechsel), andererseits von der nachfolgenden Endung (nur Kasus- und Personalendungen bestimmter Struktur verursachen Wechsel). Die folgende Hauptregel **A** betrifft alle Wörter, Nomina wie Verben.

§ 15.2   Zwei wichtige Lautwechsel

Hauptregel **A**

> **p, t, k** *in mehrsilbigen Stämmen haben Stufenwechsel, wenn ihnen eine Endung folgt, die*
> *a) aus einem einzigen Konsonanten besteht oder*
> *b) mit zwei Konsonanten beginnt,*
>   *ferner vorausgesetzt (a, b), daß*
> *c) zwischen* **p, t, k** *und der Endung nur ein kurzer Vokal oder Diphthong steht (keine Konsonanten und keine Silbengrenze).*

Präzisierungen der Hauptregel **A**

> *Beachte:*
> *d) Die betreffende Endung ist bei Nomina im allgemeinen eine Kasus-, bei Verben eine Personalendung.*
> *e) Zwischen der betreffenden Endung und* **p, t, k** *kann die Endung* **i** *(Plural oder Imperfekt) stehen.*
> *f) Vor Langvokal gibt es niemals Wechsel.*
> *g) In einsilbigen Stämmen gibt es keinen Wechsel.*

Zusätzlich zur Hauptregel **A** gibt es eine zweite Regel **B**, die lediglich den Stufenwechsel der Verben betrifft.

Besondere Wechsel bei Verben **B**

> **p, t, k** *haben bei Verben vor kurzem Vokal immer Stufenwechsel*
> *a) vor Passivendung (z. B. -tta, -ttä, -ta, -tä),*
> *b) in der 2. Person Singular Imperativ,*
> *c) im verneinenden Indikativ Präsens.*

Die Fälle **B**: b, c sind eigentlich identisch, da diese Verbformen immer gleich sind, z. B. *kerro!* ~ *en kerro*; *anna!* ~ *en anna*. Die folgende Aufstellung veranschaulicht die Anwendung der Hauptregel **A** am Beispiel des Substantivs *katto*, bei dem der Wechsel **tt : t** auftritt. Vor allem die Struktur der nachfolgenden Kasusendung entscheidet, ob Wechsel eintritt oder nicht; der Grund dafür wird rechts aufgeführt.

ka**tt**o	NEIN	keine Endung
kato/**n**	JA	Endung besteht aus einem Konsonanten

kato/lla	JA	Endung beginnt mit zwei Konsonanten
katto/na	NEIN	Endung besteht nicht aus einem und beginnt nicht mit zwei Konsonanten
kato/lta	JA	Endung beginnt mit zwei Konsonanten
katto/on	NEIN	Kein Wechsel vor langem Vokal
kato/lle	JA	Endung beginnt mit zwei Konsonanten
kato/t	JA	Endung besteht aus einem Konsonanten
kato/i/lla	JA	Endung beginnt mit zwei Konsonanten; dazwischen kann eine nur aus **i** bestehende Endung sein
katto/i/na	NEIN	vgl. katto/na
kato/ksi	JA	Endung beginnt mit zwei Konsonanten
katto/mme	NEIN	Kein Wechsel vor Possessivsuffix
katto/kin	NEIN	Endung besteht nicht aus einem und beginnt nicht mit zwei Konsonanten
kato/i/lle	JA	Endung beginnt mit zwei Konsonanten; dazwischen kann eine nur aus **i** bestehende Endung sein
katto/i/hin	NEIN	Endung besteht nicht aus einem und beginnt nicht mit zwei Konsonanten
kato/i/lta	JA	Endung beginnt mit zwei Konsonanten; dazwischen kann eine nur aus **i** bestehende Endung sein
katto/nne	NEIN	kein Wechsel vor Possessivsuffix
katto/a	NEIN	Endung besteht nicht aus einem und beginnt nicht mit zwei Konsonanten
katto/j/en	NEIN	wie oben; **j** = **i** des Plurals

In den beiden folgenden Paragraphen werden weitere Beispiele für die Anwendung der Regeln **A**, **B** bei Nomina und bei Verben dargestellt.

§ 15.3 *Anwendung der Hauptregel auf die Nomina*

In der folgenden Übersicht steht das Beispielwort *katu*, bei dem der Stufenwechseltyp (5), **t** : **d** auftritt. Im Beispiel wird das bekannte Kästchenschema angewandt. Die eigentliche Wortform steht rechts, wo ebenfalls der Grund für eventuellen Wechsel genannt wird.

Auch die Nominativendung -**t** verursacht Stufenwechsel. Diese Form ist sowohl Numerus- als auch Kasusform. Nach der Hauptregel tritt Wechsel nur vor *kurzen* Vokalen auf. Die Vokale des Diphthongs sind kurz, und deswegen tritt vor Diphthong im allgemeinen Wechsel

§ 15.3   Zwei wichtige Lautwechsel   44

Stamm	Numerus	Kasus	Possessivsuffix	Anhängepartikel	Wortform	Stufenwechsel?	
katu		n			kadun	JA	Kasus mit 1 Konsonant
katu			nne		katunne	NEIN	kein Kasus
katu				kin	katukin	NEIN	kein Kasus
katu		lla			kadulla	JA	Kasus beginnt mit 2 Kons.
katu		na			katuna	NEIN	Kasus mit Kons. + Vokal
katu		lle			kadulle	JA	Kasus beginnt mit 2 Kons.
katu		a			katua	NEIN	Kasus mit Vokal
katu	i	lla			kaduilla	JA	Kasus beginnt mit 2 Kons.
katu			mme	ko	katummeko?	NEIN	kein Kasus
katu	t				kadut	JA	Kasus mit 1 Konsonant
katu				han	katuhan	NEIN	kein Kasus
katu	j	a			katuja	NEIN	Kasus mit Vokal
katu	i	ssa			kaduissa	JA	Kasus beginnt mit 2 Kons.
katu		n		pa	kadunpa	JA	Kasus mit 1 Konsonant
katu		lta	nne		kadultanne	JA	Kasus beginnt mit 2 Kons.
katu	i	na			katuina	NEIN	Kasus mit Kons. + Vokal
katu	t			han	kaduthan	JA	Kasus mit 1 Konsonant
katu		un			katuun	NEIN	langer Vokal

auf: kato/lla ~ kato/i/lla. In der zweiten Form kommt der Diphthong **oi** vor, vor dem Stufenwechsel auftritt. (Eine Ausnahme von der Diphthongregel gibt es beim Typ *renka/i/ssa,* vgl. unten.)

kein Wechsel vor Langvokalen

Vor *langen* Vokalen aber werden die Regeln des Stufenwechsels nicht angewandt, selbst dann nicht, wenn die Kasusendung aus einem Konsonanten besteht oder mit zweien beginnt. Die Nomina, in deren Flexionsstamm Langvokal steht (§§ 19, 20.3), werden in nahezu allen Kasusformen des Singulars und Plurals vom Stufenwechsel nicht berührt, auch dann nicht, wenn sonst der lange Stammvokal vor dem -**i**- des Plurals kurz wird (§ 16). Im folgenden die Flexion des Wortes *rengas* : *renkaa-* im Hinblick auf den Stufenwechsel:

Beachte: Pluralformen!

Singular	Plural
re**nk**aa/n	re**nk**aa/t
re**nk**aa/ssa	re**nk**a/i/ssa
re**nk**aa/sta	re**nk**a/i/sta
re**nk**aa/lla	re**nk**a/i/lla
re**nk**aa/na	re**nk**a/i/na
re**nk**aa/seen	re**nk**a/i/siin
re**nk**aa/lta	re**nk**a/i/lta

In diesen Wörtern gilt der dem -**i**- vorangehende Vokal als langer Vokal, da er in fast allen entsprechenden Singularformen lang ist.

Beachte: Nom. Sing. Part. Sing.!

Bei den Wörtern vom Typ *renkaa-* werden die Regeln des Stufenwechsels dennoch bei zwei Kasusformen angewandt, nämlich im Nominativ Singular, der entweder auf kurzen Vokal + **s** endet (§ 20.3) oder auf -**e** (§ 19) und im Partitiv Singular sowie manchmal im Genitiv Plural. Vergleiche re**ng**as (Nom. Sing.) : re**ng**as/ta (Part. Sing.) : re**ng**as/ten (Gen. Pl.). Weitere Beispiele dieses Typs:

(1)	**pp**	–	**p**	saa**pp**aa-	saa**p**as
(2)	**tt**	–	**t**	ra**tt**aa-	ra**t**as
(3)	**kk**	–	**k**	ra**kk**aa-	ra**k**as
(4)	**p**	–	**v**	var**p**aa-	var**v**as
(5)	**t**	–	**d**	hi**t**aa-	hi**d**as
(6)	**ht**	–	**hd**	teh**t**aa-	teh**d**as
(8)	**mp**	–	**mm**	lam**p**aa-	lam**m**as
(9)	**nt**	–	**nn**	kin**t**aa-	kin**n**as
(10)	**nk**	–	**ng**	kuni**nk**aa-	kuni**ng**as
(11)	**lt**	–	**ll**	al**t**aa-	al**l**as
(12)	**rt**	–	**rr**	por**t**aa-	por**r**as
(13)	**lke**	–	**lje**	hy**lke**e-	hy**lje**
(15)	**hke**	–	**hje**	po**hke**e-	po**hje**

§ 15.4   Zwei wichtige Lautwechsel

Es heißt also saapas (Nom. Sing.) und saapas/ta (Part. Sing.), aber saa**pp**aa/n (Gen. Sing.), saa**pp**aa/ssa (Iness. Sing.), saa**pp**aa/na (Ess. Sing.), saa**pp**aa/t (Nom. Pl.), saa**pp**a/i/ssa (Iness. Pl.), saa**pp**a/i/ta (Part. Pl.) usw.

Typ **keittiö**   In dreisilbigen Nomina wie *keittiö, lapio, herttua*, bei denen zwischen den beiden Endvokalen der Grundform die Silbengrenze verläuft (§ 9), findet kein Stufenwechsel statt (**A**:c). Es wird also flektiert keittiö/n, keittiö/ssä, keittiö/tä, keittiö/i/ssä usw.

§ 15.4 *Anwendung der Regeln auf die Verben*

Regeln **A** und **B**   Bei den Verben entscheidet im allgemeinen die Personalendung über den Stufenwechsel (**A**:d). Zusätzlich zur Hauptregel gilt bei den Verben die Regel **B**: die Regeln des Stufenwechsels werden immer vor der Passivendung sowie denen des Imperativs der 2. Person Singular und des Indikativs des verneinenden Präsens angewandt.

Als Beispiel wird das Verb *kerto-* verwendet (siehe S. 47): **rt** wechselt mit **rr** (Typ 12). Rechts wird die Erklärung dafür gegeben, warum die Regel angewandt wird (JA) oder nicht (NEIN) sowie eine kurze Begründung.

Man beachte, daß das -**i**- des Imperfekts im Fall **A**:e zwischen einem dem Stufenwechsel unterliegenden **p**, **t**, **k** und der Personalendung stehen kann. Die Regeln des Stufenwechsels kommen aber nicht zum Zuge, wenn die Konditionalendung -**isi**- oder -**ne**- des Potentials dazwischen steht. Es heißt also ke**rr**o/i/n, aber kerto/**isi**/n und kerto/**ne**/n.

Wie bei den Nomina werden auch bei den Verben vor langen Vokalen die Regeln des Stufenwechsels nicht angewandt (**A**:c). Beim folgenden wichtigen Verbtyp, bei den sogenannten Kontraktionsverben (§ 23.2), gibt es somit keinen Stufenwechsel, weder im Präsens noch im Imperfekt, obwohl der Vokal verkürzt ist (§ 60).

	Präsens		Imperfekt
	hy**pp**ää/n		hy**pp**ä/si/n
	hy**pp**ää/t		hy**pp**ä/si/t
(hän)	hy**pp**ää	(hän)	hy**pp**ä/si
	hy**pp**ää/mme		hy**pp**ä/si/mme
	hy**pp**ää/tte		hy**pp**ä/si/tte
(he)	hy**pp**ää/vät	(he)	hy**pp**ä/si/vät

Stamm	Passiv	Tempus, Modus	Person	Anhänge-partikel	Wortform	Stufenwechsel?	
kerto			n		kerron	JA	Person mit 1 Konsonant
kerto			mme		kerromme	JA	Person beginnt mit 2 Konsonanten
kerto		isi	mme		kertoisimme	NEIN	Modus -isi-
kerto	ta		an		kertotaan	JA	Passiv
kerto		i	tte		kerroitte	JA	Person beginnt mit 2 Konsonanten
kerto			vat		kertovat	NEIN	Person mit Konsonant + Vokal
kerto		i	vat		kertoivat	NEIN	Person mit Konsonant + Vokal
(ei) kerto					ei kerro	JA	verneinender Indikativ Präsens
kerto	tt	i	in		kerrottiin	JA	Passiv
kerto			o		kertoo	NEIN	Person mit Vokal
kerto		ø			kerro!	JA	Imperativ 2. Person Singular Endung auf Konsonant
kerto		kaa			kertokaa	NEIN	+ Vokal
kerto			t		kerrot	JA	Person mit 1 Konsonant
kerto		i	t		kerroit	JA	Person mit 1 Konsonant
kerto		ne	tte		kertonette	NEIN	Modus -ne-
kerto		ø		pa	kerropa!	JA	Imperativ 2. Person Singular
kerto			tte	han	kerrottehan	JA	Person beginnt mit 2 Konsonanten
kerto			t	ko	kerrotko?	JA	Person mit 1 Konsonant
kerto		isi	vat	ko	kertoisivatko?	NEIN	Modus -isi-

§ 15.5   Zwei wichtige Lautwechsel

Bei den Kontraktionsverben gibt es im Imperativ der 2. Person Singular keinen Stufenwechsel wie auch nicht im verneinenden Indikativ Präsens: hy**pp**ää ~ en hy**pp**ää. Es gibt jedoch einige Flexionsformen der Kontraktionsverben, bei denen der ansonsten lange Stammvokal verkürzt wird, nachdem der Vokal gegen einen Bindekonsonanten **t** ausgewechselt wurde, der seiner Struktur nach mit den Kasus- und Personalendungen vergleichbar ist, die den Stufenwechsel auslösen (**A**:a), wie z. B. hy**pp**ää/n : hy**p**ät/ä. Die folgenden Formen basieren auf dem mit Bindekonsonanten gebildeten Stamm, auf den deshalb der Stufenwechsel angewandt wird.

Beachte: Stufenwechsel!

Infinitiv I	hyp**ät**/ä
Infinitiv II	hyp**ät**/e/n
Passiv	hyp**ät**/t/i/in
Imperativ	hyp**ät**/kää (nicht in der 2. Pers. Sing.)
Partizip Perfekt	hyp**än**/nyt (Beachte: **t** wurde zu **n**)

Auch bei den Kontraktionsverben sind fast alle Stufenwechseltypen möglich.

(1)	**pp**	– **p**	sie**pp**aa-	sie**p**at/a
(2)	**tt**	– **t**	kon**tt**aa-	kon**t**at/a
(3)	**kk**	– **k**	ha**kk**aa-	ha**k**at/a
(4)	**p**	– **v**	kel**p**aa-	kel**v**at/a
(5)	**Vt**	– **Vd**	hau**t**aa-	hau**d**at/a
(6)	**ht**	– **hd**	rah**t**aa-	rah**d**at/a
(7)	**k**	– **ø**	ma**k**aa-	maat/a
(8)	**mp**	– **mm**	ka**mp**aa-	ka**mm**at/a
(9)	**nt**	– **nn**	ry**nt**ää-	ry**nn**ät/ä
(10)	**nk**	– **ng**	ha**nk**aa-	ha**ng**at/a
(11)	**lt**	– **ll**	va**lt**aa-	va**ll**at/a
(12)	**rt**	– **rr**	vi**rt**aa-	vi**rr**at/a

Siehe Näheres im § 23.2. – Der folgende Abschnitt enthält weitere Beispiele zum Stufenwechsel der Nomina und Verben.

§ 15.5 *Weitere Beispiele zu Stufenwechseltypen*

(1)	**pp**	– **p**	kau**pp**a	kau**p**assa
			lam**pp**u	lam**p**ut
			ta**pp**a-	ta**p**an

(2)	tt – t	katto	katolla
		käyttä-	käytämme
		otta-	otan
(3)	kk – k	takki	takissani
		kaikke-	kaikessa
		nukku-	nukuimme
(4)	p – v	kylpe-	kylven
		kipu	kivussa
		korpe-	korvesta
(5)	t – d	tietä-	tiedätkö?
		vetä-	vedä!
		äiti	äidille
(6)	ht – hd	vihta	vihdalla
		vaihta-	vaihdatteko
		lehte-	lehdessä
(7)	k – ø	joke-	joesta
		jaka-	jaamme
		poika	pojalle
		aika	ajassa
(8)	mp – mm	ampu-	ammutaan
		kampa	kammalla
(9)	nt – nn	tunte-	ei tunne
		anta-	annamme
		ranta	rannalla
(10)	nk – ng	kenkä	kengästä
		tunke-	älä tunge!
		tinki-	tingitkö?
(11)	lt – ll	ilta	illalla
		kulta	kullaksi
		viheltä-	vihellän
(12)	rt – rr	kiertä-	kierrä!
		kerta	kerran
		kerto-	kerronko?
(13)	lke – lje	sulke-	suljemme
		jälke-	jäljet
		kulke-	kuljet
(14)	rke – rje	särke-	särjetkö?
		arke-	arjen
(15)	hke – hje	rohkene-	rohjeta
(16)	k – v	suku	suvussa
		puku	puvut
		luku	luvuksi

Beachte: In den Wörtern *poika* + *aika* wird **i** zu **j**!

Die Typen (13) sowie vor allem (14–16) sind selten.

§ 15.6 *Einige Zusätze*

Neben den behandelten Kasus- und Personalendungen gibt es noch einige andere Endungen, die Stufenwechsel verursachen, besonders die Endung -**sti** (mit der Adverbien gebildet werden), die Komparativendung -**mpi** (§ 85) sowie die Superlativendung -**in** (§ 86). Man beachte auch die negative Ableitung -**ton** ~ -**tön**.

kil**tt**i	kil**t**i/sti	kil**t**i/mpi	kil**t**e/in
tar**kk**a	tar**k**a/sti	tar**k**e/mpi	tar**k**/in
hel**pp**o	hel**p**o/sti	hel**p**o/mpi	hel**p**o/in
koti	ko**d**i/ton		
pal**kk**a	pal**k**a/ton		

p, t, k haben keinen Stufenwechsel, wenn sie neben **s** vorkommen. Die Verbindung **tk** hat ebenfalls keinen Stufenwechsel. **k** in der Verbindung **hk** wechselt manchmal.

ks	taksi	taksilla
	jaksa-	jaksan
ts	metsä	metsässä
	katso-	katsomme
ps	lapse-	lapselle
	hupsu	hupsun
sk	tasku	taskusta
	laske-	lasket
st	pistä-	pistän
	piste	pisteet
tk	matka	matkalla
	potki-	potkimme
hk	keuhko	keuhkot
	vihki-	vihitte
	vihko	vihot
Beachte!	nahka	nahasta

Viele Lehnwörter und Eigennamen haben keinen Stufenwechsel. Dies betrifft vor allem die Typen (4–16).

Lehnwörter	auto	autolla
Eigennamen	Malta	Maltan
	Kauko	Kaukolle
	Arto	Artolta

§ 16 Vokalveränderungen vor -i-Endungen

Die zweite wichtige Gruppe der Lautwechsel sind die Vokalveränderungen, die oft vor bestimmten mit -i- anfangenden Endungen auftreten. Die betreffenden Endungen sind:

bei Nomina	bei Verben
Plural -i-	Imperfekt -i-
(manchmal -j-: § 26)	
Superlativ -in	Konditional -isi-
(bei Adjektiven)	

Oft sind die Vokalveränderungen bei allen vier Endungen gleich, es gibt aber auch einige Unterschiede. Im folgenden werden acht Regeln dargestellt.

1) *Die kurzen Vokale -o, -ö, -u, -y (d. h. die gerundeten Vokale) werden vor -i- nicht verändert.*

1) -o, -ö, -u, -y bleiben unverändert

Grundform	Plural	Grundform	Superlativ
talo	taloissa	helppo	helpoin
pöllö	pöllöille	jörö	jöröin
katu	kaduilla	hullu	hulluin
hylly	hyllyissä	pidetty	pidetyin

Grundform	Imperfekt	Konditional
sano-	sanoi	sanoisi
löhö-	löhöi	löhöisi
puhu-	puhui	puhuisi
pysähty-	pysähtyi	pysähtyisi

§ 16   Zwei wichtige Lautwechsel

2) | Langvokal wird kurz.

2) Langvokal wird kurz

Grundform	Plural	Grundform	Superlativ
puu	puita	vapaa	vapain
maa	maissa	vakaa	vakain
syy	syiden	tervee-	tervein
venee-	veneistä		
perhee-	perheissä		

Grundform	Imperfekt	Konditional
saa-	sai	saisi
jää-	jäi	jäisi
avaa-	avasi	avaisi
makaa-	makasi	makaisi
	(vgl. § 60)	

3) | Der erste Vokal in den Diphthongen **ie, uo, yö** fällt weg.

3) ie, uo, yö → e, o, ö

	Plural	
tie	teillä	
tuo	noissa	
yö	öitä	(nur
suo	soista	Substan-
työ	töiden	tive)

	Imperfekt	Konditional
vie-	vei	veisi
juo-	joi	joisi
syö-	söi	söisi
tuo-	toi	toisi
lyö-	löi	löisi

4) **i** *fällt in Diphthongen auf* **-i** *weg.*

4) **i** in Diphthongen fällt weg

	Plural	
ha**i**	ha/i/ssa	(nur
ko**i**	ko/i/ta	Substan-
tä**i**	tä/i/den	tive)

	Imper- fekt	Kondi- tional
vo**i**-	vo/i	vo/isi
ui-	u/i	u/isi
na**i**-	na/i	na/isi

5) *Kurzes* **-e** *fällt immer weg.*

5) -e fällt immer weg

	Plural		Super- lativ
tuul**e**-	tuulia	nuor**e**-	nuorin
tul**e**-	tulia	suur**e**-	suurin
laps**e**-	lapsilla	uut**e**-	uusin
kiel**e**-	kielinä		
kät**e**-	käsiä		
nais**e**-	naisille		

	Imper- fekt	Kondi- tional
tul**e**-	tuli	tulisi
men**e**-	meni	menisi
ol**e**-	oli	olisi
hymyil**e**-	hymyili	hymyilisi
tek**e**-	teki	tekisi
näk**e**-	näki	näkisi

§ 16   Zwei wichtige Lautwechsel   54

> 6) **Kurzes -i wird vor Plural und Superlativ zu e, fällt aber vor Imperfekt und Konditional weg.**

		Plural		Superlativ
6a) -i → e	lasi	laseissa	kiltti	kiltein
	tuoli	tuoleilla	nätti	nätein
	väri	väreinä		
	tunti	tunneilla		

		Imperfekt	Konditional
6b) -i fällt weg	salli-	sall/i	sall/isi
	etsi-	ets/i	ets/isi
	oppi-	opp/i	opp/isi
	vaati-	vaat/i	vaat/isi

> 7) **-ä fällt außer im Konditional weg.**

		Plural		Superlativ
7) -ä fällt weg	päivä	päiviä	syvä	syvin
	ystävä	ystävillä	ikävä	ikävin
	seinä	seinien	kylmä	kylmin
	kylä	kyliin	märkä	märin
	hedelmä	hedelmiä	hämärä	hämärin

	Imperfekt	Konditional
vetä-	veti	vetäisi
kestä-	kesti	kestäisi
kiittä-	kiitti	kiittäisi
viettä-	vietti	viettäisi
tietä-	tiesi	tietäisi

Abweichend vom eben gesagten wird das -ä bei einigen dreisilbigen *Substantiven* im Plural zu ö, u. a. wenn der einzige Vokal der vorangehenden Silbe i ist, z. B. kynttilä : kynttilö/i/tä, tekijä : tekijö/i/tä, päärynä : päärynö/i/ssä.

		8)	-a *ist im Konditional unveränderlich und fällt im Superlativ weg. Im Plural und Imperfekt zweisilbiger Wörter wird* -a *zu* -o, *wenn der erste Vokal des Wortes* a, e *oder* i *ist, fällt aber weg, wenn der erste Vokal* u *oder* o *ist.*

			Kondi-tional		
8a) -a bleibt erhalten		anta- otta- sata- muista- alka-	antaisi ottaisi sataisi muistaisi alkaisi		
			Super-lativ		
8b) -a fällt weg		kova vahva tarkka vanha matala	kovin vahvin tarkin vanhin matalin		
			Plural		Imperfekt
8c) -a wird zu o nach a, e und i		matka kirja sana piha herra	matkoilla kirjoissa sanoilla pihoilla herrojen	**alka-** **anta-** **sata-** **kaata-** **raata-**	alkoi antoi satoi kaatoi raatoi
			Plural		Imperfekt
8d) ... fällt aber nach u und o weg		koira poika muna kuuma	koirien poikien munia kuumissa	otta- muista- osta- huuta-	otti muisti osti huusi

mehrsilbige Substantive
In drei- und mehrsilbigen *Substantiven* wird **a** entweder zu **o** oder fällt weg; manchmal kommen beide Möglichkeiten in Frage. Die Veränderung zu **o** geschieht u. a., wenn a) der einzige Vokal der vorangehenden Silbe **i** ist, b) -**a** nach kurzem **l**, **n** oder **r** steht oder c) -**a** nach zwei Konsonanten steht.

§ 16 Zwei wichtige Lautwechsel

-a → -o nach i	a) luk**ija** ap**i**n**a** pak**i**n**a** vak**oi**l**ija**	luk**ijo**iden ap**i**n**o**illa pak**i**n**o**issa vak**oi**l**ijo**ille
nach l, n, r	b) ome**na** ikku**na** tava**ra** kampe**la**	ome**no**ita ikku**no**issa tava**ro**ita kampe**lo**ita
nach zwei Konsonanten	c) kirsi**kka** vasi**kka** sano**nta** jalu**sta**	kirsi**ko**ihin vasi**ko**ille sano**nto**jen jalu**sto**illa

Im Plural der anderen drei- und mehrsilbigen Substantive sowie nahezu aller Adjektive, wie auch im Imperfekt der entsprechenden Verben, fällt -a weg.

-a fällt weg	kanav**a** korke**a** sanom**a** aino**a** vaike**a** ihan**a** kamal**a** matkust**a**- pohjust**a**-	kanav**i**ssa korke**i**den sanom**i**a aino**i**ssa vaike**i**ta ihan**i**a kamal**i**a matkust**i** pohjust**i**

5 Flexionstypen der Nomina

Allgemeines
Nomina der -**i**-Grundform
Nomina der -**e**-Grundform
Nomina der Konsonantengrundform

§ 17 Allgemeines

Sowohl Nomina als auch Verben werden durch Anhängen von Endungen an den Stamm modifiziert. Im allgemeinen dient die Grundform der Nomina selbst als Stamm, und in vielen Flexionstypen verändert sich die Grundform nicht, wenn eine Endung an sie angehängt wurde: z. B. *auto/n, auto/ssa, auto/on, auto/ni, auto/kin.* Manchmal kann dennoch Lautwechsel beim Anhängen bestimmter Endungen vorkommen; **p**, **t**, **k** des Stammes unterliegen dem Stufenwechsel (§ 15), und der Endvokal kann ein anderer werden oder wegfallen, wenn eine -**i**-Endung angehängt wird (§ 16).

<small>Stämme</small>   Manchmal kann ein Wort verschiedene Stämme haben je nachdem, welche Endung folgt. Verschiedene Stämme werden durch Lautwechsel gebildet. Oft haben Grundform (Nominativ Singular) oder Grundform und Partitivform Singular ihren eigenen Stamm, während alle anderen Kasus-, Numerus- und Possessivendungen wiederum an einen dritten Stamm angehängt werden. Diesen Stamm nennt man Flexionsstamm.

<small>Flexions-
stämme</small>   Die Nomina, bei denen Grundform und Flexionsstamm verschieden sind, kann man in drei Gruppen einteilen. Zur ersten Gruppe gehören die Nomina, deren Grundform auf -**i** endet, was im Flexionsstamm -**e**- entspricht, z. B. kiel**i** : kiel**e**/n. Die zweite Gruppe umfaßt die Nomina, deren Grundform auf -**e** und Flexionsstamm auf -**ee**- enden, z. B. perh**e** : perh**ee**/n. Die Grundform der Wörter der dritten Gruppe endet auf Konsonant, der im Flexionsstamm mit anderen Lauten wechselt, z. B. kysymy**s** : kysymy**kse**/n.

<small>Genitiv
ergibt
Flexions-
stamm</small>   In den folgenden Paragraphen werden diese Nomengruppen nacheinander behandelt. Als Vertreter des Flexionsstammes dient die Genitivform, z. B. *kiele/n, perhee/n, kysymykse/n.* Durch Austauschen der Genitivendung -**n** mit anderen Endungen können fast alle anderen Formen gebildet werden: *kiele/n : kiele/ssä, kiele/stä, kiele/llä, kiele/ni, kiele/mme* usw. Die folgende Regel ist also wichtig.

§ 17 Flexionstypen der Nomina

> *Auf der Grundlage des Flexionsstammes werden alle Kasus-, Numerus- und Possessivformen gebildet. (Manchmal hat jedoch der Partitiv Singular seinen eigenen Stamm.)*

Die Stufenwechsel- und Vokalveränderungsregeln betreffen neben den Grundformstämmen auch die Flexionsstämme.

> *Stufenwechsel (§ 15) und Vokalveränderungen vor -i-Endungen (§ 16) betreffen auch die Flexionsstämme.*

Im folgenden werden Beispiele für den Flexionsstamm *kiele-* dargestellt, verbunden mit den verschiedenen Endungstypen der Nomina, d. h. den Kasus, Numerus- und Possessivendungen.

	Grundform	Flexionsstamm + Kasus
	kiel**i**	kiel**e**/n
		kiel**e**/t
		kiel**e**/ssä
		kiel**e**/stä
		kiel**e**/en
		kiel**e**/llä
		kiel**e**/lle
Beachte:		kiel**e**/nä
-e- entfällt		kiel/tä
im Partitiv!		usw.
	Flexionsstamm + Plural	Flexionsstamm + Possessivsuffix
	kiel/i/ssä	kiel**e**/ni
Beachte:	kiel/i/stä	kiel**e**/si
-e- entfällt	kiel/i/in	kiel**e**/nsä
im Plural!	kiel/i/llä	kiel**e**/mme
	kiel/i/nä	kiel**e**/nne
	kiel/i/lle	kiel**e**/nsä

Die Anhängepartikeln werden direkt an die flektierte oder unflektierte Form angehängt.

kieli/*kin*
kiele/n/*hän*
kiele/ssä/*hän*
kiel/tä/*kö?*
kiel/i/ssä/*hän*
kiele/ni/*pä*

§ 18 *Nomina der -i-Grundform*

tunti- §**18**.1 Die meisten Nomina der -i-Grundform haben keinen besonde-
Nomina ren Flexionsstamm, sondern die Endungen werden direkt an die Grundform angehängt (wobei die Stufenwechsel- und Vokalveränderungsregeln angewandt werden, §§ 15, 16). Derartige Nomina vom Typ **tunti** sind u. a. die folgenden. Das Pluszeichen zeigt an, daß die Form den Stufenwechsel vollzogen hat.

Grund- form	Flexionsstamm +		
	Kasus (alle)	Plural	Possessiv- suffix
tunti	+ tunni/n	+ tunne/i/ssa	tunti/mme
merkki	+ merki/n	+ merke/i/ssä	merkki/mme
väri	väri/n	väre/i/ssä	väri/mme
laki	+ lai/n	+ lae/i/ssa	laki/mme
risti	risti/n	riste/i/ssä	risti/mme
sali	sali/n	sale/i/ssa	sali/mme

kivi- § **18**.2 Es gibt dreierlei Arten Nomina der Grundform auf -**i**-, deren
Nomina Flexionsstamm -**e**- ist. Die erste dieser Gruppen, die Wörter vom Typ **kivi**, bildet auch die Partitivform Singular aus diesem Flexionsstamm.

§ 18.2   Flexionstypen der Nomina

	Grund-form	Flexionsstamm +		
		Kasus (alle)	Plural	Possessiv-suffix
-e- entfällt im Plural	kivi	kive/n	kiv/i/ssä	kive/mme
	Suomi	Suome/n		Suome/mme
	kaikki	+ kaike/n	+ kaik/i/ssa	kaikke/mme
	lehti	+ lehde/n	+ lehd/i/ssä	lehte/mme
	hetki	hetke/n	hetk/i/ssä	hetke/mme
	talvi	talve/n	talv/i/ssa	talve/mme
	järvi	järve/n	järv/i/ssä	järve/mme
	lahti	+ lahde/n	+ lahd/i/ssa	lahte/mme
	jälki	+ jälje/n	+ jälj/i/ssä	jälke/mme
	joki	+ joe/n	+ jo/i/ssa	joke/mme
	nimi	nime/n	nim/i/ssä	nime/mme
	ovi	ove/n	ov/i/ssa	ove/mme

Die Wörter vom Typ **kivi** bilden den Partitiv Singular aus dem -e-Flexionsstamm und weichen gerade in dieser Hinsicht vom Worttyp **kieli** (§ 18.3) und vom Worttyp **vesi** (§ 18.4) ab.

Beachte:
Part. Sing.
-e/a, -e/ä!

kaikki	kaikke/a
Suomi	Suome/a
kivi	kive/ä
lehti	lehte/ä
hetki	hetke/ä
ovi	ove/a

Beim Vergleich der **tunti**- und **kivi**-Wörter wird deutlich, daß es nicht möglich ist, ausgehend von der Grundform eine Regel aufzustellen, die angeben würde, bei welchen Nomina im Flexionsstamm -e- steht, bei welchen nicht. Aber es ist möglich, eine Regel aufzustellen, die in entgegengesetzter Richtung gilt.

Grundform -i

> *Die Nomina, deren Flexionsstamm auf kurzes -e- endet, enden in der Grundform meistens auf kurzes -i.*

Mit Hilfe dieser Regel kann man immer vom Flexionsstamm zur Grundform übergehen. Die Regel betrifft nicht die Nomina, in deren Flexionsstamm langes -ee- steht wie **perhe : perhee/n** (§ 19). Es gibt einige Ausnahmen: kolm**e** : kolm**e**/n, its**e** : its**e**/n, nall**e** : nall**e**/n, nukk**e** : nuk**e**/n.

kieli-Nomina

§ 18.3 Die Nomina vom Typ **kieli** weichen vom Typ **kivi** nur im Partitiv Singular ab, bei dem das -**e**- des Flexionsstammes wegfällt. Vergleiche also § 18.2 und beachte besonders den Partitiv Singular.

		Flexionsstamm +		
	Grund-form	Kasus (nicht Part.)	Plural	Possessiv-suffix
-e- entfällt im Plural	kiel**i**	kiel**e**/n	kiel/i/ssä	kiel**e**/ni
	ver**i**	ver**e**/n	ver/i/ssä	ver**e**/ni
	mer**i**	mer**e**/n	mer/i/ssä	mer**e**/ni
	tul**i**	tul**e**/n	tul/i/ssa	tul**e**/ni
	tuul**i**	tuul**e**/n	tuul/i/ssa	tuul**e**/ni
	ään**i**	ään**e**/n	␣än/i/ssä	ään**e**/ni
	lum**i**	lum**e**/n	lum/i/ssa	lum**e**/ni
	un**i**	un**e**/n	un/i/ssa	un**e**/ni
	nuor**i**	nuor**e**/n	nuor/i/ssa	
	suur**i**	suur**e**/n	suur/i/ssa	
	pien**i**	pien**e**/n	pien/i/ssä	
	laps**i**	laps**e**/n	laps/i/ssa	laps**e**/ni

		Flexionsstamm +	
	Grund-form	Kasus (nicht Part.)	Partitiv
Beachte: Part. Sing.!	kiel**i**	kiel**e**/n	kiel/tä
	ver**i**	ver**e**/n	ver/ta
	mer**i**	mer**e**/n	mer/ta
	tul**i**	tul**e**/n	tul/ta
	tuul**i**	tuul**e**/n	tuul/ta
	ään**i**	ään**e**/n	ään/tä
	lum**i**	lum**e**/n	lun/ta (Beachte: **m → n**)
	pien**i**	pien**e**/n	pien/tä

Das -**e**- des Flexionsstammes fällt vor der Endung des Partitiv Singular nur dann weg, wenn es nach bestimmten Konsonanten steht.

§ 18.4 § 19   Flexionstypen der Nomina

Schwundregel des -e-

> *-e- fällt im Partitiv Singular weg, wenn der vorangehende Konsonant **l**, **r**, **n** ist oder wenn **t** nach ihnen oder nach Vokal steht.*

vesi-Nomina

§ 18.4 Die aufgeführte Regel betrifft auch die Nomina wie **vesi**. Hierher gehört eine Reihe von Wörtern, deren Grundform auf **-si** im Flexionsstamm **-te-** entspricht.

> *Bei den **vesi**-Nomina wechselt -**si** mit -**te**-; vor Plural-**i**- wird -**te**- zu -**s**-; -**t(e)**- steht im Stufenwechsel (§ 15).*

Als Beispiel für den Flexionsstamm ohne Stufenwechsel wird im folgenden der Illativ Singular gebraucht, z. B. *vete/en*.

	Grund- form	Kasus (nicht Part.)	Partitiv	Plural	Possessiv- suffix
Beachte: Plural!	vesi	vete/en	vet/tä	ves/i/ssä	vete/ni
	käsi	käte/en	kät/tä	käs/i/ssä	käte/ni
	uusi	uute/en	uut/ta	uus/i/ssa	
	viisi	viite/en	viit/tä	viis/i/ssä	
	tosi	tote/en	tot/ta	tos/i/ssa	
	kansi	kante/en	kant/ta	kans/i/ssa	kante/ni
	varsi	varte/en	vart/ta	vars/i/ssa	varte/ni
Stufenwechsel		vete/nä vete/en vete/mme vete/nne vete/ni	+ vede/n + vede/t + vede/ssä + vede/stä + vede/llä		

Die Spalte "Flexionsstamm +" umfasst Kasus (nicht Part.), Partitiv, Plural und Possessivsuffix.

§ 19 *Nomina der -e-Grundform*

-e : -ee-

Die zweite Gruppe der Nomina, die eine besondere Bildung des Flexionsstammes haben, sind die Nomina, die in ihrer Grundform (fast alle) auf **-e** enden. Die anderen Flexionsformen basieren auf einem Stamm mit langem **-ee-**. Außerdem ist folgendes zu beachten:

> *1) Der Partitiv Singular wird gebildet, indem man die Endung **-tta** ~ **-ttä** direkt an die Grundform anhängt.*
> *2) Das Stufenwechselsystem wird auf die Grundform und den Partitiv Singular angewandt, nicht auf den Flexionsstamm mit Langvokal (§ 15.3).*
> *3) Langes **-ee-** des Flexionsstammes wird vor Plural-**i** kurz (§ 16.2).*

		Flexionsstamm +		
Grund- form	Part. Sing.	Kasus (nicht Part.)	Plural	Possessiv- suffix
perhe	perhe/ttä	perhee/n	perhe/i/ssä	perhee/ni
vene	vene/ttä	venee/n	vene/i/ssä	venee/ni
joukkue	jouk- kue/tta	joukkuee/n	joukkue/i/ssa	joukkuee/ni
+liike	+liike/ttä	liikkee/n	liikke/i/ssä	liikkee/ni
+suhde	+suhde/tta	suhtee/n	suhte/i/ssa	suhtee/ni
kone	kone/tta	konee/n	kone/i/ssa	konee/ni
+tarve	+tarve/tta	tarpee/n	tarpe/i/ssa	tarpee/ni
+sade	+sade/tta	satee/n	sate/i/ssa	satee/ni
+ote	+ote/tta	ottee/n	otte/i/ssa	ottee/ni
+liikenne	+liiken- ne/ttä	liikentee/n	liikente/i/ssä	liikentee/ni

Beachte:
Stufen-
wechsel!

liikkee/n   +liike (Nom. Sing.)
liikkee/t   +liike/ttä (Part. Sing.)
liikkee/ssä
liikke/i/ssä
liikkee/stä
liikke/i/stä
liikkee/mme
liikkee/nne

Fast alle Nomina der **-e**-Grundform werden so flektiert. Zu den Ausnahmen siehe § 18.2 Ende.

§ 20 *Nomina der Konsonantengrundform*

Der dritte Stammbildungstyp der Nomina ist derjenige, bei dem die Grundform auf Konsonant endet. Man muß mehrere Untergruppen auseinanderhalten (§§ 20.1–8), die jedoch die folgenden Eigenschaften gemeinsam haben:

> 1) *Der Flexionsstamm endet oft auf den Vokal* **-e**, *und der Endkonsonant der Grundform wechselt mit anderen Lauten.*
> 2) *Der Partitiv Singular wird im allgemeinen mit der Endung* **-ta** ~ **-tä** *gebildet, die direkt an die Grundform angehängt wird (vgl. § 19).*
> 3) *Der Stufenwechsel betrifft die Grundform und den Partitiv Singular.*
> 4) *Der Endvokal des Flexionsstammes (meistens* **-e**) *wird vor Plural-***i**- *verändert.*

ihminen-Nomina

§ 20.1 Die wichtigste Untergruppe dieser Nomina ist der auf **-nen** endende Worttyp **ihminen**.

> *Bei den* **ihminen**-*Nomina wird* **-nen** *im Flexionsstamm zu* **-se**-; *der Partitiv Singular basiert auf dem Flexionsstamm, in dem* -**e**- *wegfällt.*

	Grund-form	Flexionsstamm +			
		Kasus (nicht Part.)	Partitiv	Plural	Possessiv-suffix
-e- entfällt im Plural	ihmi**nen**	ihmi**se**/n	ihmis/tä	ihmis/i/ssä	ihmi**se**/ni
	nai**nen**	nai**se**/n	nais/ta	nais/i/ssa	nai**se**/ni
	ylei**nen**	ylei**se**/n	yleis/tä	yleis/i/ssä	
	hevo**nen**	hevo**se**/n	hevos/ta	hevos/i/ssa	hevo**se**/ni
	punai**nen**	punai**se**/n	punais/ta	punais/i/ssa	
	toi**nen**	toi**se**/n	tois/ta	tois/i/ssa	
	jokai**nen**	jokai**se**/n	jokais/ta		

Flexionstypen der Nomina § 20.2 § 20.3

ajatus-Nomina § **20**.2 Es gibt zwei Gruppen solcher Nomina, deren Grundform auf kurzen Vokal + **s** endet. Der allgemeinere von beiden ist der Typ **ajatus** (vgl. § 20.3).

> *In den **ajatus**-Nomina wird -s im Flexionsstamm zu -**kse**-; der Partitiv Singular wird direkt von der Grundform abgeleitet.*

	Grundform	Partitiv	Flexionsstamm + Kasus (nicht Part.)	Flexionsstamm + Plural	Flexionsstamm + Possessivsuffix
-e- entfällt im Plural	ajatus	ajatus/ta	ajatu**kse**/n	ajatu**ks**/i/ssa	ajatu**kse**/ni
	kysymys	kysymys/tä	kysymy**kse**/n	kysymy**ks**/i/ssä	kysymy**kse**/ni
	vastaus	vastaus/ta	vastau**kse**/n	vastau**ks**/i/ssa	vastau**kse**/ni
	teos	teos/ta	teo**kse**/n	teo**ks**/i/ssa	teo**kse**/ni
	rakennus	rakennus/ta	rakennu**kse**/n	rakennu**ks**/i/ssa	rakennu**kse**/ni
	hallitus	hallitus/ta	hallitu**kse**/n	hallitu**ks**/i/ssa	hallitu**kse**/ni
	päätös	päätös/tä	päätö**kse**/n	päätö**ks**/i/ssä	päätö**kse**/ni

taivas-Nomina § **20**.3 Bei den **taivas**-Nomina wird das -**s** der Grundform zu Vokal, der dem vorangehenden gleich ist.

> *Bei den **taivas**-Nomina wird -s im Flexionsstamm zu Vokal, der dem vorangehenden gleich ist; der Partitiv Singular wird direkt von der Grundform abgeleitet.*

	Grundform	Partitiv	Flexionsstamm + Kasus (nicht Part.)	Flexionsstamm + Plural	Flexionsstamm + Possessivsuffix
Vokal wird im Plural kurz	taivas	taivas/ta	taiva**a**/n	taiva/i/ssa	taiva**a**/ni
	valmis	valmis/ta	valm**ii**/n	valmi/i/ssa	
	+ rikas	+ rikas/ta	rikk**aa**/n	rikka/i/ssa	
	oppilas	oppilas/ta	oppil**aa**/n	oppila/i/ssa	oppil**aa**/ni
	+ tehdas	+ tehdas/ta	teht**aa**/n	tehta/i/ssa	teht**aa**/ni
	+ porras	+ porras/ta	port**aa**/n	porta/i/ssa	port**aa**/ni
	+ kirkas	+ kirkas/ta	kirkk**aa**/n	kirkka/i/ssa	

§ 20.4   Flexionstypen der Nomina

Beachte: tehtaa/n   + teh**d**as (Nom. Sing.)
Stufen-   tehtaa/t   + teh**d**as/ta (Part. Sing.)
wechsel!   tehtaa/ssa
            teh**t**a/i/ssa
            tehtaa/sta
            teh**t**a/i/sta
            tehtaa/mme
            tehtaa/nne

hyvyys-Nomina

§ 20.4 Die dritte Gruppe von Nomina, die in der Grundform auf -**s** enden, ist der Typ **hyvyys**. Hierzu gehören alle Nomina, in denen dem -**s** ein Langvokal vorausgeht und viele Nomina, in denen ihm zwei verschiedene Vokale vorangehen. Alle hierzu gehörenden Wörter sind Ableitungen, vgl. *hyvä – hyv/yys, kaunis – kaune/us, osa – os/uus*. In diesen Wörtern gibt es mehrere besondere Lautwechsel.

> *In den* **hyvyys**-*Nomina wird* -**s** *im Flexionsstamm des Singulars zu* -**te**-; *vor Plural*-**i**- *wird* -**s** *zu* -**ks**-; *der Partitiv Singular wird von dem Flexionsstamm abgeleitet, und* -**e**- *fällt weg.*

Grund- form	Kasus (nicht Part.)	Partitiv	Plural	Possessiv- suffix
			Flexionsstamm +	
hyvyys	+ hyvyy-**de**/n	hyvyyt/tä	hyvyy**ks**/i/ssä	hyvyy**te**/ni
korkeus	+ korkeu-**de**/n	korkeut/ta	korkeu**ks**/i/ssa	korkeu**te**/ni
rakkaus	+ rakkau-**de**/n	rakkaut/ta	rakkau**ks**/i/ssa	rakkau**te**/ni
totuus	+ totuu**de**/n	totuut/ta	totuu**ks**/i/ssa	totuu**te**/ni
yhteys	+ yhtey**de**/n	yhteyt/tä	yhtey**ks**/i/ssä	yhtey**te**/ni

Beachte:
Stufen-
wechsel!

totuute/en   + totuu**de**/n
totuute/na   + totuu**de**/ssa
totuute/mme   + totuu**de**/sta
usw.   + totuu**de**/lla

Flexionstypen der Nomina § 20.5 § 20.6 § 20.7

avain-Nomina

§ 20.5 Nomina des Typs **avain** gibt es nicht viele. Bei ihnen gibt es einen Stammwechsel **-in** : **-ime-**, und der Partitiv Singular wird direkt von der Grundform abgeleitet.

Grund-form	Partitiv	Flexionsstamm +		
		Kasus (nicht Part.)	Plural	Possessiv-suffix
ava**in**	ava**in**/ta	ava**ime**/n	ava**im**/i/ssa	ava**ime**/ni
puhel**in**	puhel**in**/ta	puhel**ime**/n	puhel**im**/i/ssa	puhel**ime**/ni
kirja**in**	kirja**in**/ta	kirja**ime**/n	kirja**im**/i/ssa	kirja**ime**/ni

työ/tön-Nomina

§ 20.6 Sehr häufig sind die abgeleiteten **työ/tön**-Nomina. Der Partitiv Singular wird von der Grundform gebildet. In den anderen Flexionsformen gebraucht man den Stamm, in dem **-ton** ~ **-tön** zur Form **-ttoma-** ~ **-ttömä-** geworden ist. Im Plural fällt -a- / -ä- weg (§ 16.7–8).

Grund-form	Partitiv	Flexionsstamm +	
		Kasus (nicht Part.)	Plural
työ/**tön**	työ/**tön**/tä	työ/**ttömä**/n	työ/**ttöm**/i/ssä
onne/**ton**	onne/**ton**/ta	onne/**ttoma**/n	onne/**ttom**/i/ssa
tie/**tön**	tie/**tön**/tä	tie/**ttömä**/n	tie/**ttöm**/i/ssä

askel-Nomina

§ 20.7 Es gibt einige Dutzend Nomina, die auf Konsonant enden und auf besondere Weise flektiert werden. Im allgemeinen sind die letzten zwei Laute der Grundform **-el**, **-en**. Der Partitiv Singular wird von der Grundform gebildet. An den Flexionsstamm wird **-e-** angehängt (das vor Plural-**i**- wegfällt).

Grund-form	Partitiv	Flexionsstamm +		
		Kasus (nicht Part.)	Plural	Possessiv-suffix
aske**l**	aske**l**/ta	aske**le**/n	aske**l**/i/ssa	aske**le**/ni
säve**l**	säve**l**/tä	säve**le**/n	säve**l**/i/ssä	säve**le**/ni
jäse**n**	jäse**n**/tä	jäse**ne**/n	jäse**n**/i/ssä	jäse**ne**/ni

§ 20.8   Flexionstypen der Nomina

Sonderfälle

§ **20.**8 Es gibt einige Nomina auf -**ut**, -**yt**, bei denen dem -**t** im Flexionsstamm -**e**- entspricht, das vor Plural-**i**- wegfällt. Hierzu gehören *kevyt, lyhyt, ohut, olut*. Besondere Flexion haben auch die Substantive *mies, kevät*.

Grund-form	Partitiv	Flexionsstamm +		
		Kasus (nicht Part.)	Plural	Possessiv-suffix
lyhyt	lyhyt/tä	lyhye/n	lyhy/i/ssä	
olut	olut/ta	olue/n	olu/i/ssa	olue/ni
mies	mies/tä	miehe/n	mieh/i/ssä	miehe/ni
kevät	kevät/tä	kevää/n	kevä/i/ssä	kevää/ni

neue Fremdwörter

Die neuen, auf Konsonant endenden Fremdwörter bilden ihren Flexionsstamm durch den Zusatzvokal -**i**-, der vor Plural-**i**- zu -**e**- wird (§ 16.6). Vgl. stadion : stadion**i**/n : stadion**i**/a : stadion**e**/**i**/ta. Die Fremdwörter auf -**s** werden dennoch im allgemeinen wie die **ajatus**-Nomina (§ 20.2) flektiert, z. B. anis : ani**kse**/n : ani**kse**/ssa : anis/ta (Part. Sing.).

6 Flexionstypen der Verben

Allgemeines
Infinitivendungen
Flexionsstämme

§ 21 *Allgemeines*

Auch die Verbformen werden wie bei den Nomina gebildet, indem an die Stämme Endungen angehängt werden. Die Verben weichen von den Nomina darin ab, daß sie keine endungslose Form haben, die als solche als Ausgangspunkt der Flexion dienen würde; vgl. bezüglich der Nomina die Grundform *auto,* an die man Endungen anhängen kann, z. B. *auto/n, auto/ssa, auto/i/hin.*

Die Wörterbuchform der finnischen Verben, die kürzere Form des Infinitiv I, ist nämlich mit einer Endung versehen, z. B. *osta/a* (Infinitiv) : *osta/n* (1. Person Indikativ Präsens): *osta/isi/n* (1. Person Konditional) : *osta/nut* (Partizip Perfekt Aktiv).

Einige Verben sind mehrstämmig, z. B. vast**at**/a : vast**aa**/n und tul/la : tule/n. Die Stufenwechselregeln betreffen die Verben ebenso wie die Nomina (§ 15), vgl. auch die Vokalveränderungsregel vor -i-Endungen (§ 16), z. B. ant**a**/a : ann**a**/n (Stufenwechsel); anta/a : ann**o**/i/n (Vokalveränderung).

Beachte:
Stufenwechsel
und Vokal-
veränderung!

Die für die Verbalflexion benötigten Stämme sind der *Infinitivstamm,* den man erhält, wenn man die Endungen des Infinitivs nach den Regeln des § 22 abtrennt sowie der *Flexionsstamm,* der aus dem Infinitivstamm gebildet werden muß und an den u. a. die Personalendungen angehängt werden. Die Bildungsregeln des Flexionsstammes werden in § 24 dargestellt.

Folgende Beispiele verdeutlichen den Gebrauch des Infinitiv I (vgl. auch § 74).

Haluan juo/**da** olutta.
Tahtoisitko syö/**dä**?
Yritän sano/**a** asiat selvästi.
Minun täytyy lähte/**ä**.

§ 22 Flexionstypen der Verben

Saako täällä laula/**a**?
Nyt sinun pitää lopetta/**a**.
Tässä on mukava istu/**a**.
Olisi kiva men/**nä** ulos.

§ 22 *Infinitivendungen*

Der Infinitiv I hat vier Endungen: 1) **-a** ~ **-ä**, 2) **-da** ~ **-dä**, 3) **-ta** ~ **-tä** und 4) **-la** ~ **-lä**, **-na** ~ **-nä**, **-ra** ~ **-rä**. Die häufigste Endung ist **-a** ~ **-ä**. Vor allen Infinitivendungen steht der Infinitivstamm.

1) **anta/a-** Verben

-a ~ -ä kommt vor, wenn der Infinitivstamm auf kurzen Vokal endet.

Beispiele: anta/**a**   kysy/**ä**
             alka/**a**   lähte/**ä**
             katso/**a**   pitä/**ä**
             puhu/**a**   tietä/**ä**

2) **huomat/a-** Verben

-a ~ -ä kommt auch vor, wenn der Infinitivstamm auf kurzen Vokal + t endet (meist -at/a ~ -ät/ä).

Beispiele: huomat/**a**   herät/**ä**
             halut/**a**   hypät/**ä**
             korjat/**a**   määrät/**ä**
             vastat/**a**   kerät/**ä**

3) **saa/da-** Verben

-da ~ -dä kommt vor, wenn der Infinitivstamm auf Langvokal oder Diphthong endet.

Beispiele: saa/**da**   jää/**dä**
             tuo/**da**   vie/**dä**
             voi/**da**   syö/**dä**
             luennoi/**da**   pysäköi/**dä**

4) **nous/ta**-Verben

> -**ta** ~ -**tä** *kommt vor, wenn der Infinitivstamm auf* -**s** *endet.*

Beispiele:

nous/**ta**	pääs/**tä**
juos/**ta**	tönäis/**tä**
mumis/**ta**	pes/**tä**
valais/**ta**	vilis/**tä**

5) **tul/la**-Verben

> -**la** ~ -**lä**, -**na** ~ -**nä**, -**ra** ~ -**rä** *kommen vor, wenn der Infinitivstamm auf gleichen Konsonant endet (*-**l**, -**n**, -**r***).*

Beispiele:

tul/**la**	vietel/**lä**
ol/**la**	niel/**lä**
ajatel/**la**	hymyil/**lä**
pan/**na**	men/**nä**
pur/**ra**	

Die wichtigsten Typen sind die **anta/a**- und **huomat/a**-Verben. Wichtig sind auch die **saa/da**-Verben; -**na** ~ -**nä**- und -**ra** ~ -**rä**-Verben gibt es nicht viele.

Der Infinitivstamm dient bei den **anta/a**- und **saa/da**-Verben als Ausgangspunkt für alle anderen Flexionsformen. Aber auch die anderen Verbgruppen bilden wenigstens einige Formen vom Infinitivstamm. Die folgende Regel zeigt an, welche Flexionsformen *alle* Verben vom Infinitivstamm ableiten.

Gebrauch des Infinitivstamms

> *Alle Verben bilden vom Infinitivstamm*
> *1) Das Partizip Perfekt (§ 61)*
> *2) Die meisten Imperativformen (§ 66)*
> *3) Die Potentialformen (§ 67)*
> *4) Die Passivformen (§§ 69–72)*
> *5) Den Infinitiv II (§ 75)*

§ 23 *Flexionsstämme*

Hier wird gezeigt, wie die im vorherigen Paragraphen dargestellten fünf Verbgruppen ihre Flexionsstämme bilden (§ 23.1–4); am Ende werden einige Sonderfälle behandelt (§ 23.5–6). Alle anderen Formen als die in der eben dargestellten Regel erwähnten werden vom Flexionsstamm abgeleitet. Vom Flexionsstamm eines jeden Verbs werden zwei Beispiele dargestellt, damit die Auswirkung des Stufenwechsels sichtbar wird (z. B. anta/a : anna/n).

anta/a-Verben §23.1 Die **anta/a**-Verben, in denen die Infinitivendung nach kurzem Vokal auftritt, haben keinen besonderen Flexionsstamm, sondern alle Endungen werden direkt an den Infinitivstamm angehängt. Den Einfluß des Stufenwechsels zeigt ein Pluszeichen an.

> *Die **anta/a**-Verben haben lediglich einen Infinitivstamm.*

Infinitiv	1. Person Singular	3. Person Singular
osta/a	osta/n	osta/a
alka/a	+ ala/n	alka/a
ymmärtä/ä	+ ymmärrä/n	ymmärtä/ä
etsi/ä	etsi/n	etsi/i
luke/a	+ lue/n	luke/e
neuvo/a	neuvo/n	neuvo/o
unohta/a	+ unohda/n	unohta/a
herättä/ä	+ herätä/n	herättä/ä
kysy/ä	kysy/n	kysy/y

huomat/a-Verben §23.2 Die **huomat/a**-Verben, die im allgemeinen auf -at/a ~ -ät/ä enden, sind eine sehr wichtige Verbgruppe (die Kontraktionsverben). Bei ihnen ist das Verhältnis zwischen Infinitiv- und Flexionsstamm kompliziert. Das -t- des Infinitivs wechselt mit -a- ~ -ä-, und der Stufenwechsel wird beim Infinitiv angewandt, während im Flexionsstamm wiederum kein Wechsel vorkommt (§ 15.4).

Beachte: Wichtige Regel!

> *Bei den **huomat/a**- Verben wird das -t- des Infinitivstammes nach der Vokalharmonie zu -a- oder -ä-; der Stufenwechsel betrifft den Infinitivstamm.*

	Infinitiv	1. Person Singular	3. Person Singular
	huomat/a	huomaa/n	huomaa
	osat/a	osaa/n	osaa
	+ hypät/ä	hyppää/n	hyppää
	seurat/a	seuraa/n	seuraa
Beachte:	tarjot/a	tarjoa/n	tarjoa/a
Stufenwechsel	halut/a	halua/n	halua/a
(§15.4)!	+ pelät/ä	pelkää/n	pelkää
	määrät/ä	määrää/n	määrää
	+ veikat/a	veikkaa/n	veikkaa
	+ hakat/a	hakkaa/n	hakkaa
	+ maat/a	makaa/n	makaa
	+ tavat/a	tapaa/n	tapaa
	+ kadot/a	katoa/n	katoa/a
	varat/a	varaa/n	varaa

saa/da-Verben

§ 23.3 Die dritte Gruppe, die Verben vom Typ **saa/da**, bei denen die Infinitivendung nach Langvokal oder Diphthong erscheint, verhalten sich wie die **anta/a**-Verben, da sie nur einen Infinitivstamm haben.

> *Die **saa/da**-Verben haben nur einen Infinitivstamm.*

	Infinitiv	1. Person Singular	3. Person Singular
	saa/da	saa/n	saa
	myy/dä	myy/n	myy
	juo/da	juo/n	juo
	voi/da	voi/n	voi
	luennoi/da	luennoi/n	luennoi
	kanavoi/da	kanavoi/n	kanavoi
	pysäköi/dä	pysäköi/n	pysäköi
Beachte!	*teh/dä*	*+ tee/n*	*teke/e*
	näh/dä	*+ näe/n*	*näke/e*

Die häufig vorkommenden Verben *teh/dä* und *näh/dä* flektieren auf besondere Weise, da bei ihnen ein auf **-ke-** endender Flexionsstamm vorliegt, dessen **-k-** mit dem **-h-** des Infinitivstammes wechselt.

§ 23.4 § 23.5   Flexionstypen der Verben

nous/ta-,
tul/la-Verben

§ **23**.4 Diese beiden Verbgruppen bilden ihren Flexionsstamm auf die Weise, daß -e- an den Infinitivstamm angehängt wird. Den Einfluß des Stufenwechsels erkennt man am Infinitiv (wie auch bei den **huomat/a-**Verben, § 23.2).

> *Den Flexionsstamm der **nous/ta-** und **tulla**-Verben bildet man durch Anhängen von -e- an den Infinitivstamm.*

Beachte:
Stufen-
wechsel!

Infinitiv	1. Person Singular	3. Person Singular
nous/ta	nouse/n	nouse/e
pes/tä	pese/n	pese/e
tul/la	tule/n	tule/e
me**n**/nä	mene/n	mene/e
hymyi**l**/lä	hymyile/n	hymyile/e
+ ajate**l**/la	ajattele/n	ajattele/e
kiiste**l**/lä	kiistele/n	kiistele/e
+ työskenne**l**/lä	työskentele/n	työskentele/e
julkais/ta	julkaise/n	julkaise/e

Auch bei diesen Verben geht der Stufenwechsel aus dem Infinitivstamm (§15.4) hervor, z. B. ajatel/la : ajattele/n.

tarvit/a-
Verben

§ **23**.5 Die Verben auf -it/a, -it/ä, z. B. **tarvit/a**, sind mit den **huomat/a-**Verben verwandt (§ 23.2), aber ihr Flexionsstamm wird anders gebildet:

> *Den Flexionsstamm der **tarvit/a**-Verben bildet man durch Anhängen von -se- an den Infinitivstamm.*

Infinitiv	1. Person Singular	3. Person Singular
tarvit/a	tarvitse/n	tarvitse/e
ansait/a	ansaitse/n	ansaitse/e
hallit/a	hallitse/n	hallitse/e
harkit/a	harkitse/n	harkitse/e
häirit/ä	häiritse/n	häiritse/e

lämmet/ä- §**23**.6 Die Verben auf -e**t**/a, -e**t**/ä, z. B. **lämmet/ä**, bilden ihren
Verben   Flexionsstamm ebenfalls auf besondere Weise (vgl. § 23.2).

> *Das* -**t**- *des Infinitivstamms der* **lämmet/ä**-*Verben wird im*
> *Flexionsstamm zu* -**ne**.

	Infinitiv	1. Person Singular	3. Person Singular
Beachte: Stufenwechsel!	+ lämme**t**/ä	lämpe**ne**/n	lämpe**ne**/e
	vanhe**t**/a	vanhe**ne**/n	vanhe**ne**/e
	+ pae**t**/a	pake**ne**/n	pake**ne**/e
	+ kalve**t**/a	kalpe**ne**/n	kalpe**ne**/e
	laaje**t**/a	laaje**ne**/n	laaje**ne**/e

7 Grundstruktur der Sätze

Konjugation der Verben im Präsens
Nominativ (Grundform der Nomina)
Singular und Plural
Das Verb **olla**
Possessivkonstruktion
Verneinende Sätze
Fragen und Antworten
Kongruenz der Attribute

§ 24 *Konjugation der Verben im Präsens*

Personal-
pronomen

Es gibt sechs Personalpronomen und drei grammatische Personen.

	Singular	Plural
1. Pers.	**minä**	**me**
2. Pers.	**sinä**	**te**
3. Pers.	**hän**	**he**

Die grammatischen Personen spiegeln sich wie folgt in den Personalformen wider: zur 3. Person Singular gehören alle singularischen Nomina abgesehen von den Pronomen *minä* und *sinä;* zur 3. Person Plural gehören alle pluralischen Nomina abgesehen von den Pronomen *me* und *te*. Die finiten Verbformen im Finnischen (§ 13) kongruieren in der Person mit dem grammatischen Subjekt. Die Personen haben ihre eigene Endung, die an den Verbstamm angehängt wird (die 3. Person Singular ist oft endungslos).

Personal-
endungen
der Verben

	Singular	Plural
1. Pers.	**-n**	**-mme**
2. Pers.	**-t**	**-tte**
3. Pers.	**-V**	**-vat ~ -vät**

Diese Endungen werden an den Flexionsstamm (§ 23), und zwar hinter eventuelle Tempus- und Modusendungen (§ 13), gefügt. In der 3. Person Singular des Indikativ Präsens wird der Stammvokal verlängert.

> *In der 3. Person Singular des Indikativ Präsens wird ein kurzer Vokal nach dem Konsonanten des Flexionsstammes verlängert.*

		Singular	Plural
	1. Pers.	(minä) osta/**n**	(me) osta/**mme**
		(minä) sano/**n**	(me) sano/**mme**
		(minä) saa/**n**	(me) saa/**mme**
		(minä) syö/**n**	(me) syö/**mme**
		(minä) tule/**n**	(me) tule/**mme**
	2. Pers.	(sinä) osta/**t**	(te) osta/**tte**
		(sinä) sano/**t**	(te) sano/**tte**
		(sinä) saa/**t**	(te) saa/**tte**
		(sinä) syö/**t**	(te) syö/**tte**
		(sinä) tule/**t**	(te) tule/**tte**
Beachte: 3. Pers. Sing.!	3. Pers.	hän osta/**a**	he osta/**vat**
		Pekka sano/**o**	he sano/**vat**
		tyttö saa	tytöt saa/**vat**
		mies syö	miehet syö/**vät**
		auto tule/**e**	autot tule/**vat**

In der 3. Person Singular werden Langvokal oder Schlußvokal eines Diphthongs nicht verlängert, vgl. Kalle *saa*; Kalle *syö*. Selbständige Subjektwörter in der 3. Person kann man im allgemeinen nicht weglassen. Die Pronomen der 1. und 2. Person dagegen läßt man meistens weg, womit also allein die Verbendung die Person anzeigt (oben in Klammern angeführt).

> *Die Pronominalsubjekte der 1. und 2. Person (minä, sinä, me, te) läßt man meistens weg.*

Höflichkeitsform der 2. Pers.
Die Endung der 2. Person Plural -**tte** wird auch für die höfliche Anrede (Singular und Plural) benutzt. Die Form *osta/tte* kann also sowohl 'ihr kauft' als auch 'Sie (eine Person oder mehrere) kaufen' heißen.

§ 24   Grundstruktur der Sätze

Die Regeln des Stufenwechsels betreffen die Formen der 1. und 2. Person vieler Verben unter der Voraussetzung, daß vor der Endung kein Langvokal steht (§§ 15.2, 15.4).

Stufenwechsel der 1. und 2. Person

	Singular	Plural
1. Pers.	anna/n	anna/mme
	ota/n	ota/mme
	vedä/n	vedä/mme
2. Pers.	anna/t	anna/tte
	ota/t	ota/tte
	vedä/t	vedä/tte
3. Pers.	anta/a	anta/vat
	otta/a	otta/vat
	vetä/ä	vetä/vät

Bei diesen Formen haben die Verben des Typs **huomat/a** wegen des Langvokals keinen Stufenwechsel, vgl. *hyppää/n, hyppää/t, hän hyppää*. Die folgenden Beispiele veranschaulichen die Personalkonjugation der wichtigsten Typen der Verben (vgl. § 23).

etsi/ä	**luke/a**	**lentä/ä**
etsi/n	lue/n	lennä/n
etsi/t	lue/t	lennä/t
etsi/i	luke/e	lentä/ä

osat/a	**maat/a**	**halut/a**
osaa/n	makaa/n	halua/n
osaa/t	makaa/t	halua/t
osaa	makaa	halua/a

saa/da	**juo/da**	**myy/dä**
saa/n	juo/n	myy/n
saa/t	juo/t	myy/t
saa	juo	myy

nous/ta	**tul/la**	**men/nä**
nouse/n	tule/n	mene/n
nouse/t	tule/t	mene/t
nouse/e	tule/e	mene/e

tarvit/a	ansait/a	häirit/ä
tarvitse/n	ansaitse/n	häiritse/n
tarvitse/t	ansaitse/t	häiritse/t
tarvitse/e	ansaitse/e	häiritse/e

§ 25 *Nominativ (Grundform der Nomina)*

Der Nominativ ist der Stützpfeiler des finnischen Kasussystems. Er ist die Grundform der Nomina im Wörterbuch und gleichzeitig die häufigste Kasusform der Nomina. Die Aufgaben des Nominativs erkennt man am deutlichsten, wenn man ihn mit dem Partitiv vergleicht, dem anderen grundlegenden Kasus des Kasussystems. Der Partitiv drückt meistens eine unbestimmte, nicht genauer begrenzte oder bestimmte Menge oder einen Teil von einem Ganzen aus. Der Nominativ dagegen drückt entweder konkrete oder abstrakte *Ganzheit* oder eine bestimmte, begrenzte, *totale Menge* aus.

§ 25.1 *Nominativendungen*

> Der Nominativ hat
> 1) im Singular keine Endung
> 2) im Plural die Endung -**t**.

Nominativ Singular	Nominativ Plural
auto	auto/**t**
maa	maa/**t**
talo	talo/**t**
hylly	hylly/**t**
nainen	naise/**t** (vgl. § 20.1)
kivi	kive/**t** (vgl. § 18.2)
käsi	käde/**t** (vgl. § 18.4)

keine Artikel   Im Finnischen gibt es keine Artikel, mit denen man den Unterschied zwischen einer bestimmten und einer unbestimmten Bedeutung ausdrücken könnte, z. B. im Dt. *das Auto* : *ein Auto*. Welche der beiden Bedeutungen jeweils dem finnischen Ausdruck entspricht, geht meist aus der Wortfolge hervor (§ 25.3). Der Nominativ Plural, z. B. auto/**t**, hat fast immer eine bestimmte Bedeutung.

§ 25.2 *Substantive teilbarer und unteilbarer Mengen*

Zur Klärung des Nominativgebrauchs ist eine Unterscheidung zwischen unteilbaren und teilbaren Substantiven nötig; dieser Unterschied ist auch für die Klärung des Partitivgebrauchs wichtig. *Unteilbar* ist ein solches Substantiv, das gebraucht wird, wenn man von mehr oder weniger konkreten einzelnen Wesen spricht, die man nicht in kleinere Teile zerlegen kann, so daß auch die Teile einen Ganzheitscharakter hätten. Im Zusammenhang mit den unteilbaren Substantiven kann man Zahlwörter gebrauchen (ein x, zwei x usw.). Unteilbare Substantive sind z. B. *auto, talo, hylly, nainen, käsi, kala, ajatus, sielu.*

Teilbare Substantive sind solche, die für verschiedene konkrete Stoffe sowie solche abstrakten Erscheinungen gebraucht werden, die man so aufteilen kann, daß die Teile selbst wieder eine Ganzheit sind, z. B. *kahvi, maito, rauta, kulta, olut, vesi, vahvuus, rakkaus.* Im allgemeinen werden bei diesen Wörtern keine Zahlwörter gebraucht (Ausnahme: Getränkebezeichnungen).

§ 25.3 *Gebrauch des Nominativs*

Der Gebrauch des Nominativs hängt von drei Faktoren ab: von der Teilbarkeit / Unteilbarkeit des Substantivs, von der Bestimmtheit oder Unbestimmtheit der teilbaren Wörter sowie manchmal vom Numerus des Substantivs (Singular oder Plural). Im folgenden werden vier Regeln dargestellt.

1) unteilbare singularische Subjektsubstantive

1) *Die unteilbaren singularischen, als Subjekt vorkommenden Substantive stehen im Nominativ und bezeichnen*
   a) bestimmte Bedeutung am Satzanfang
   b) unbestimmte Bedeutung am Satzende.

Auto on kadulla.　　*Nainen* on talossa.
Kadulla on *auto*.　　Talossa on *nainen*.

Kirja ilmestyi.　　*Pullo* on kaapissa.
Ilmestyi *kirja*.　　Kaapissa on *pullo*.

Subjekt und Objekt

Die am Satzanfang stehenden Substantive werden im allgemeinen als bestimmt definiert, d. h. insoweit bekannt, als dem Hörer (Leser) klar ist, worauf sie verweisen.

Die Sätze, in denen ein unteilbares Substantiv sowohl als Subjekt als auch als Objekt vorkommt, sind in Bezug auf die Bestimmtheit oft mehrdeutig, z. B. *Mies osti kirjan* und *Nainen hankki auton.* Wenn die Wortfolge derart umgekehrt ist, daß das Objekt am Anfang und das Subjekt am Ende steht, wird das Objekt als bestimmt (bekannt) interpretiert und das Subjekt als unbestimmt (neu), z. B. *Kirjan osti mies.*

Die unteilbaren singularischen substantivischen Prädikatsnomen stehen immer im Nominativ.

substantivisches Prädikatsnomen

Pekka on *mies.*
Tuula on *nainen.*
Tämä on *pöytä.*
Tuo on *auto.*
Auto tuo on!
Paavo on *opettaja.*

Auch die singularischen adjektivischen Prädikatsnomen stehen im Nominativ, wenn das Subjekt aus einem unteilbaren Wort besteht.

adjektivisches Prädikatsnomen

Auto on *sininen.*
Tuo vene on *kallis.*
Kalle on *pitkä.*
Ajatuksesi oli *hyvä.*
Kone on *likainen.*

2) unteilbare Substantive im Plural

2) | *Unteilbare Substantive im Plural mit bestimmter Bedeutung erhalten die Endung* **-t**.

Auto/t ovat kadulla.
Kadulla ovat auto/t!
Miehe/t tulivat kotiin.
Kirja/t maksavat 10 mk.
Ministeri/t lähtivät lomalle.
Pekka osti kirja/t.
Leena näki laiva/t.
Syön nämä omena/t.

§ 26   Grundstruktur der Sätze

teilbare Substantive 3)

> **Teilbare Substantive mit bestimmter (totaler, begrenzter) Bedeutung stehen im Nominativ Singular.**

Ruoka maistuu hyvältä.
Kahvi on kupissa.
Liha maksaa paljon.
Aika loppuu.
Osta *olut!* (vgl. §§ 37, 38)
Kahvi juotiin. (vgl. §§ 37, 38)
Tämä on Pekan *maito*.
Maito on valkoista.
Ilma on kirkas.
Musiikki rentouttaa.

4) Subjektregel   4)

> **Das Subjekt steht immer im Nominativ, wenn**
> **a) ein Objekt beim Verb steht**
> **b) olla das Verb ist, an das sich ein Prädikativ anschließt.**

a) *Poika* potkii palloa.
a) *Pojat* potkivat palloa.
b) *Kahvi* on hyvää.
b) *Mikään* ei ole mahdotonta.

§ 26 Singular und Plural

-t und -i-   Die Nomina werden in zwei Numeri, Singular und Plural, flektiert. Der Singular ist immer endungslos. Im Plural gibt es zwei verschiedene Endungen, **-t** und **-i-**. Erstere tritt nur im Nominativ und Akkusativ auf (§§ 37, 38), letztere in allen anderen Kasus.

	Singular	Plural
Nominativ	talo	talo/**t**
Genitiv	talo/n	talo/**j**/en
Partitiv	talo/a	talo/**j**/a
Inessiv	talo/ssa	talo/**i**/ssa

Elativ	talo/sta	talo/i/sta
Illativ	talo/on	talo/i/hin
Adessiv	talo/lla	talo/i/lla
Ablativ	talo/lta	talo/i/lta
Allativ	talo/lle	talo/i/lle
Essiv	talo/na	talo/i/na
Translativ	talo/ksi	talo/i/ksi

> *Das Plural* -i- *wird zwischen zwei Vokalen zu* -j-.

Diese Regel betrifft den Genitiv und Partitiv Plural: hylly/**j**/en, hylly/**j**/ä, pullo/**j**/en, pullo/**j**/a, tyttö/**j**/en, tyttö/**j**/ä.

Alle Pluralformen werden vom Flexionsstamm gebildet (§§ 18–20), vor dem Plural -i- gelten die Vokalveränderungsregeln (§ 16). Die folgende Übersicht verdeutlicht die Bildung des Plurals:

Nominativ Singular	Flexionsstamm (vgl. §)		Nominativ Plural	Inessiv Plural	Vokalveränderung (§)
pullo	pullo/n	–	pullo/t	pullo/i/ssa	–
katu	kadu/n	–	kadu/t	kadu/i/ssa	–
maa	maa/n	–	maa/t	ma/i/ssa	16.2
risti	risti/n	18.1	risti/t	riste/i/ssä	16.6
kivi	kive/n	18.2	kive/t	kiv/i/ssä	16.5
lehti	lehde/n	18.2	lehde/t	lehd/i/ssä	16.5
meri	mere/n	18.3	mere/t	mer/i/ssä	16.5
vesi	vede/n	18.4	vede/t	ves/i/ssä	16.5; s: 18.4
kone	konee/n	19	konee/t	kone/i/ssa	16.2
liike	liikkee/n	19	liikkee/t	liikke/i/ssä	16.2
työ	työ/n	–	työ/t	tö/i/ssä	16.3
hai	hai/n	–	hai/t	ha/i/ssa	16.4
seinä	seinä/n	–	seinä/t	sein/i/ssä	16.7
vanha	vanha/n	–	vanha/t	vanho/i/ssa	16.8
tavara	tavara/n	–	tavara/t	tavaro/i/ssa	16.8
koira	koira/n	–	koira/t	koir/i/ssa	16.8
ihminen	ihmise/n	20.1	ihmise/t	ihmis/i/ssä	16.5

vanhus	vanhu**kse**/n	20.2	vanhukse/t	van-huks/**i**/ssa	16.5
taivas	taiv**aa**/n	20.3	taivaa/t	taiva/**i**/ssa	16.2
rikas	rikk**aa**/n	20.3	rikkaa/t	rikka/**i**/ssa	16.2
totuus	totuu**de**/n	20.4	totuude/t	totuu**ks**/**i**/ssa	16.5; **ks**: 20.4
avain	avai**me**/n	20.5	avaime/t	avaim/**i**/ssa	16.5
työtön	työttö**mä**/n	20.6	työttömä/t	työttöm/**i**/ssä	16.7
jäsen	jäse**ne**/n	20.7	jäsene/t	jäsen/**i**/ssä	16.5
mies	mie**he**/n	20.8	miehe/t	mieh/**i**/ssä	16.5

Es gibt eine Reihe von Substantiven, die nur im Plural vorkommen, obwohl sie einen singularischen Begriff beinhalten. Derartige Pluralwörter sind z. B.

Pluralia tantum

Nominativ Plural	Inessiv Plural
kasvot	kasvoissa
housut	housuissa
sakset	saksissa
kärryt	kärryissä
häät	häissä
markkinat	markkinoissa
tanssit	tansseissa

§ 27 *Das Verb* **olla**

Das Verb **olla** wird teilweise unregelmäßig konjugiert, vor allem in der 3. Person. Der Konjugationsstamm wird durch Einfügen eines -**e**- gebildet (§ 23.4).

(minä)	**ole/n**	(me)	**ole/mme**
(sinä)	**ole/t**	(te)	**ole/tte**
hän	**on**	he	**o/vat**

Das -**e**- verschwindet vor dem Imperfekt -**i**- und auch vor -**isi**- des Konditionals (§ 16.5).

(minä)	**ol/i/n**	(me)	**ol/i/mme**
(sinä)	**ol/i/t**	(te)	**ol/i/tte**
hän	**ol/i**	he	**ol/i/vat**

(minä)	ol/isi/n	(me)	ol/isi/mme
(sinä)	ol/isi/t	(te)	ol/isi/tte
hän	ol/isi	he	ol/isi/vat

§ 28 Possessivkonstruktion

Possessivkonstruktion

Bei der Possessivkonstruktion im Finnischen wird der Besitzer durch den Adessivkasus **-lla ~ -llä** angezeigt, dem die **olla**-Verbform **on** folgt sowie das Wort, das den Besitz bezeichnet.

> *Besitzer* + **-lla ~ -llä** + **on** + *Besitz*

Paavo/**lla on** uusi pyörä.
Isä/**llä on** kaksi autoa.
Suome/**lla on** hyvät mahdollisuudet.
Äidi/**llä on** silmälasit.

Sehr häufig sind die Adessivformen der Personalpronomen.

minu/lla on	**mei/llä on**
sinu/lla on	**tei/llä on**
häne/llä on	**hei/llä on**

untrennbarer Besitz

Wenn es um eine feste Zugehörigkeit (untrennbarer Besitz) zu etwas geht, wird der Inessiv auf **-ssa ~ -ssä** und nicht der Adessiv gebraucht.

Maa/**ssa on** uusi hallitus.
Venee/**ssä on** pitkä masto.
Puu/**ssa on** vihreät lehdet.
Auto/**ssa on** neljä pyörää.

§ 29 Verneinende Sätze

Bei den verneinenden Sätzen im Finnischen gibt es kein unveränderliches Verneinungswort. Als Verneinungswort dient ein konjugierbares Verb, das mit der grammatischen Person des Subjektes im Satz kongruiert wie bei jedem anderen beliebigen finiten Verb.

§ 29 Grundstruktur der Sätze

	Singular	Plural
Verneinungsverb		
1. Person	**en**	**emme**
2. Person	**et**	**ette**
3. Person	**ei**	**eivät**

Die Verneinungsformen des Indikativ Präsens basieren auf einem Verneinungsverb, dem der Konjugationsstamm eines Hauptverbes (§ 23) ohne Personalendung folgt, der – außer vor einem langen Vokal – in schwacher Stufe steht (§ 15).

verneinender Indikativ Präsens

Verneinungsverb +	*Personalendung* +	*Konjugationsstamm des Hauptverbs in schwacher Stufe (außer vor Langvokal)*

Die Stufenwechselverhältnisse sind wichtig: vgl. an**t**a/a (Inf.) : hän an**t**a/a (3. Pers. Sing.) : en an**n**a (Vern. 1. Pers. Sing.) : an**n**a/n (1. Pers. Sing.) : an**n**atte (2. Pers. Pl.). Im folgenden werden weitere Beispiele für die verneinenden Formen des Indikativ Präsens angeführt. Die Form des Hauptverbs kann man immer durch Entfernung der Endung der bejahenden 1. oder 2. Person Präsens ableiten.

	Bejahend		Verneinend
	tulet		**et** tule
	luemme		**emme** lue
he	lukevat	he	**eivät** lue
hän	lukee	hän	**ei** lue
	hyppään		**en** hyppää
	hyppäätte		**ette** hyppää
se	vetää	se	**ei** vedä
	vedän		**en** vedä
he	vetävät	he	**eivät** vedä
	vedämme		**emme** vedä
hän	tarvitsee	hän	**ei** tarvitse

Alle verneinenden Formen des Verbs **olla** enthalten den Stamm **ole-**.

en ole	**emme** ole
et ole	**ette** ole
ei ole	**eivät** ole

Die verneinenden Formen der anderen Tempora kommen in Verbindung mit den unten (§ 63) angegebenen Formen vor. Die folgende Regel bezüglich der verneinenden Sätze ist wichtig.

Partitivregel

> *In verneinenden Sätzen stehen folgende Satzglieder im Partitiv:*
> *1) Objekt*
> *2) „das zu besitzende" der Besitzkonstruktion*
> *3) wovon behauptet wird, daß es nicht existiert.*

1) Emme juo olut/**ta**.
   Etteko näe auto/**a**?
   En tunne hän/**tä**.
   He eivät omista vene/**ttä**.

2) Minulla ei ole auto/**a**.
   Meillä ei ole punaviini/**ä**.
   Eikö teillä ole lämmin/**tä** ruoka/**a**?
   Maassa ei ole hallitus/**ta**.

3) Kadulla ei ole auto/**a**.
   Kotona ei ole isä/**ä**.
   Jääkaapissa ei ole maito/**a**.
   Komerossa ei ole vaatte/i/**ta**.

§ 30 *Fragen und Antworten*

§ 30.1 -**ko** ~ -**kö** -*Fragen*

Bildung der Fragen

Direkte Fragen, auf die man mit „ja" oder „nein" antwortet, werden gebildet, indem man das erfragte Wort an den Satzanfang stellt und es mit der Anhängepartikel -**ko** ~ -**kö** versieht, die fast immer die letzte Endung des Wortes ist. Meistens basiert die Frage auf einem Verb. Vom Satz *Pekka saapui Turkuun aamulla* können folgende Fragen gebildet werden:

§ 30.1   Grundstruktur der Sätze

Beachte:
Wortfolge!

Saapu/i/**ko** Pekka Turkuun aamulla?
Pekka/**ko** saapui Turkuun aamulla?
Turku/un/**ko** Pekka saapui aamulla?
Aamu/lla/**ko** Pekka saapui Turkuun?

Auch die folgenden Beispiele veranschaulichen die Bildung der direkten Frage.

Mene/t/**kö** ulos?
Ole/t/**ko** sairas?
Sa/isi/n/**ko** oluen?
Pitä/ä/**kö** Jussi Marjasta?
Tietä/vät/**kö** he, että tulen?
Puu/**ko** tämä on?
Ruotsi/ssa/**ko** Kalle on?
Häne/t/**kö** sinä tapasit?
Presidenti/ksi/**kö** Koivisto valittiin?

Bejahende
Antworten

Auf derartige Fragen kann man auf vielerlei Weise bejahend antworten. Oft wird das Wort, auf das sich die Frage richtet, wiederholt (in der richtigen Person, wenn es sich um ein Verb handelt, und ohne die Endung -**ko** ~ -**kö**). Wenn das erfragte Wort ein Verb ist, kann man **kyllä** antworten; handelt es sich um ein anderes Wort, kann man das Wort **niin** gebrauchen. Sowohl **kyllä** als auch **niin** kann man mit der Wiederholung des erfragten Wortes verbinden. Vor allem umgangssprachlich werden die Worte **jaa**, **joo** gebraucht.

Frage	Verschiedene bejahende Antworten
Tul/i/**ko** Pekka Turkuun?	– Tuli. – Kyllä tuli. – Kyllä.
Ole/t/**ko** sairas?	– Olen. – Kyllä olen. – Kyllä.
Mene/tte/**kö** tanssimaan?	– Menemme. – Kyllä menemme. – Kyllä.
O/vat/**ko** lapset ulkona?	– Ovat. – Kyllä ovat. – Kyllä.

Auto/n/**ko** ostitte?   – Niin.
 – Niin, auton.
 – Auton.

Tamminieme/ssä/**kö** Kekkonen asui?   – Niin.
 – Niin, Tamminiemessä.
 – Tamminiemessä.

Verneinende Antworten

Verneinende Antworten auf direkte Fragen werden mit dem Verneinungsverb (§ 28) gebildet, das in der richtigen Person stehen muß und dem möglicherweise der Konjugationsstamm des Hauptverbs ohne Personalendung folgt.

Frage	Verneinende Antwort
Mene/e/**kö** Tauno Kotkaan?	– Ei (mene).
Ole/t/**ko** kovin sairas?	– En (ole).
Syö/tte/**kö** hernekeittoa?	– Emme (syö).
	– En (syö).
O/vat/**ko** kirjat laukussa?	– Eivät (ole).
Viljo/**ko** siellä on?	– Ei (vaan Auli).
Juna/lla/**ko** tulitte?	– Emme (vaan linja-autolla).

Höfliche Frage

Wenn man eine Frage besonders höflich stellen will, kann man sie durch die Konditionalendung -**isi**- mildern und/oder durch die Anhängepartikel -**han** ~ -**hän**.

Sa/**isi**/n/**ko** pullon punaviiniä?
Sa/**isi**/n/**ko**/**han** kylmän oluen?
On/**ko**/**han** Viljo Kohonen tavattavissa?
Ol/**isi**/**ko**/**han** teillä nailonsukkia?

Indirekte Fragen

Die Endung -**ko** ~ -**kö** wird auch bei indirekten Fragen gebraucht.

En tiedä, men/i/**kö** Auli kotiin.
Kysy, on/**ko** heillä lämmintä ruokaa.
Ole/t/ko varma, saa/**ko** sinne mennä?
Kerro, maistu/i/**ko** ruoka hyvältä.

§ 30.2 *Wortfragen*

Die zweite Hauptgruppe der Fragen ist die der Fragen mit einem Fragewort, auf die man genauer antwortet (nicht nur „ja" oder „nein"). Die wichtigsten Fragewörter im Finnischen sind folgende (vgl. § 56):

Wichtige Fragewörter

mikä
mitä
missä
mistä
mihin
minne
miten
millainen
koska
milloin
kuka
kuinka
kumpi

Mikä, **kuka** und **millainen** werden wie gewöhnliche Nomina in den verschiedenen Kasus flektiert. **Mitä**, **missä**, **mistä**, **mihin** sind eigentlich Flexionsformen des Pronomens **mikä**. **Kenen** ist der Genitiv des Pronomens **kuka**.

Frage	Antwort
Mikä tämä on?	(Se on) kynä.
Mitä tämä on?	(Se on) olutta.
Missä Auli on?	(Auli on) luennolla.
Mistä tulet?	(Tulen) Oslosta.
Mihin panen vaatteeni?	(Pane ne) sohvalle.
Millainen mies hän on?	(Hän on) mukava (mies).
Koska Ole tuli Suomeen?	(Hän tuli Suomeen) viime vuonna.
Kuka tuo pitkä punatukkainen nainen on?	(Hän on) Tyyne Nyrkiö.
Kuinka paljon pullo olutta maksaa?	(Se maksaa) kolme markkaa.
Kenen lasi tämä on?	(Se on) Jorman.
Kenellä pallo on?	(Pallo on) minulla.

§ 31 *Kongruenz der Attribute*

Attribute sind nähere Bestimmungen der Substantive. Es gibt zweierlei Arten von Attributen vor dem Substantiv, nämlich die Pronominalattribute (*tämä* auto) und die Adjektivattribute (*sininen* auto). Diese kongruieren mit ihrem Bezugswort in Kasus und Numerus.

Kongruenzregel

> *Voranstehende Attribute kongruieren mit ihrem Bezugswort in Kasus und Numerus.*

Pronomen, vgl. § 55

iso auto
iso/**t** auto/**t**
iso/**ssa** auto/**ssa**
iso/*i*/**ssa** auto/*i*/**ssa**

sininen kukka
sinise/*t* kuka/*t*
sinise/**ssä** kuka/**ssa**
sinis/*i*/**ssä** kuk/*i*/**ssa**

tuo punainen kukka
tuo/**n** punaise/**n** kuka/**n**
tuo/**ssa** punaise/**ssa** kuka/**ssa**
nuo punaise/*t* kuka/*t*
no/*i*/**lla** punais/*i*/**lla** kuk/*i*/**lla**

tämä vanha kahvi
tä/**tä** vanha/**a** kahvi/**a**
tä/**stä** vanha/**sta** kahvi/**sta**
tä/**llä** vanha/**lla** kahvi/**lla**

Pluralia tantum

Die den Pluralwörtern voranstehenden Attribute sind immer pluralisch. Derartige Ausdrücke sind doppeldeutig: man meint „eins" oder „mehrere".

kaunii/**t** kasvo/**t**
nämä kasvo/**t**
terävä/**t** sakse/**t**
harma/*i*/**ssa** housu/*i*/**ssa**
yhde/**t** sakse/**t**
kahde/**t** kasvo/**t**

Ausnahmen Es gibt einige Adjektive, die ausnahmsweise die Kongruenzregel nicht befolgen. Die häufigsten sind *ensi, eri, joka, koko, pikku, viime,* vgl. *ensi* kerra/**lla**; *viime* talve/**na**, *koko* kaupungi/**ssa**; *joka* ihmise/**lle**; *eri* sängy/**ssä**.

8 Partitiv

Bildung des Partitivs
Gebrauch des Partitivs

Neben dem Nominativ ist der Partitiv der wichtigste Kasus im Finnischen. Nominativ und Partitiv sind in vielen Fällen Gegensätze zueinander. Beide können als Subjekts-, Objekts- und Prädikativkasus auftreten (bezüglich des Objektes vgl. auch § 37).

Grundbedeutung Der Nominativ drückt eine konkrete oder abstrakte Ganzheit oder eine bestimmte Menge aus (§ 25). Der Partitiv drückt oft eine unbestimmte, nicht näher begrenzte Menge oder einen Teil von einem Ganzen aus.

§ 32 *Bildung des Partitivs*

§ 32.1 *Partitiv Singular*

Der Partitiv Singular hat drei Endungen: **-a ~ -ä**, **-ta ~ -tä**, **-tta ~ -ttä**. Die zwei ersten kommen auch im Plural vor. Die Endung **-a ~ -ä** verursacht niemals Stufenwechsel (§ 15.2). Die Endungen **-ta ~ -tä** und **-tta ~ -ttä** werden meist an die Grundform angehängt, bei der Stufenwechsel eingetreten ist.

1) **-a ~ -ä**

1) | *Die Endung* **-a ~ -ä** *tritt auf, wenn der Flexionsstamm auf kurzen Vokal nach Konsonant endet (nicht bei schwindendem* **-e-**).

Grundform	Flexionsstamm (Gen. Sing.)	§	Partitiv Sing.
oma	oma/n		oma/**a**
päivä	päivä/n		päivä/**ä**
vanha	vanha/n		vanha/**a**

§ 32.1 Partitiv

	elämä	elämä/n	elämä/**ä**
	talo	talo/n	talo/**a**
	tuoli	tuoli/n	tuoli/**a**
	hetki	hetke/n	18.2	hetke/**ä**
	katu	kadu/n		katu/**a**
	käsky	käsky/n		käsky/**ä**
	Suomi	Suome/n	18.2	Suome/**a**
	koti	kodi/n		koti/**a**
	kaupunki	kaupungi/n		kaupunki/**a**
	kivi	kive/n	18.2	kive/**ä**
	presidentti	presidenti/n		presidentti/**ä**
	Helsinki	Helsingi/n		Helsinki/**ä**
	kaikki	kaike/n	18.2	kaikke/**a**
	onni	onne/n	18.2	onne/**a**
Beachte:	asia	asia/n		asia/**a**
Wörter auf	ainoa	ainoa/n		ainoa/**a**
-ea, -ia!	tärkeä	tärkeä/n		tärkeä/**ä**
	vaikea	vaikea/n		vaikea/**a**

Vor allem die Wörter auf **-ea**, **-eä** können auch die längere Endung **-ta** ~ **-tä** erhalten, z. B. korkea/**a** ~ korkea/**ta**, pehmeä/**ä** ~ pehmeä/**tä**.

2) -ta ~ -tä

> 2) *Die Endung* **-ta** ~ **-tä** *tritt auf, wenn davor*
> a) *auf Langvokal oder Diphthong endende Grundform,*
> b) *auf Konsonant endender Flexionsstamm, bei dem* **-e-** *geschwunden ist,*
> c) *auf Konsonant endende Grundform oder*
> d) *einsilbiger Pronominalstamm steht.*

	Grund- form	Flexions- stamm (Gen. Sing.)	§	Partitiv Singular
a)	maa	maa/n		maa/**ta**
	syy	syy/n		syy/**tä**
	tie	tie/n		tie/**tä**
	Porvoo	Porvoo/n		Porvoo/**ta**
	työ	työ/n		työ/**tä**
	pää	pää/n		pää/**tä**
	yö	yö/n		yö/**tä**
	kuu	kuu/n		kuu/**ta**

Beachte: -e- fällt weg!	b)	kieli	kiele/n	18.3	kiel/**tä**
		pieni	piene/n	18.3	pien/**tä**
		lumi	lume/n	18.3	lun/**ta**
					(Beachte: **m → n**)
		ääni	ääne/n	18.3	ään/**tä**
		meri	mere/n	18.3	mer/**ta**
		vesi	vede/n	18.4	vet/**tä**
		uusi	uude/n	18.4	uut/**ta**
		kansi	kanne/n	18.4	kant/**ta**
		ihminen	ihmise/n	20.1	ihmis/**tä**
		Virtanen	Virtase/n	20.1	Virtas/**ta**
		tavallinen	tavallise/n	20.1	tavallis/**ta**
		hyvyys	hyvyyde/n	20.4	hyvyyt/**tä**
		likaisuus	likaisuude/n	20.4	likaisuut/**ta**
	c)	ajatus	ajatukse/n	20.2	ajatus/**ta**
		kysymys	kysymykse/n	20.2	kysymys/**tä**
		kiitos	kiitokse/n	20.2	kiitos/**ta**
		taivas	taivaa/n	20.3	taivas/**ta**
		kirves	kirvee/n	20.3	kirves/**tä**
		puhelin	puhelime/n	20.5	puhelin/**ta**
		arvoton	arvottoma/n	20.6	arvoton/**ta**
		askel	askele/n	20.7	askel/**ta**
		mies	miehe/n	20.8	mies/**tä**
		olut	olue/n	20.8	olut/**ta**
	d)	tuo	tuo/n		tuo/**ta**
		tämä	tämä/n		tä/**tä**
		se	se/n		si/**tä**
		joka	jo/n/ka		jo/**ta**
		mikä	mi/n/kä		mi/**tä**
		kuka	kene/n		ke/**tä**

Wörter auf -io, -iö: Die Partitivendung der Wörter auf **-io**, **-iö** ist **-ta** ~ **-tä**, z. B. valtio/**ta**, keittiö/**tä**, yhtiö/**tä**.

3) -tta ~ -ttä 3) *Die Endung* **-tta** ~ **-ttä** *wird an die auf* **-e** *endenden Grundformen (§ 19) angehängt.*

§ 32.2   Partitiv

Grund- form	Flexions- stamm (Gen. Sing.)	Partitiv Singular
perhe	perhee/n	perhe/**ttä**
suhde	suhtee/n	suhde/**tta**
liikenne	liikentee/n	liikenne/**ttä**
kone	konee/n	kone/**tta**
tunne	tuntee/n	tunne/**tta**
kirje	kirjee/n	kirje/**ttä**
virhe	virhee/n	virhe/**ttä**

Ausnahmen   Die Wörter *itse, kolme, nukke* und solche Namen wie *Kalle, Raahe, Ville* bekommen jedoch die Endung -**a** ~ -**ä**.

§ 32.2 *Partitiv Plural*

Der Partitiv hat im Plural zwei Endungen: -**a** ~ -**ä** und -**ta** ~ -**tä**, die an den mit dem Plural -**i**- versehenen Flexionsstamm angehängt werden (§ 26). Die Pluralendung verursacht im Stamm Vokalveränderungen (§ 16), und zwischen Vokalen wird -**i**- zu -**j**- (§ 26). Stufenwechsel ist beim Partitiv Plural selten, da die Endungen nicht die Grundvoraussetzungen der Regeln des Stufenwechsels erfüllen (§ 15.2).

4) -**a** ~ -**ä**   4) | *Die Endung* -**a** ~ -**ä** *wird immer gebraucht, wenn der Flexionsstamm im Singular auf kurzen Vokal endet.*

Grund- form	Flexions- stamm	§	Partitiv Singular	Partitiv Plural
talo	talo/n		talo/a	talo/j/**a**
katu	kadu/n		katu/a	katu/j/**a**
tunti	tunni/n		tunti/a	tunte/j/**a**
lasi	lasi/n		lasi/a	lase/j/**a**
kivi	kive/n	18.2	kive/ä	kiv/i/**ä**
lehti	lehde/n	18.2	lehte/ä	leht/i/**ä**
tuuli	tuule/n	18.3	tuul/ta	tuul/i/**a**
pieni	piene/n	18.3	pien/tä	pien/i/**ä**

Vokal-veränderungen § 16	käsi	käde/n	18.4	kät/tä	käs/i/ä
	kansi	kanne/n	18.4	kant/ta	kans/i/a
	päivä	päivä/n		päivä/ä	päiv/i/ä
	sama	sama/n		sama/a	samo/j/a
	poika	poja/n		poika/a	poik/i/a
	kirja	kirja/n		kirja/a	kirjo/j/a
	nainen	naise/n	20.1	nais/ta	nais/i/a
	yleinen	yleise/n	20.1	yleis/tä	yleis/i/ä
	sormus	sormukse/n	20.2	sormus/ta	sormuks/i/a
	nuoruus	nuoruude/n	20.4	nuoruut/ta	nuoruuks/i/a
	avain	avaime/n	20.5	avain/ta	avaim/i/a
	koditon	kodittoma/n	20.6	koditon/ta	kodittom/i/a
	jäsen	jäsene/n	20.7	jäsen/tä	jäsen/i/ä
	mies	miehe/n	20.8	mies/tä	mieh/i/ä

Beachte: mehrsilbige Wörter!

Bei drei- und mehrsilbigen Wörtern wie *kanava, aurinko, ammatti* tritt die Endung -a ~ -ä immer auf, wenn der letzte Stammvokal wegfällt und im allgemeinen, wenn die zweitletzte Silbe des Wortes auf Konsonant (pääl-lik-kö, au-rin-ko) oder auf zwei Vokale (rat-kai-su) endet.

Grundform	Flexionsstamm	Partitiv Singular	Partitiv Plural
aurinko	auringo/n	aurinko/a	aurinko/j/a
ammatti	ammati/n	ammatti/a	ammatte/j/a
hedelmä	hedelmä/n	hedelmä/ä	hedelm/i/ä
ystävä	ystävä/n	ystävä/ä	ystäv/i/ä
metalli	metalli/n	metalli/a	metalle/j/a
kysely	kysely/n	kysely/ä	kysely/j/ä
päällikkö	päällikö/n	päällikkö/ä	päällikkö/j/ä
ratkaisu	ratkaisu/n	ratkaisu/a	ratkaisu/j/a
omena	omena/n	omena/a	omen/i/a

5) -ta ~ -tä

> 5) *Die Endung* -ta ~ -tä *wird immer gebraucht, wenn der Flexionsstamm des Singulars auf zwei Vokale endet.*

Grundform	Flexionsstamm	§	Partitiv Singular	Partitiv Plural
maa	maa/n		maa/ta	ma/i/ta
kuu	kuu/n		kuu/ta	ku/i/ta
syy	syy/n		syy/tä	sy/i/tä

§ 32.2 Partitiv

Beachte:
perhe-Wörter!

vapaa	vapaa/n		vapaa/ta	vapa/i/**ta**
perhe	perhee/n	19	perhe/ttä	perhe/i/**tä**
lääke	lääkkee/n	19	lääke/ttä	lääkke/i/**tä**
aine	ainee/n	19	aine/tta	aine/i/**ta**
tie	tie/n		tie/tä	te/i/**tä**
tuo	tuo/n		tuo/ta	no/i/**ta**
työ	työ/n		työ/tä	tö/i/**tä**
rikas	rikkaa/n	20.3	rikas/ta	rikka/i/**ta**
hammas	hampaa/n	20.3	hammas/ta	hampa/i/**ta**
kallis	kallii/n	20.3	kallis/ta	kalli/i/**ta**
ohut	ohue/n	20.8	ohut/ta	ohu/i/**ta**
lyhyt	lyhye/n	20.8	lyhyt/tä	lyhy/i/**tä**
asia	asia/n		asia/a	asio/i/**ta**
tärkeä	tärkeä/n		tärkeä/ä	tärke/i/**tä**
ainoa	ainoa/n		ainoa/a	aino/i/**ta**
komea	komea/n		komea/a	kome/i/**ta**

Beachte:
mehrsilbige
Wörter!

Viele drei- und mehrsilbige Substantive, deren zweitletzte Silbe auf kurzen Vokal endet, erhalten im Plural die Partitivendung -**ta** ~ -**tä**. Dies betrifft auch die auf -**kka**, -**kkä** sowie auf -**la**, -**lä** endenden Substantive.

Grund- form	Partitiv Singular	Partitiv Plural
lukija	lukija/a	lukijo/i/**ta**
kulkija	kulkija/a	kulkijo/i/**ta**
lusikka	lusikka/a	lusiko/i/**ta** (Beachte: Stufenwechsel)
kahvila	kahvila/a	kahvilo/i/**ta**
käymälä	käymälä/ä	käymälö/i/**tä**
omena	omena/a	omeno/i/**ta**
päärynä	päärynä/ä	päärynö/i/**tä**
peruna	peruna/a	peruno/i/**ta**
tavara	tavara/a	tavaro/i/**ta**
ankkuri	ankkuri/a	ankkure/i/**ta**
arvelu	arvelu/a	arvelu/i/**ta**

freier Wechsel

Bei vielen Wörtern dieses Typs können sowohl -**ta** ~ -**tä** als auch -**a** ~ -**ä** gebraucht werden, wenngleich die Stufenwechselverhältnisse des Stammes bei diesen beiden Fällen abweichen, z. B. *päällikö/j/ä* (: *päällikö/i/tä*), *lusiko/i/ta* (: *lusikko/j/a*), *sairaalo/i/ta* (: *sairaalo/j/a*), *omen/i/a* (: *omeno/i/ta*).

Die drei- und mehrsilbigen Adjektive bilden normalerweise ihren Partitiv Plural mit der Endung -**a** ~ -**ä** (vgl. § 16).

Grund-	Partitiv	Partitiv
form	Singular	Plural
ahkera	ahkera/a	ahker/i/a
ankara	ankara/a	ankar/i/a
hämärä	hämärä/ä	hämär/i/ä
vikkelä	vikkelä/ä	vikkel/i/ä

Die folgenden Pronominalformen sind wichtig:

wichtige Pronominalformen

Grund-	Partitiv	Partitiv
form	Singular	Plural
minä	minu/a	
sinä	sinu/a	
hän	hän/tä	
me		me/i/tä
te		te/i/tä
he		he/i/tä
se	si/tä	ni/i/tä
tämä	tä/tä	nä/i/tä
tuo	tuo/ta	no/i/ta

§ 33 Gebrauch des Partitivs

§ 33.1 Subjekt im Partitiv

Den Gebrauch des Partitivs kann man gut mit dem Gebrauch des Nominativs vergleichen (§ 25.3): diese beiden Kasus stehen untereinander in einem Bedeutungsgegensatz. Die folgende Regel betrifft den Partitivgebrauch als Subjekts- und Objektskasus.

Grundregel

> *Der Partitiv drückt eine unbestimmte, nicht näher begrenzte Menge der teilbaren Wörter aus.*

Ein typisches Vorkommen des Partitivs stellen somit z. B. *vet/tä, valo/a, rakkaut/ta, tuole/j/a, auto/j/a* dar. Die folgende Regel betrifft das Partitivsubjekt.

§ 33.1   Partitiv

> *In Sätzen mit Partitiv als Subjekt*
> *1) steht das Subjekt meist am Satzende*
> *2) steht das finite Verb immer in der 3. Person Singular.*

Die folgenden Beispiele sind in zwei Gruppen eingeteilt: teilbare Wörter im unbestimmten Singular und unteilbare Wörter im unbestimmten Plural.

1) > *Die teilbaren Subjektwörter, die eine unbestimmte Menge ausdrücken, stehen im Partitiv Singular (Substanz-, Kollektiv- und abstrakte Wörter).*

Partitiv Singular

Purkissa on leipä/**ä**.
Pullossa on maito/**a**.
Torille tuli kansa/**a**.
Huoneessa on valo/**a**.
Kellariin valui vet/**tä**.
Vet/**tä** valui kellariinkin.
Suomessa on vielä puhdas/**ta** ilma/**a**.
Täällä tapahtuu kaikenlais/**ta**.
Kaikenlais/**ta** täällä tapahtuu.
Jääkaapissa on olut/**ta**.
Olut/**ta** on jääkaapissa.
Olut/**ta** jääkaapissa on!

Man vergleiche obige Sätze mit den folgenden, bei denen die Rede von bestimmten (totalen) Mengen ist. Derartige Subjekte stehen meist am Satzanfang.

Vergleiche mit dem Nominativ

Leipä on purkissa.
Maito on pullossa.
Kansa tuli torille.
Vesi valui kellariin.
Kulta löytyi Outokummusta.

> 2) *Im Singular unteilbare Wörter, die im Plural eine unbestimmte Menge bezeichnen, stehen im Partitiv.*

Partitiv Plural

Kadulla on auto/j/**a**.
Liikkui huhu/j/**a**.
Täällä on pien/i/**ä** laps/i/**a**.
Ihmis/i/**ä** kuolee joka päivä.
Syntyi vaikeuks/i/**a**.
Minulla on mon/i/**a** ystäv/i/**ä**.
Onko Kallella laps/i/**a**?
Sellais/i/**a** virhe/i/**tä** esiintyy usein.

Die entsprechenden bestimmten (totalen) Subjekte stehen im Nominativ Plural, und in diesem Fall kongruiert das finite Verb in der Person mit dem Subjekt.

Bestimmtes
Subjekt
im Nominativ
Plural

Auto/**t** ovat kadulla.
Lapse/**t** ovat täällä.
Ihmise/**t** kuolevat.
Laiva/**t** tulevat satamaan.
Vaikeude/**t** eivät tule yksin.

> 3) *Der Partitiv wird gebraucht, wenn die Existenz dessen, worauf das Subjekt verweist, vollkommen verneint wird (also in den meisten verneinenden Sätzen).*

Partitiv-
subjekt in
verneinenden
Sätzen

Kadulla ei ole auto/**a**.
Maassa ei ole hallitus/**ta**.
Minulla ei ole tieto/**a** siitä.
Koti/**a** ei enää ollut.
Täällä ei ole yhtään tuttu/**a**.
Seinäjoella ei ole yliopisto/**a**.
Juna/**a** ei vielä näy.

Wenn die Existenz aber nicht vollkommen verneint wird, sondern lediglich z. B. irgendeines Existenz an einem bestimmten Ort, wird Nominativ gebraucht.

§ 33.2   Partitiv

Auto ei ole kadulla.
Hallitus ei ole Turussa.
Juna ei ole asemalla.

Der Partitiv kann manchmal auch Subjektskasus unteilbarer Wörter sein, in solchen Fragesätzen nämlich, auf die man eine negative Antwort erwartet.

Onko teillä tä/**tä** kirja/**a**?
Tuleeko hänestä lääkäri/**ä**?

§ 33.2 *Objekt im Partitiv*

Objektskasus sind Partitiv und Akkusativ, Subjektskasus Nominativ und Partitiv. Der Akkusativ des Objekts entspricht auf eine Art dem Nominativ des Subjektes (über die einzelnen Endungen des Akkusativs siehe § 38: meistens auf -**n**).

	Akkusativobjekt	
Minä ostan	auto/**n**.	
Silja joi	maido/**n**.	
Osta	auto!	
	Auto/**t**	hankittiin halvalla.
Ostamme	auto/**t**.	

Wie der Nominativ des Subjekts drückt auch der Akkusativ des Objekts Ganzheit oder eine bestimmte Menge aus. Der Partitiv drückt meistens unbestimmte Menge (Regel 3 weiter unten) aus, aber als Objektskasus hat er auch andere Aufgaben (Regeln 1 und 2).

Partitivobjekt im verneinenden Satz

1) *Das Objekt im verneinenden Satz steht im Partitiv.*

En osta auto/**a**.
Pekka ei nähnyt Leena/**a**.
Silja ei juo maito/**a**.
En tunne Kekkos/**ta**.
Paavo ei syö puuro/**a**.

Etkö opiskele suome/**a**?
He eivät ymmärrä tä/**tä**.
En ole koskaan tavannut hän/**tä**.
Si/**tä** emme vielä tiedä.
Janne ei lue sanomaleht/i/**ä**.
En tunne no/i/**ta** mieh/i/**ä**.
Etteko ole lukeneet nä/i/**tä** kirjo/j/**a**?

Diese Regel trifft immer zu, unabhängig davon, ob das Objekt bestimmt oder unbestimmt ist. Zwei verschiedenen bejahenden Sätzen entspricht also der gleiche verneinende Satz.

Bejahender Satz	Verneinender Satz
Silja joi maido/**n**. (best. Akk.)	Silja ei juonut maito/**a**.
Silja joi maito/**a**. (unbest. Part.)	(best. oder unbest. Part.)

Irresultatives Partitivobjekt

2a) *Das Objekt steht im Partitiv, wenn die vom Verb ausgedrückte Tätigkeit zu keinem „wichtigen" Endergebnis führt (d. h. irresultativ ist).*

Dagegen drückt der Akkusativ aus, daß die vom Verb ausgedrückte Tätigkeit zu einem wichtigen Endergebnis geführt *hat* (resultativ ist).

Irresultativer Satz (Partitivobjekt)	Resultativer Satz (Akkusativobjekt)
Tyttö luki läksy/**ä**.	Tyttö luki läksy/**n**.
Väinö rakensi talo/**a**.	Väinö rakensi talo/**n**.
Väinö rakentaa talo/**a**.	Väinö rakentaa talo/**n**.
Hän ajaa auto/**a**.	Hän ajaa auto/**n** talliin.
Presidentti ampui lintu/**a**.	Presidentti ampui linnu/**n**.
Kalle lämmittää sauna/**a**.	Kalle lämmittää sauna/**n**.

Viele Verben sind von ihrer Eigenbedeutung her so geartet, daß sie zu keinen klaren Endergebnissen führen. Deshalb steht das Objekt dieser Verben normalerweise im Partitiv. Eine wichtige derartige Verbgruppe sind die Gefühle und ähnliche Gemütszustände ausdrückende Verben.

§ 33.2   Partitiv

Gefühls-
verben

rakasta/a   vihat/a
pelät/ä   kaivat/a
kunnioitta/a   sur/ra
arvosta/a   valitta/a
katu/a   sääli/ä
kiittä/ä   harrasta/a
kiinnosta/a   huvitta/a
miellyttä/ä   moitti/a
arvostel/la   haukku/a
loukat/a   syyttä/ä
uhat/a   kiusat/a

2b) | Das Objekt der Gefühlsverben steht im Partitiv.

Minä rakastan sinu/**a**!
Rakastan tuo/**ta** nais/**ta**.
Suomi kiinnostaa minu/**a**.
Pelkäätkö koir/i/**a**?
Presidentti kiitti hallitus/**ta**.
Säälin hän/**tä**.
Tauno kaipaa jo/**ta**/kin uut/**ta**.

Es gibt auch andere Verben, die ihrer Bedeutung nach irresultativ sind und deshalb ein Partitivobjekt erhalten.

jatka/a   puolusta/a
verrat/a   seurat/a
ehdotta/a   tarkoitta/a
vastusta/a   vaikeutta/a
edusta/a   korosta/a
ajatel/la   heikentä/ä

Ajattelen sinu/**a**.
Keihänen jatkoi toiminta/**a**.
Joku seuraa minu/**a**.
Voiko suome/**a** verrata ruotsiin?
Mi/**tä** sinä tarkoitat?
Sorsa edustaa sosialidemokraatte/j/**a**.

unbestimmte Menge

3) | *Das Objekt steht im Partitiv, wenn es eine unbestimmte, nicht näher begrenzte Menge bezeichnet (von teilbaren und pluralischen Wörtern).*

Partitivobjekt
(unbest. Menge)
Ostan jäätelö/**ä**.
Pekka juo olut/**ta**.
Opitko suome/**a**?
Näen ihmis/i/**ä**.
Tuula tapaa viera/i/**ta**.
Nieminen myy metsä/**ä**.

Akkusativobjekt
(best. Menge)
Ostan jäätelö/**n**.
Pekka juo olue/**n**.
Opin suomen kiele/**n**.
Näen ihmise/**t**.
Tuula tapaa vieraa/**t**.
Nieminen myy metsä/**n**.

§ 33.3 *Partitivisches Prädikatsnomen*

Mit Prädikatsnomen (oder Prädikativ) meint man das im Verbund mit dem Verb *olla* auftretende Satzglied, das das Subjekt in seinen Eigenschaften näher charakterisiert, z. B. *nainen* und *mukava* in den Sätzen *Marketta on nainen; Marketta on mukava*. Die Prädikativkasus sind Nominativ und Partitiv, selten Genitiv (z. B. Auto on minu/**n**). Tritt als Prädikatsnomen ein Adjektiv auf, gilt die folgende Regel:

Adjektivisches Prädikatsnomen im Singular

1) | *Das adjektivische Prädikatsnomen im Singular steht im Partitiv, wenn ein teilbares Wort Subjekt ist.*

Maito on valkois/**ta**.
Rauta on kova/**a**.
Kahvi on kuuma/**a**.
Tämä on merkillis/**tä**.
Musiikki on kaunis/**ta**.
Rehellisyys on harvinais/**ta**.
Uiminen on hauska/**a**.

Wenn das Subjekt unteilbar ist, steht das adjektivische Prädikatsnomen stattdessen meist im Nominativ.

§ 33.3   Partitiv

Prädikatsnomen im Nominativ

Heidän koiransa on *valkoinen*.
Tämä pala on *kova*.
Kuppi on *kuuma*.
Hän on *merkillinen*.
Autoni ei ole *kaunis*.

Das adjektivische Prädikatsnomen steht auch dann im Partitiv, wenn ein Infinitiv oder Nebensatz Subjekt ist oder wenn es gar kein Subjekt gibt.

Infinitive und Nebensätze

On ilmeis/**tä**, että ...
On paras/**ta** lähteä.
Luennolla oli hauska/**a**.

Im Falle einiger Adjektive können sowohl Nominativ als auch Partitiv gleichermaßen als Prädikativkasus gebraucht werden; oft ist der Nominativ besser.

Minun on *vaikea(a)* tulla.
Oli *hauska(a)* tutustua.
Ei ole *helppo(a)* päättää.

Steht das Subjekt im Plural, muß auch das adjektivische Prädikatsnomen im Plural stehen (Kongruenz), meist im Partitiv Plural. Oft jedoch paßt auch der Nominativ Plural; diese Form ist obligatorisch, wenn ein Plurale tantum (§ 26) Subjekt ist oder wenn das Begriffsgebiet des Subjekts genau begrenzt ist.

Adjektivisches Prädikatsnomen im Plural

2) *Das adjektivische Prädikatsnomen im Plural steht normalerweise im Partitiv; jedoch im Nominativ Plural, wenn ein Plurale tantum Subjekt ist oder das Begriffsgebiet des Subjekts genau begrenzt ist.*

Oletteko ilois/i/**a**?
Omenat ovat tanskalais/i/**a**.
Nämä kirjat ovat kalli/i/**ta**.
Tulppaanit ovat punais/i/**a**.
He ovat miellyttäv/i/**ä**.
Voileivät ovat hyv/i/**ä**.

In derartigen Sätzen kann der Nominativ Plural ebensogut stehen; *Nämä kirjat ovat kallii/t; Tulppaanit ovat punaise/t; Voileivät ovat hyvä/t.* In den folgenden Sätzen hingegen ist der Nominativ obligatorisch; Subjekt ist ein Plurale tantum oder ein einen Körperteil bezeichnendes Wort.

    Jalat ovat likaise/**t**.
    Saappaat ovat pitkä/**t**.
    Kasvot olivat valkoise/**t**.
    Sakset ovat terävä/**t**.
    Housut ovat harmaa/**t**.

Auch Substantive als Prädikatsnomen können entweder im Nominativ oder im Partitiv stehen.

Substantivisches Prädikatsnomen

3) *Das substantivische Prädikatsnomen steht im Partitiv, wenn es eine unbestimmte Menge eines Stoffes, einer Gruppe oder einer Art ausdrückt.*

    Oletteko ruotsalais/i/**a**?
    Olemme suomalais/i/**a**.
    He ovat nais/i/**a**.
    Tuoli on puu/**ta**.
    Paitani on villa/**a**.
    Aika on raha/**a**.
    Tämä on punaviini/**ä**.

Im übrigen steht das substantivische Prädikatsnomen im Nominativ, wenn es ein unteilbares Wort oder eine bestimmte Menge ausdrückt.

    Keijo on *mies*.
    Tämä on *auto*.
    Olavi Järvinen on *lääkäri*.

§ 33.4 *Partitiv bei Mengenangaben*

Der Partitiv wird bei Mengenbezeichnungen gebraucht, d. h. nach Zahlwörtern und solchen Wörtern wie *monta, paljon, vähän* (außer dann, wenn das Zahlwort flektiert wird, § 52.2).

§ 33.4 Partitiv

> *Nach Zahlwörtern (außer eins) steht immer Partitiv.*

eins: im Nominativ
ab zwei: im Partitiv

yksi tyttö
kaksi tyttö/**ä**
viisi tyttö/**ä**
neljä maa/**ta**
yhdeksän vene/**ttä**
kaksikymmentä kirja/**a**
sata mies/**tä**
monta nais/**ta**

> *Nach anderen Mengenbezeichnungen gebraucht man bei teilbaren Wörtern Partitiv Singular, bei unteilbaren Partitiv Plural.*

vähän maito/**a**
vähän auto/**j**/**a**
paljon olut/**ta**
puoli tunti/**a**
kuppi kuuma/**a** kahvi/**a**
kaksi kuppi/**a** kylmä/**ä** tee/**tä**
lasi punaviini/**ä**
kilo omeno/**i**/**ta**
kaksi kilo/**a** appelsiine/**j**/**a**
joukko ihmis/**i**/**ä**
pari kenk/**i**/**ä**
pala leipä/**ä**
pussi sokeri/**a**

Wenn ein Ausdruck mit Zahlwort als Subjekt dient, steht das finite Verb in der 3. Person Singular.

3. Person Singular

Kaksi miestä kulke/**e** kadulla. (Vergleiche Miehet kulke/**vat** kadulla.)
Neljä pääministeriä kokoontu/**u** Helsinkiin. (Vergleiche Pääministerit kokoontu/**vat** Helsinkiin.)

Steht das Zahlwort in einem anderen Kasus als dem Nominativ, muß auch der ganze Zahlwortausdruck in diesem Kasus stehen (Kongruenz, § 52.2).

Kongruenz

    Ajamme Helsinkiin kahde/**lla** auto/**lla**.
    Minulla ei ole kolme/**a** velje/**ä**.
    Kirjoitin kirjan kuude/**ssa** viiko/**ssa**.

§ 33.5 *Partitiv bei Prä- und Postpositionen*

Es gibt mehrere Präpositionen und einige Postpositionen, bei denen Partitiv gebraucht wird, z. B. die Präpositionen *lähellä, ilman, ennen, pitkin, kohti, vasten* und die Postpositionen *kohtaan, varten*.

    Tuletko kotiin *ennen* joulu/**a**?
    Pertti selviää *ilman* auto/**a**.
    He kävelivät *pitkin* silta/**a**.
    Tunnen sääliä sinu/**a** *kohtaan*.
    Tä/**tä** *varten* olemme tulleet.

⑨ Genitiv, Possessivsuffixe und Akkusativ

Bildung des Genitivs
Gebrauch des Genitivs
Possessivsuffixe
Was der Akkusativ ist
Akkusativendungen
Adverbien der Menge anstelle eines Objekts

In diesem Kapitel werden zwei Kasus behandelt, Genitiv und Akkusativ, sowie die Possessivsuffixe, die eine von den Kasusformen zu unterscheidende Klasse sind. Der Akkusativ ist eigentlich keine konkrete Kasusform, sondern eine zusammenfassende Bezeichnung für diejenigen Kasus (Nominativ, Genitiv, -**t**-Akkusativ), die als Objektskasus im Gegensatz zum Partitiv stehen. Der Genitiv und die Possessivsuffixe haben miteinander Berührungspunkte, da beide oft einen Besitz ausdrücken.

§ 34 *Bildung des Genitivs*

§ 34.1 *Genitiv Singular*

-**n** Die Endung des Genitiv Singular ist immer -**n**, die an den Flexionsstamm angehängt wird. Da die Genitivendung nur aus einem Konsonanten besteht, verursacht sie meist Stufenwechsel (schwache Stufe) im Flexionsstamm (§ 15). Dies betrifft nicht die Nomina auf -**e** (§ 19) und bestimmte Nomina auf Konsonant (§ 20), bei denen die schwache Stufe in der Grundform und im Partitiv Singular auftritt, die starke Stufe hingegen in allen anderen Kasusformen.

> *Die Endung des Genitiv Singular ist* -**n**, *die an den Flexionsstamm angehängt wird.*

	Grundform	Genitiv	Vgl. §
	Rauno	Rauno/**n**	
	puu	puu/**n**	
	Suvikki	Suviki/**n**	
Beachte:	Kaisu	Kaisu/**n**	
Bildung des	teltta	telta/**n**	
Flexions-	tunti	tunni/**n**	
stammes!	onni	onne/**n**	18.2
	Suomi	Suome/**n**	18.2
	saari	saare/**n**	18.3
	tuli	tule/**n**	18.3
	käsi	käde/**n**	18.4
	varsi	varre/**n**	18.4
	laite	laittee/**n**	19
	kone	konee/**n**	19
	Järvinen	Järvise/**n**	20.1
	toinen	toise/**n**	20.1
	teos	teokse/**n**	20.2
	tehdas	tehtaa/**n**	20.3
	taivas	taivaa/**n**	20.3
	rakkaus	rakkaude/**n**	20.4
	puhelin	puhelime/**n**	20.5
	isätön	isättömä/**n**	20.6
	sävel	sävele/**n**	20.7
	mies	miehe/**n**	20.8
	kevät	kevää/**n**	20.8

Wenn man die Genitivform Singular eines Nomens kennt, erhält man immer den Flexionsstamm nach Abzug der -**n**-Endung. Die anderen Kasusformen werden durch Anhängen unten angegebener Numerus- und Kasusendungen an den so erhaltenen Stamm gebildet.

§ 34.2 *Genitiv Plural*

Der Genitiv Plural ist der komplizierteste aller Kasus im Finnischen. Die häufigsten Endungen sind -**den** (die man immer gegen die Endung -**tten** austauschen kann) sowie -**en**, die an den mit -**i**- versehenen Pluralstamm angehängt werden (§§ 16, 26). Bei einigen Flexionstypen wird auch die Endung -**ten** gebraucht, die an den Konsonantstamm

§ 34.2 Genitiv, Possessivsuffixe und Akkusativ

Singular angehängt wird (vor allem bei Wörtern wie **ihminen**, § 20.2). Im allgemeinen läßt sich die Bildung des Genitiv Plural mit der Bildung des Partitiv Plural vergleichen.

-**den** 1) *Der Genitiv Plural wird mit der Endung* -**den** *gebildet, wenn der Partitiv Plural mit der Endung* -**ta** ~ -**tä** *gebildet wird (also wenn im Flexionsstamm zwei Vokale stehen sowie bei einigen einsilbigen Wörtern, § 32.2).*

Grund- form	Flexions- stamm (Gen. Sg.)	§	Partitiv Plural	Genitiv Plural
maa	maa/n		ma/i/ta	ma/i/**den**
puu	puu/n		pu/i/ta	pu/i/**den**
vapaa	vapaa/n		vapa/i/ta	vapa/i/**den**
este	estee/n	19	este/i/tä	este/i/**den**
peite	peittee/n	19	peitte/i/tä	peitte/i/**den**
hammas	hampaa/n	20.3	hampa/i/ta	hampa/i/**den**
hidas	hitaa/n	20.3	hita/i/ta	hita/i/**den**
korkea	korkea/n		korke/i/ta	korke/i/**den**
tärkeä	tärkeä/n		tärke/i/tä	tärke/i/**den**
asia	asia/n		asio/i/ta	asio/i/**den**
lukija	lukija/n		lukijo/i/ta	lukijo/i/**den**
tavara	tavara/n		tavaro/i/ta	tavaro/i/**den**
peruna	peruna/n		peruno/i/ta	peruno/i/**den**
ankkuri	ankkuri/n		ankkure/i/ta	ankkure/i/**den** (oder ankkur/ien)
kukkula	kukkula/n		kukkulo/i/ta	kukkulo/i/**den**

freier Austausch | *Die Endung* -**den** *kann immer durch* -**tten** *ersetzt werden.*

Vergleiche also ma/i/**den** ~ ma/i/**tten**, este/i/**den** ~ este/i/**tten**, korke/i/**den** ~ korke/i/**tten** usw.

Genitiv, Possessivsuffixe und Akkusativ § 34.2

-en 2) | Der Genitiv Plural wird mit der Endung **-en** gebildet, wenn der Partitiv Plural mit der Endung **-a** ~ **-ä** gebildet wird (also wenn der Flexionsstamm auf einen kurzen Vokal nach Konsonant endet sowie bei einigen mehrsilbigen Wörtern, § 32.2).

	Grundform	Flexionsstamm (Gen. Sing.)	§	Partitiv Plural	Genitiv Plural
Beachte: Bei **tunti**-Wörtern **-i-**	katto	kato/n		katto/j/a	katto/j/**en**
	karhu	karhu/n		karhu/j/a	karhu/j/**en**
	kala	kala/n		kalo/j/a	kalo/j/**en**
	muna	muna/n		mun/i/a	mun/i/**en**
	isä	isä/n		is/i/ä	is/i/**en**
	tunti	tunni/n		tunte/j/a	tunti/**en**
	lasi	lasi/n		lase/j/a	lasi/**en**
	ovi	ove/n	18.2	ov/i/a	ov/i/**en**
	kaikki	kaike/n	18.2	kaikk/i/a	kaikk/i/**en**
	kieli	kiele/n	18.3	kiel/i/ä	kiel/i/**en**
	sieni	siene/n	18.3	sien/i/ä	sien/i/**en**
	käsi	käde/n	18.4	käs/i/ä	käs/i/**en**
	viisi	viide/n	18.4	viis/i/ä	viis/i/**en**
	hevonen	hevose/n	20.1	hevos/i/a	hevos/i/**en**
	nainen	naise/n	20.1	nais/i/a	nais/i/**en**
	kokous	kokukse/n	20.2	kokouks/i/a	kokouks/i/**en**
	sormus	sormukse/n	20.2	sormuks/i/a	sormuks/i/**en**
	totuus	totuude/n	20.4	totuuks/i/a	totuuks/i/**en**
	vaikeus	vaikeude/n	20.4	vaikeuks/i/a	vaikeuks/i/**en**
	avain	avaime/n	20.5	avaim/i/a	avaim/i/**en**
	työtön	työttömä/n	20.6	työttöm/i/ä	työttöm/i/**en**
	askel	askele/n	20.7	askel/i/a	askel/i/**en**
	mies	miehe/n	20.8	mieh/i/ä	mieh/i/**en**
Beachte: mehrsilbige Wörter!	hedelmä	hedelmä/n		hedelm/i/ä	hedelm/i/**en**
	sopiva	sopiva/n		sopiv/i/a	sopiv/i/**en**
	hämärä	hämärä/n		hämär/i/ä	hämär/i/**en**
	asema	asema/n		asem/i/a	asem/i/**en**
	opettaja	opettaja/n		opettaj/i/a	opettaj/i/**en**
	aurinko	auringo/n		aurinko/j/a	aurinko/j/**en**
	ammatti	ammati/n		ammatte/j/a	ammatti/**en**
	päällikkö	päällikö/n		päällikkö/j/ä	päällikkö/j/**en**

§ 35   Genitiv, Possessivsuffixe und Akkusativ

freier Wechsel   Bei vielen drei- und mehrsilbigen Wörtern können die beiden Endungen -**den** und -**en** in Frage kommen, wobei in einigen Fällen allerdings eine Verschiedenheit des Stufenwechsels zu beachten ist: päällikö/i/**den** ~ päällikkö/j/**en**, ammate/i/**den** ~ ammatti/**en**, ankkure/i/**den** ~ ankkuri/**en**.

Manchmal kann man den Genitiv Plural alternativ mit der Endung -**ten** bilden, die direkt an die auf Konsonant endende Grundform anschließt (§ 31.1, Gruppe c) oder an den Konsonantstamm, der gebildet wurde nach Wegfall des Vokals (§ 32.1, Gruppe b). Besonders häufig ist diese Endung bei den Wörtern wie **ihminen** (§ 20.1).

-ten   3) *Manchmal wird der Genitiv Plural mit der Endung -**ten** gebildet, die an den Konsonantstamm anschließt.*

Grundform	Flexionsstamm (Gen. Sing.)	§	Genitiv Plural	oder:
kieli	kiele/n	18.3	kiel/**ten**	kiel/i/**en**
pieni	piene/n	18.3	pien/**ten**	pien/i/**en**
nuori	nuore/n	18.3	nuor/**ten**	nuor/i/**en**
nainen	naise/n	20.1	nais/**ten**	(nais/i/**en**)
ruotsa-lainen	ruotsa-laise/n	20.1	ruotsa-lais/**ten**	ruotsa-lais/i/**en**
ostos	ostokse/n	20.2	ostos/**ten**	ostoks/i/**en**
hammas	hampaa/n	20.3	hammas/**ten**	hampa/i/**den**
kallis	kallii/n	20.3	kallis/**ten**	kalli/i/**den**
puhelin	puhelime/n	20.5	puhelin/**ten**	puhelim/i/**en**
askel	askele/n	20.7	askel/**ten**	askel/i/**en**
mies	miehe/n	20.8	mies/**ten**	mieh/i/**en**

§ 35 *Gebrauch des Genitivs*

Der Genitiv drückt oft den Besitzer, eine Zugehörigkeit zu jemandem oder zu etwas oder den Ursprung aus.

Besitzer usw.   Presidenti/**n** nimi on Koivisto.
Auli/**n** auto on keltainen.
Ihmise/**n** elämä on lyhyt.
Kaarle Kustaa on ruotsalais/**ten** kuningas.

Oletko juonut Aura/**n** olutta?
Mies/**ten** vaatteet ovat pohjakerroksessa.
Öljyma/i/**den** politiikka kovenee.
Kirjo/j/**en** sisältö on muuttunut.

Typisch für das Finnische sind Genitivausdrücke folgender Art, denen in vielen indoeuropäischen Sprachen Präpositionalkonstruktionen, Adjektivkonstruktionen oder Komposita entsprechen.

Beachte!

Turu/**n** kaupunki
Helsingi/**n** yliopisto
englanni/**n** kieli
Venäjä/**n** ulkoministeri
Summa/**n** taistelut
Niemise/**n** perhe
Virtase/**n** Reino

Lapi/**n** mies
maido/**n** hinta
Suome/**n** kansa
Pohjoisma/i/**den** neuvosto
Ranska/**n** vallankumous
kadu/**n** mies
ruotsi/**n** kiele/**n** opettaja
Espanja/**n** matka

als Subjektskasus

Außerdem tritt der Genitiv als Subjektskasus in Verbindung mit einigen solchen Verben auf, deren Bedeutung nezessiv *(täytyy, on pakko* u. a.) oder auf andere Weise modal ist (z. B. *kannattaa, sopii, onnistuu).*

Nezessivausdrücke u. a.

Minu/**n** täytyy lähteä.
He/i/**dän** täytyy lähteä.
Saksalais/**ten** täytyy lähteä.
Suome/**n** kannattaa yrittää.
Vireni/**n** onnistui voittaa.
Mies/**ten** on pakko poistua.
Sinu/**n** ei pidä uskoa kaikkea.

(Diese Genitive werden in traditionellen finnischen Grammatiken nicht immer als Subjekt analysiert, sondern als Dativadverbiale. Die zwei Grundkasus des Subjekts im Finnischen sind Nominativ und

Partitiv (§§ 25.3, 33.1).) Der Genitiv tritt als Subjektskasus (traditionell: Dativadverbial) auch bei solchen Ausdrücken auf wie *on hyvä*, *on paha* und *on hauska*.

on hyvä usw.
    Minu/**n** on hyvä olla.
    Mauno/**n** oli hauska päästä kotiin.
    Suomalais/**ten** oli paha palata.
    Mikä Tuula/**n** on?

Der Genitiv tritt auch als Subjektskasus der meisten Satzäquivalente auf.

Satzäquivalente
    Talve/**n** tullessa ...
    Kesä/**n** tultua ...
    kaikki/**en** tuntema kirjailija
    Näin Ulla/**n** tulevan.
    Huomasin Kalle/**n** tulleen.

Schließlich treten viele Postpositionen mit Genitiv-Ausdrücken auf.

Postposition mit Genitiv
    pöydä/**n** *alla*
    kesä/**n** *aikana*
    auto/**n** *jäljessä*
    huonee/**n** *keskellä*
    äidi/**n** *luo*
    Virolaise/**n** *mielestä*
    talo/**n** *sisällä*
    raha/**n** *tähden*
    isä/**n** *vieressä*
    tämä/**n** *yhteydessä*
    tori/**n** *ympärillä*

§ 36 *Possessivsuffixe*

Im Finnischen gibt es keine eigentlichen Possessivpronomen, die das Besitzverhältnis verschiedener grammatischer Personen ausdrücken würden, sondern diesen entsprechen die Genitivformen der Personalpronomen.

minä	**minu/n**
sinä	**sinu/n**
hän	**häne/n**
me	**mei/dän**
te	**tei/dän**
he	**hei/dän**

An das Wort, das den Besitz bezeichnet, muß außerdem eine besondere Endung, das Possessivsuffix, angehängt werden, von dem es für jede Person ein eigenes gibt (Kongruenz; die 3. Person Singular und Plural haben die gleiche Endung).

Possessiv-
suffixe

	Singular	Plural
1. Person	**-ni**	**-mme**
2. Person	**-si**	**-nne**
3. Person	**-nsa ~ -nsä**	

> *Die genitivförmigen Personalpronomen der 1. und 2. Person können weggelassen werden, wenn sie mit dem Possessivsuffix kombiniert werden.*

(minun) velje/**ni**
(minun) äiti/**ni**

(sinun) sisare/**si**
(sinun) tyttäre/**si**

hänen poika/**nsa**
hänen isä/**nsä**

(meidän) talo/**mme**
(meidän) perhee/**mme**

(teidän) paikka/**nne**
(teidän) kirja/**nne**

heidän talo/**nsa**
heidän ystävä/**nsä**

Der Wegfall der Pronomen der 1. und 2. Person ist besonders dann häufig, wenn im Satz die Person des Subjekts mit der des Possessivausdrucks identisch ist und der Possessivausdruck eine andere Funktion hat (z. B. Objekt).

§ 36 Genitiv, Possessivsuffixe und Akkusativ

>Otan kirja/**ni**.
>Myyttekö auto/**nne**?
>Löydätkö avaime/**si**?
>Teemme parhaa/**mme**.
>Emme muuta asunno/sta/**mme**.

Die genitivförmigen Pronomen der 3. Person kann man im allgemeinen nur dann weglassen, wenn sie sich auf das Subjekt des Satzes beziehen; dabei entsprechen sie den Reflexivpronomen in manchen anderen Sprachen.

>Hän ajaa auto/**nsa** kotiin.
>Kalle ajaa auto/**nsa** kotiin.
>He juovat olue/**nsa**.
>Miehet juovat olue/**nsa**.
>Presidentti lähtee linna/a/**nsa**.

Vergleiche die folgenden Sätze, in denen das Pronomen der 3. Person nicht auf das Subjekt des Satzes hinweist:

>Kalle ajaa *hänen* auto/**nsa** kotiin.
>Amerikkalaiset tapaavat *heidän* edustaja/**nsa**.

Im Wortaufbau stehen die Possessivsuffixe immer nach den Kasusendungen, aber vor den Anhängepartikeln.

Possessivsuffix nach Kasus

>auto/lla/**ni**
>auto/sta/**si**
>maa/ta/**mme**
>poika/**nne**/kin
>äidi/ltä/**ni**/hän
>isä/lle/**si**/kö

Steht das Possessivsuffix nach einer solchen Kasusendung, die auf Konsonant endet, tritt folgender Schwund ein:

Schwund des Endkonsonanten

> *Der Endkonsonant der Kasusendung fällt weg, wenn ihm ein Possessivsuffix folgt.*

Dieser Schwund betrifft vor allem das **-n** von Genitiv Singular und Plural (**-den**, **-tten**, **-ten**, **-en**), das **-t** des Nominativ Plural sowie die Illativformen auf **-Vn**, **-hVn**, **-seen**, **-siin**.

Stamm + Kasus	Stamm + Kasus + Possessivsuffix
laiva/**n**	laiva/ /ni
tytö/**n**	tyttö/ /mme
talo/**t**	talo/ /nne
lauku/**t**	laukku/ /si
auto/**on**	auto/**o**/ni
maa/**han**	maa/**ha**/nsa

Beachte besonders, daß wegen des Schwundes des Endkonsonanten vor dem Possessivsuffix mehrere Kasusformen zusammenfallen: dies sind Nominativ Singular und Plural, Akkusativ Singular und Plural sowie Genitiv Singular.

Zusammenfall der Formen

Veneeni on uusi.
Veneeni ovat uudet.
Veneeni nimi on Tarantella.

Oletko nähnyt *veneeni?* (d. h. Singular)
Oletko nähnyt *veneeni?* (d. h. Plural)

Beachte besonders die Kongruenz des Verbs, die die beiden ersten Sätze unterscheidet (einerseits *on*, andererseits *ovat*). Aus den oben dargestellten Regeln geht hervor, daß direkt vor dem Possessivsuffix kein Stufenwechsel auftritt; vgl. die Flexion des Substantivs *laukku:*

(minun) lau**kk**u/ni	(meidän) lau**kk**u/mme
(sinun) lau**kk**u/si	(teidän) lau**kk**u/nne
hänen lau**kk**u/nsa	heidän lau**kk**u/nsa

Zum Beispiel bedeutet *(minun) laukku/ni* wegen des Konsonantenschwundes 'minun yksi laukkuni' (Nom. Sing.), 'minun useat laukkuni' (Nom. Pl.) und 'minun laukun' (Gen. Sing.).

Im Nominativ Singular wird das Possessivsuffix immer an den Flexionsstamm (starke Stufe) angehängt.

§ 37   Genitiv, Possessivsuffixe und Akkusativ

	Grundform	Flexions- stamm + Possessiv- suffix	Vgl. §
Flexions- stamm + Possessiv- suffix	ovi ääni käsi kone hevonen kysymys kirves	ove/mme ääne/si käte/ni konee/nne hevose/nsa kysymykse/si kirvee/nsä	18.2 18.3 18.4 19 20.1 20.2 20.3

-**Vn** in der
3. Person

Wenn das Possessivsuffix der 3. Person nach einer Kasusendung auftritt, die auf kurzen Vokal endet, ist ihre Form meist -**Vn** (Vokal + **n**), wobei der Vokal mit dem vorangehenden identisch ist. Wahlweise tritt dabei manchmal auch Possessivsuffix -**nsa** ~ -**nsä** auf, das sonst immer nach anderen als den gerade erwähnten Kasusendungen auftritt.

heidän talo/ssa/**an**
hänen auto/lla/**an**
heidän isä/lle/**en**
hänen äidi/ltä/**än**
pää/tä/**än**
maa/ta/**an**

Vergleiche die folgenden Formen, bei denen vor dem Possessivsuffix der 3. Person kein Kasus steht, der auf Konsonant + Vokal endet:

heidän talo/o/**nsa** (-on)
hänen auto/**nsa** (-on)
heidän isä/ä/**nsä** (-än)
hänen äiti/**nsä**

§ 37 *Was der Akkusativ ist*

Der Akkusativ ist keine eigentliche einheitliche morphologische Kasusform, sondern eine zusammenfassende Bezeichnung für einige andere Kasus, wenn diese als Objektskasus des Satzes vorkommen. Die betreffenden Kasus sind der Nominativ Singular, der natürlich keine Endung hat, der Genitiv Singular mit der Endung **-n**, die eigenständige Akkusativendung **-t** der Personalpronomen sowie das **-t** des Nominativ Plural. Der Akkusativ, mit anderen Worten die oben erwähnten Kasus, steht als Objektskasus im Gegensatz zum Partitiv.

Wenn man den Objektskasus wählen soll, muß immer zuerst festgestellt werden, ob irgendeine der Bedingungen für ein Partitivobjekt erfüllt wird (§ 33.2); in diesem Falle muß als Objektskasus der Partitiv gebraucht werden. Der Partitiv ist also als Objektskasus „stärker" als der Akkusativ. Erst danach, wenn keine der Bedingungen für ein Partitivobjekt zutrifft, muß entschieden werden, welche der Akkusativendungen in Frage kommt.

> *Das Objekt steht im Partitiv, wenn irgendeine der Partitivbedingungen (§ 33.2) zutrifft; wenn nicht, wird eine der Akkusativendungen (Ø, -n, -t) verwendet.*

Das Partitivobjekt tritt in drei Fällen auf:
    a) im verneinenden Satz,
    b) wenn die vom Verb ausgedrückte Handlung irresultativ ist und
    c) wenn das Objekt eine unbestimmte Menge bezeichnet.

    a) En tunne tuo/**ta** mies/**tä**.
        Risto ei lue sanomalehte/**ä**.
    b) Reino lukee hyvä/**ä** kirja/**a**.
        He katsovat ottelu/**a**.
    c) Opiskelemme suomen kiel/**tä**.
        Ostatteko olut/**ta**?

Der Akkusativ kommt als Objektskasus nur dann in Frage, wenn
    a) der Satz bejahend ist und zusätzlich
    b) die vom Verb ausgedrückte Handlung resultativ ist oder
    c) das Objekt eine Ganzheit oder bestimmte Menge ausdrückt.

Im Falle c) kann man den Akkusativ mit dem Nominativ als Subjektskasus vergleichen (§ 25.3).

§ 38 Genitiv, Possessivsuffixe und Akkusativ

Bedeutung

> *Der Akkusativ drückt in bejahenden Sätzen*
> *a) resultative Handlung*
> *b) Ganzheit oder bestimmte Menge*
>   *aus.*

Akkusativobjekt

a) Tuula kirjoittaa kirjee/**n**.
   Hän kantoi kassi/**n** kotiin.
   Suurensin valokuva/**n**.
b) Ostin leivä/**n**.
   Syötkö kala/**n**?
   Tunnen ruotsalaise/**t**.

Partitivobjekt

Tuula kirjoittaa kirje/**ttä**.
Hän kantoi kassi/**a**.
Suurensin valokuva/**a**.
Ostin leipä/**ä**.
Syötkö kala/**a**?
Tunnen ruotsalais/i/**a**.

Die verschiedenen Endungen des Akkusativs Ø, **-n**, **-t** haben alle die gleichen grundlegenden Bedeutungen. Im folgenden Abschnitt wird erklärt, welche Umstände das Auftreten welcher Endung bestimmen.

§ 38 *Akkusativendungen*

Wann tritt welche Akkusativendung auf? Man kann drei Regeln aufstellen:

1)
> *Das -t des Akkusativs steht immer als Objektskasus*
> *a) im Plural*
> *b) bei Personalpronomen.*

-t im Plural

a) Luen kirja/**t**.
   Kansa valitsee kansanedustaja/**t**.
   Vien kirjee/**t** postiin.
   Isä vie lapse/**t** kouluun.
   Vie lapse/**t** kouluun!
   Lapse/**t** vietiin kouluun.
   Tunnetko nämä maa/**t**?
   Seija avasi ikkuna/**t**.
   Hallitus korvaa vahingo/**t**.
   Huomenna ostan uude/**t** kengä/**t**.
   Minun täytyy ostaa kirja/**t**.

Der Gebrauch des -t des Plurals folgt in diesen Fällen den gleichen Regeln wie das -t des Plurals des Subjekts (§ 25.3).

Auch die Personalpronomen bekommen, wenn sie als Objekt auftreten, die Endung -t: *minu/t, sinu/t, häne/t; meidä/t, teidä/t, heidä/t.*

    b) Risto vei minu/t elokuviin.
       Vie minu/t elokuviin!
       Oletko nähnyt häne/t?
       Neiti Mäkinen saattaa teidä/t ovelle.
       Saatanko sinu/t kotiin?
       Kyllä Tuula tuntee heidä/t.
       Kekkonen kutsui meidä/t linnaan.
       Tuo häne/t tänne!
       Minu/t vietiin elokuviin.

Steht das Objekt im Singular (und ist keines der Personalpronomen *minä : minu/t, sinä : sinu/t, hän : häne/t)*, gibt es zwei verschiedene Fälle. Manchmal ist die Objektendung -n, manchmal gibt es gar keine Endung, Ø. Singularisches Objekt ist endungslos, wenn das Prädikatsverb in der 1. oder 2. Person des Imperativs steht, im Passiv oder ein Verb ist, das ein Müssen bezeichnet, bei dem das Subjekt im Genitiv steht (§ 35). In allen anderen Fällen erhält das singularische Objekt die Endung -n.

2) *Das singularische Objekt*
   a) erhält meistens die Endung **-n**
   b) ist in der 1. und 2. Person Imperativ, im Passiv und bei einigen Ausdrücken des Müssens endungslos.

-n
    (Minä) ostan kirja/**n**.
    Tunsitko Olli Nuutise/**n**?
    Isä vie lapse/**n** kouluun.
    Irma avaa ikkuna/**n**.
    Join kupi/**n** kahvia ja söin leivokse/**n**.
    Hallitukse/**n** muodostaa Martti Miettunen.
    Ilkka ostaa sormukse/**n** vaimolleen.
    Pekka Pekkanen saa paika/**n**.
    Poliisit pysäyttävät liikentee/**n**.
    Kommunistit esittävät uude/**n** ehdotukse/**n**.
    Rakennamme tehtaa/**n** Tampereelle.

§ 38   Genitiv, Possessivsuffixe und Akkusativ

ohne Endung

Osta *kirja*!
Ostakaa *kirja*!
Ostakaamme *kirja*!
Kirjoita *kirje* loppuun!
Viekää *koira* pois!
Ostettiin *kirja*.
Ostetaan *kirja*.
Koira vietiin pois.
Onko *kirje* kirjoitettu loppuun?
Kalle Nieminen nähtiin viimeksi Kuopiossa.
Minun täytyy ostaa *kirja*.
Sinun on pakko viedä *kirje* postiin.
Nyt *koira* on vietävä ulos.
Teidän pitäisi tavata *Raija*.
Meidän täytyy hyväksyä *tämä*.

Die dritte wichtige Akkusativregel betrifft die Zahlwörter:

3) | *Zahlwörter (außer eins) haben keine Akkusativendung.*

Kadulla näin *kolme* ihmistä.
Saanko *kaksi* tuoppia olutta?
Väinö söi *kuusi* appelsiinia.
Kansa valitsee *kaksisataa* kansanedustajaa.

Aber: Saanko yhde/**n** kupi/**n** kahvia?
Reijo lainaa yhde/**n** kirja/**n**.

Man beachte noch, was oben (§ 36) über das Auftreten der Possessivsuffixe festgestellt wurde: wegen des Konsonantenschwundes fallen bestimmte Formen zusammen.

	Ohne Possessivsuffix	Mit Possessivsuffix
Akkusativ und Possessivsuffixe	Ostin auto/**n**. Ostin auto/**t**. Ostin auto/**n** moottorin.	Ostin auto/**ni**. Ostin auto/**ni**. Ostin auto/**ni** moottorin.

Schließlich muß noch unterstrichen werden, daß die Partitivregeln immer die Akkusativregeln „besiegen". Zum Beispiel steht in verneinenden Sätzen das Objekt immer im Partitiv ungeachtet dessen, was das Akkusativobjekt des entsprechenden bejahenden Satzes wäre.

	Bejahend (Akk.)	Verneinend (Part.)
Partitiv „siegt"	Luen kirja/t.	En lue kirjo/j/a.
	Tunnen nämä maa/t.	En tunne nä/i/tä ma/i/ta.
	Risto vie minu/t elokuviin.	Risto ei vie minu/a elokuviin.
	Näen häne/t.	En näe hän/tä.
	Ostan kirja/n.	En osta kirja/a.
	Pekka Virtanen saa paika/n.	Pekka Virtanen ei saa paikka/a.
	Sinun on pakko viedä *kirje* postiin.	Sinun ei ole pakko viedä kirje/**ttä** postiin.
	Pertti ostaa *neljä* vihkoa.	Pertti ei osta neljä/ä vihkoa.
	Juotko *kaksi* kuppia kahvia?	Etkö juo kah/**ta** kuppia kahvia?

§ 39 *Adverbien der Menge anstelle eines Objekts*

Es gibt einige Adverbien der Menge, die insofern mit eigentlichen Objekten verwandt sind, als sie Partitiv- und Akkusativendungen nach den üblichen Objektregeln bekommen. Diese Ausdrücke antworten z. B. auf die Fragen „wie lange", „wie weit", „wie oft" und „zum wievielten Male".

Olen Suomessa viiko/**n**.
En ole Suomessa viikko/**a**.
Ole Suomessa *viikko*!
Suomessa ollaan *viikko*.
Viren juoksee kilometri/**n**.
Viren ei juokse kilometri/**ä**.
Juokse *kilometri*!
Olen nähnyt hänet *kaksi* kertaa.
En ole nähnyt häntä kah/**ta** kertaa.

10 Die sechs Lokalkasus

Allgemeines
Inessiv
Elativ
Illativ
Adessiv
Ablativ
Allativ
Verben der Veränderung
Zu einigen Ortsnamen

§ 40 *Allgemeines*

Von den fünfzehn Kasus der finnischen Sprache bilden sechs ein einheitliches Teilsystem insofern, als sie in ihren Grundbedeutungen *Ort* und *Richtung* ausdrücken. Diese Kasus bilden das Lokalkasussystem im Finnischen.

Die betreffenden Kasus sind der Inessiv auf **-ssa ~ -ssä**, der Elativ auf **-sta ~ -stä**, der Illativ auf **-Vn ~ -hVn ~ -seen ~ -siin**, der Adessiv auf **-lla ~ -llä**, der Ablativ auf **-lta ~ -ltä** und der Allativ auf **-lle**.

Die Struktur des Grundsystems ist zweidimensional. Die eine Dimension ist der Ort: ob etwas „innerhalb" von etwas ist (oder in direkter Berührung) oder „außerhalb". Die andere Dimension ist die Richtung der Handlung: ob etwas „an einem Ort" ist, ob es sich bewegt „auf etwas hin" oder ob es sich bewegt „von etwas weg". Die sechs Lokalkasus kann man auf folgende Weise ordnen; nur eine Endungsvariante ist im Schema enthalten.

		Ort	
		innerhalb	außerhalb
Richtung	am Ort	-ssa	-lla
	weg von	-sta	-lta
	hin zu	-Vn	-lle

Der Gebrauch der Lokalkasus geht aus nebenstehend schematisch dargestelltem Haus hervor; *x* zeigt an, daß etwas „am Ort" ist.

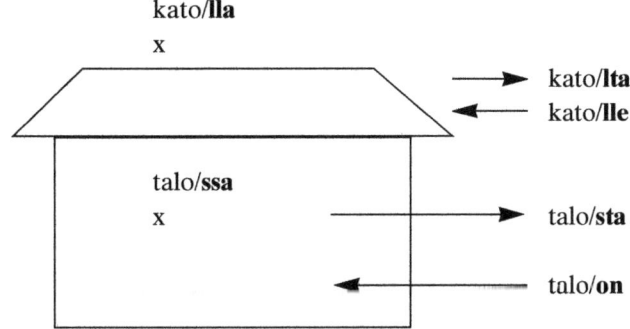

|weitere Bedeutungen| Man muß sich merken, daß die Lokalkasus noch viele andere Bedeutungen haben als lediglich die Bezeichnung von Ort und Richtung. Einige von ihnen bezeichnen z. B. Zeit, Grund, Instrument oder Art und Weise.

§ 41 *Inessiv*

Da die Inessivendung mit zwei Konsonanten beginnt, sind die Regeln des Stufenwechsels (§ 15) normal. Bei Wörtern wie *vene* (§ 19) und solchen, deren Grundform auf Konsonant endet (§ 20), steht der Flexionsstamm in der starken Stufe.

|Grundbedeutung| *Die Grundbedeutung des Inessivs ist „sich in etwas befinden", manchmal „direkte Berührung".*

Grund- form	Inessiv Singular	Inessiv Plural
talo	talo/**ssa**	talo/i/**ssa**
puu	puu/**ssa**	pu/i/**ssa**
maa	maa/**ssa**	ma/i/**ssa**
tunti	tunni/**ssa**	tunne/i/**ssa**
kivi	kive/**ssä**	kiv/i/**ssä**

§ 41   Die sechs Lokalkasus

käsi	käde/**ssä**	käs/i/**ssä**
liike	liikkee/**ssä**	liikke/i/**ssä**
nainen	naise/**ssa**	nais/i/**ssa**
ajatus	ajatukse/**ssa**	ajatuks/i/**ssa**
syvyys	syvyyde/**ssä**	syvyyks/i/**ssä**
avain	avaime/**ssa**	avaim/i/**ssa**

Es ist ziemlich selten, daß der Inessiv eine direkte Berührung ausdrückt. Es gibt jedoch einige übliche derartige Ausdrücke.

direkte Berührung

Minulla on sukat jala/**ssa**.
Pekalla on hansikkaat käde/**ssä**.
Venee/**ssä** on kaksi mastoa.
Tuopi/**ssa** on korvat.
Onko sinulla hattu pää/**ssä**?
Laiva on laituri/**ssa**.

Der Inessiv ist üblich bei Zeitbestimmungen, wobei er die Zeit bezeichnet, während deren Verlauf die Handlung geschieht.

Zeitbestimmungen

Luin kirjan tunni/**ssa**.
Pimenee kymmene/**ssä** minuuti/**ssa**.
Hän luki lääkäriksi viide/**ssä** vuode/**ssa**.
Päivä/**ssä** pääsee Helsingistä Kuopioon.
Tulen Norjaan ensi kuu/**ssa**.

Manchmal drückt der Inessiv eine Substanz oder ähnliches aus, die etwas bedeckt.

Talo on tule/**ssa**.
Nenä oli vere/**ssä**.
Aurajoki on jää/**ssä**.
Lasi on huurtee/**ssa**.

Die Kongruenzregeln funktionieren normal: Pronominal- und Adjektivbestimmungen werden im gleichen Kasus und Numerus flektiert wie das Hauptwort (§ 31).

Kongruenz

iso/**ssa** talo/**ssa**
tä/**ssä** talo/**ssa**
piene/**ssä** auto/**ssa**

iso/*i*/**ssa** talo/*i*/**ssa**
tavallise/**ssa** liikkee/**ssä**
tavallis/*i*/**ssa** liikke/*i*/**ssä**
toise/**ssa** maa/**ssa**
tois/*i*/**ssa** ma/*i*/**ssa**

§ 42 *Elativ*

Die Elativendung ist -**sta** ~ -**stä**, die wie die des Inessivs an den Flexionsstamm angehängt wird und Stufenwechsel auslöst. Die Grundbedeutung des Elativs ist „aus dem Inneren heraus".

Grundbe-
deutung

> *Grundbedeutung des Elativs ist „aus dem Inneren heraus", manchmal „Ursprung" oder „Richtung weg von der Oberfläche".*

Grund- form	Elativ Singular	Elativ Plural
talo	talo/**sta**	talo/i/**sta**
maa	maa/**sta**	ma/i/**sta**
kivi	kive/**stä**	kiv/i/**stä**
vesi	vede/**stä**	ves/i/**stä**
ihminen	ihmise/**stä**	ihmis/i/**stä**
tiede	tietee/**stä**	tiete/i/**stä**

Folgende Satzbeispiele veranschaulichen die Grundbedeutung des Elativs.

aus dem
Inneren
heraus

Sylvi nousee sängy/**stä** kello 8.
Noudan paketin posti/**sta**.
Mi/**stä** Teuvo tulee?
Hän tulee Kemi/**stä**.
Nousemme juna/**sta** satamassa.
Älä juo olutta pullo/**sta**!
Pekka tulee koulu/**sta**.
Merimiehet karkasivat laiva/**sta**.
Vesi loppuu kaivo/**sta**.
Tulen hammaslääkäri/**stä**.

§ 42   Die sechs Lokalkasus

Mi/**stä** löysit kynäsi?
Otan hatun pää/**stä**/ni.
Jyväskylä/**stä** Helsinkiin.
Johtaja on palannut Brasilia/**sta**.

Der Elativ tritt auch als Kasus der adverbialen Bestimmung bestimmter Verben auf. Diese Verben drücken z. B. Sprechen, Schreiben, Denken, Verstehen und Fühlen aus.

abstrakterer Elativ

Pentti kertoo matka/**sta**/an.
Hän puhuu kokemuks/i/**sta**/an.
Mitä ajattelet Vennamo/**sta**?
Mitä luulet tä/**stä**?
En pidä musta/**sta** kahvi/**sta**.
Minä pidän Liisa/**sta**.
Mi/**stä** sen tiedät?

Der Elativ kann auch Substanz, Ursprung und Anlaß bezeichnen.

Substanz, Ursprung, Anlaß

Pöytä on tehty puu/**sta**.
Teen puvun villa/**sta**.
Häne/**stä** tulee lääkäri.
Isä/**stä** poikaan.
Kolme/**sta** neljään kilometriä.
Witold on Puola/**sta**.
Lapsi itkee pelo/**sta**.
Hän hymyili onne/**sta**.
Mi/**stä** syy/**stä** Ahti lähti?

Man beachte auch noch die folgenden Funktionen des Elativs:

besondere Ausdrücke

Kaksi te/i/**stä**.
Viisi nais/i/**sta**.
Kiitos ruua/**sta**.
Haluan kiittää kahvi/**sta**.
Maksan 100 mk taki/**sta**.
Minu/**sta** hän on sairas.
Kaino/**sta** meidän pitäisi lähteä.
Aamu/**sta** iltaan.
Hän on ollut täällä viime vuode/**sta**.

Die Kongruenzregeln gelten wie üblich (§ 31):

Kongruenz

piene/**stä** talo/**sta**
varhaise/**sta** aamu/**sta**
tä/**stä** auto/**sta**
mu/*i*/**sta** ma/*i*/**sta**

§ 43 *Illativ*

Der Illativ hat drei verschiedene Endungen: **-Vn** und **-hVn** (wobei „V" immer der gleiche Vokal wie der letzte davor ist) sowie **-seen**. Im Plural tritt außerdem manchmal die Endung **-siin** auf. Vor der Illativendung gibt es keinen Stufenwechsel (§ 15). Die Grundbedeutung ist „in hinein".

Grundbedeutung

> *Grundbedeutung des Illativs ist „(Richtung) in hinein", manchmal „Endpunkt einer Veränderung oder Bewegung".*

1) **-Vn**

> *Die Endung **-Vn** tritt nach solchen Flexionsstämmen auf, die auf kurzen Vokal enden (auch im Plural; endet der Pluralstamm auf zwei Vokale, ist die Endung **-hVn**).*

Grund- form	Illativ Singular	Illativ Plural
talo	talo/**on**	talo/i/**hin**
koulu	koulu/**un**	koulu/i/**hin**
kaupunki	kaupunki/**in**	kaupunke/i/**hin**
lehti	lehte/**en**	leht/i/**in**
kivi	kive/**en**	kiv/i/**in**
käsi	käte/**en**	käs/i/**in**
meri	mere/**en**	mer/i/**in**
kunta	kunta/**an**	kunt/i/**in**
ihminen	ihmise/**en**	ihmis/i/**in**
ajatus	ajatukse/**en**	ajatuks/i/**in**
avain	avaime/**en**	avaim/i/**in**
korkea	korkea/**an**	korke/i/**hin** (-siin)
sairaala	sairaala/**an**	sairaalo/i/**hin**

§ 43   Die sechs Lokalkasus

2) -hVn

> Die Endung -**hVn** tritt nach einsilbigen Flexionsstämmen auf (sowohl im Singular wie im Plural) sowie nach solchen Pluralstämmen, die auf zwei Vokale enden.

maa	maa/**han**	ma/i/**hin**
tie	tie/**hen**	te/i/**hin**
työ	työ/**hön**	tö/i/**hin**
suu	suu/**hun**	su/i/**hin**
tämä	tä/**hän**	nä/i/**hin**
tuo	tuo/**hon**	no/i/**hin**
joka	jo/**hon**	jo/i/**hin**
mikä	mi/**hin**	mi/**hin**
pullo	pullo/on	pullo/i/**hin**
kala	kala/an	kalo/i/**hin**
vaikea	vaikea/an	vaike/i/**hin** (-**siin**)
purkki	purkki/in	purkke/i/**hin**

3) -seen

> Die Endung -**seen** tritt nach solchen mehrsilbigen Flexionsstämmen auf, die auf langen Vokal enden; im Plural steht dann entweder -**siin** oder -**hin**.

Grundform	Illativ Singular	Illativ Plural
vapaa	vapaa/**seen**	vapa/i/**siin** (-**hin**)
harmaa	harmaa/**seen**	harma/i/**siin** (-**hin**)
perhe	perhee/**seen**	perhe/i/**siin** (-**hin**)
tiede	tietee/**seen**	tiete/i/**siin** (-**hin**)
rikas	rikkaa/**seen**	rikka/i/**siin** (-**hin**)
taivas	taivaa/**seen**	taiva/i/**siin** (-**hin**)

Die folgenden Beispiele veranschaulichen den Illativgebrauch in seiner Grundbedeutung.

„in hinein"   Isä ajaa auton autotalli/**in**.
Panetko sokeria kahvi/**in**?
Hän pani avaimen lukko/**on**.
Kyllä minä vastaan puhelime/**en**.

Lähetän kirjeen Tukholma/**an**.
Seija laski paketin maa/**han**.
Kesällä aion matkustaa Tanska/**an**.
Kuningatar lähtee Lontoo/**seen**.
Lintu rakensi pesänsä puu/**hun**.
Mi/**hin** ma/i/**hin** Kalle lähtee tänä vuonna?
Aurinko laskee länte/**en**.
Aamulla kaikki menevät työ/**hön**.
Pekka menee koulu/**un**.
Aion mennä sänky/**yn**.
Muutamme uute/**en** paikka/**an**.
Nixon ei joutunut vankila/**an**.

Der Illativ kann auch den Endpunkt einer Bewegung oder Veränderung bedeuten oder eine Oberfläche, auf die sich eine Bewegung richtet und mit der sie in direkte Berührung kommt.

Endpunkt, direkte Berührung

Käte/**en** tuli haava.
Lamppu ripustetaan katto/**on**.
Emäntä panee ruuan pöytä/**än**.
Lapsi panee lakin pää/**hän**.
Pane kengät jalka/**an**!
Opettaja löi nyrkin pöytä/**än**.

Der Illativ tritt auch bei Zeitbestimmungen auf und drückt dabei den späteren von zwei Zeitpunkten sowie die Zeit aus, während deren Verlauf eine Handlung nicht geschehen ist.

Zeitbestimmungen

Viikosta viikko/**on**.
Aamusta ilta/**an**.
Tammikuusta maaliskuu/**hun**.
En ole käynyt Ruotsissa vuote/**en**.
Pekka ei ollut kotona kolme/**en** viikko/**on**.

Die Kongruenzregeln funktionieren wie üblich.

Kongruenz

piene/**en** kaupunki/**in**
pien/*i*/**in** kaupunke/*i*/**hin**
korkea/**an** puu/**hun**
kaikk/*i*/**in** kone/*i*/**siin**

Der Endkonsonant des Illativs fällt vor Possessivsuffix (§ 36) weg.

Endkonsonant fällt weg	talo/**on** talo/**o**/ni talo/**o**/mme talo/i/**hin** talo/i/**hi**/nne

§ 44 *Adessiv*

Die drei oben behandelten Kasus, Inessiv, Elativ und Illativ, bilden das Teilsystem der inneren Lokalkasus: *talo/ssa, talo/sta, talo/on*. Adessiv, Ablativ und Allativ wiederum bilden das Teilsystem der äußeren Lokalkasus, vgl. *kadu/lla, kadu/lta, kadu/lle* sowie *Peka/lla, Peka/lta, Peka/lle*.

Die Endung des Adessivs ist **-lla ~ -llä**, die an den Flexionsstamm im Singular und Plural angehängt wird und Stufenwechsel auslöst.

Grundbedeutung	*Der Adessiv hat häufig die Bedeutung „auf etwas" oder „in der Nähe von etwas" befindlich sein, ferner bezeichnet er den „Besitzer" oder das „Instrument", mit dem eine Handlung durchgeführt wird.*

Grundform	Adessiv Singular	Adessiv Plural
pöytä	pöydä/**llä**	pöyd/i/**llä**
katu	kadu/**lla**	kadu/i/**lla**
auto	auto/**lla**	auto/i/**lla**
ihminen	ihmise/**llä**	ihmis/i/**llä**
kone	konee/**lla**	kone/i/**lla**
vastaus	vastaukse/**lla**	vastauks/i/**lla**

Die Grundbedeutungen des Adessivs gehen aus folgenden Sätzen hervor:

„auf etwas"	Matto on lattia/**lla**. Kupit ovat pöydä/**llä**. Onko juna jo asema/**lla**? Vaatteeni ovat tuoli/**lla**. Auto on jo lauta/**lla**.

„in der Nähe von"	Kokous on Ylioppilastalo/**lla**. Vainikkala on Venäjän raja/**lla**. Penkki on peräseinä/**llä**. Puukko on vyö/**llä**.
„Besitzer"	Poja/**lla**/ni on kolme lasta. Minu/**lla** ei ole rahaa. Perti/**llä** on uusi vene. Isä/**llä** on harmaat hiukset.
„Instrument"	Matkustamme Kuopioon juna/**lla**. Hän kirjoittaa kynä/**llä**. Syön keittoa lusika/**lla**.

Der Adessiv erscheint auch bei Zeitbestimmungen, vor allem bei solchen, bei denen das die Zeit ausdrückende Hauptwort kein voranstehendes Attribut hat (eine Zeitbestimmung, zu der ein voranstehendes Attribut gehört, steht meist im Essiv auf -**na** ~ -**nä**, § 49). Wenn als Hauptwort eines der Wörter *hetki, tunti, viikko, kausi* oder *vuosisata* steht, ist der Kasus trotzdem immer der Adessiv.

Zeitbestimmungen	Talve/**lla** voi hiihtää. Päivä/**llä** teen työtä. Yö/**llä** pitäisi nukkua. Tä/**llä** hetke/**llä** en voi tulla. Viime tunni/**lla** puhuimme objektista. Ensi viiko/**lla** lähden Lappiin.

Der Adessiv kann auch eine Art und Weise ausdrücken.

„Art und Weise"	Tä/**llä** tava/**lla** ei voi tehdä. Puhukaa kova/**lla** ääne/**llä**! Tulen miele/**llä**/ni.

Die Attribute kongruieren normal.

Kongruenz	kolme/**lla** auto/**lla** pitkä/**llä** kadu/**lla** tä/**llä** pöydä/**llä** vanha/**lla** miehe/**llä**

§ 45 *Ablativ*

Die Ablativendung ist **-lta** ~ **-ltä**, die an den Flexionsstamm im Singular und Plural angehängt wird und Stufenwechsel auslöst.

Grundbedeutung	*Der Ablativ bezeichnet eine Bewegung „von der Oberfläche" oder „aus der Nähe" oder „von jemandem weg".*

Grundform	Ablativ Singular	Ablativ Plural
maa	maa/**lta**	ma/i/**lta**
pöytä	pöydä/**ltä**	pöyd/i/**ltä**
meri	mere/**ltä**	mer/i/**ltä**
ihminen	ihmise/**ltä**	ihmis/i/**ltä**
mies	miehe/**ltä**	mieh/i/**ltä**

Im folgenden werden einige Satzbeispiele für den Ablativgebrauch aufgeführt.

„von einer Oberfläche, Nähe, jemandem weg"

Juna lähtee asema/**lta**.
Otatko maton lattia/**lta**?
Reino nousi penki/**ltä**.
Linja-auto ajoi tie/**ltä**.
Tuula tulee kaupungi/**lta**.
Huomenna johtaja palaa kesäloma/**lta**/an.
Raitiovaunu kääntyy Aurakadu/**lta** Eerikinkadulle.

Tänään tuli kirje poja/**lta**/ni.
Lainaan rahaa äidi/**ltä**.
Kysy häne/**ltä**, missä posti on.
Ostan auton Niemise/**ltä**.
Pyydän sinu/**lta** anteeksi.
Anoin rehtori/**lta** lupaa.
Laulaja/**lta** meni ääni.

Poja/**lta** katkesi jalka.

Kaikki jää minu/**lta** kesken.

Der Ablativ bezeichnet auch Zeit, Maß sowie manchmal Eigenschaft.

Zeitbestimmung	Viini on vuode/**lta** 1879. Lopetamme tä/**ltä** päivä/**ltä**. Opetus alkaa kello yhdeksä/**ltä**. Lounas on kello kahde/**lta**/toista.
Maß	Perunat maksavat markan kilo/**lta**. Maito maksaa kaksi markkaa litra/**lta**. Kankaan hinta on 25 mk metri/**ltä**.
Eigenschaft	Hän on luontee/**lta**/an vilkas. Olen paino/**lta**/ni normaali.

Für sich betrachtet werden müssen die Verben der sinnlichen Wahrnehmung *näyttää, tuntua, maistua, kuulostaa*, deren Adverbialbestimmung im Ablativ steht.

Beachte!	Tämä näyttää kumma/**lta**. Puku näyttää hyvä/**ltä**. Ehdotus tuntuu huono/**lta**. Laulu tuntui mukava/**lta**. Ruoka maistuu huono/**lta**. Kuulostaa mainio/**lta**.

Die Kongruenzregeln funktionieren wie üblich.

Kongruenz	mi/**ltä** laituri/**lta**? likaise/**lta** lattia/**lta** tuo/**lta** vanha/**lta** naise/**lta**

§ 46 *Allativ*

Die Allativendung ist **-lle**, die im Singular und im Plural an den Flexionsstamm angehängt wird und Stufenwechsel auslöst.

Grundbedeutung	*Der Allativ bezeichnet eine Bewegung „auf eine Oberfläche zu" oder „zu jemandem hin".*

§ 46   Die sechs Lokalkasus   138

	Grund-form	Allativ Singular	Allativ Plural
	katto	kato/**lle**	kato/i/**lle**
	tuoli	tuoli/**lle**	tuole/i/**lle**
	nainen	naise/**lle**	nais/i/**lle**
	tyttö	tytö/**lle**	tytö/i/**lle**

Die folgenden Sätze verdeutlichen den Gebrauch des Allativs.

„hin zu"
    Kirja putosi lattia/**lle**.
    Pane tyynyt sohva/**lle**!
    Istuudun tuoli/**lle**.
    Lähdemmekö ostoks/i/**lle**?
    Kuka vie koiran kävely/**lle**?
    Menen parvekkee/**lle**.
    Älä sylje lattia/**lle**!
    Tapio lähtee matka/**lle** huomenna.
    Illalla menemme Ylioppilastalo/**lle**.

    Lähdemmekö asema/**lle**?
    Hän on muuttanut Kauppiaankadu/**lle**.
    Oikea/**lle** vai vasemma/**lle**?
    Puhun sinu/**lle**.

„zu jemandem"
    Kerro asia minu/**lle**!
    Annan lahjan vaimo/**lle**/ni.
    Näytän te/i/**lle** tien.
    Tarjoamme viera/i/**lle** illallisen.
    Opetan suomea skandinaave/i/**lle**.

Die Verben der sinnlichen Wahrnehmung, die mit dem Ablativ (§ 45) stehen, können wechselweise auch den Allativ bekommen. Der Ablativ ist jedoch im allgemeinen Sprachgebrauch häufiger.

    Tämä näyttää kumma/**lle** ~ kumma/**lta**.
    Ruoka maistui huono/**lle** ~ huono/**lta**.

Schließlich einige Kongruenzbeispiele.

Kongruenz
    tä/**lle** miehe/**lle**
    pitkä/**lle** kävely/**lle**
    likaise/**lle** lattia/**lle**
    kaik/*i*/**lle** nä/*i*/**lle** laps/*i*/**lle**

§ 47 Verben der Veränderung

Das Lokalkasussystem ist auf charakteristische Weise dreiteilig (§ 40): sowohl die inneren als auch die äußeren Lokalkasus können Befindlichkeit am Ort, eine Bewegung auf etwas zu oder eine Bewegung von etwas weg ausdrücken. Die Bestimmungen einiger Veränderung oder Richtung ausdrückender Verben stehen im Finnischen im Richtungskasus (im Elativ, Illativ, Ablativ oder Allativ), wo in den indoeuropäischen Sprachen im allgemeinen Ruhekasus bzw. die entsprechenden präpositionalen Ausdrücke gebraucht werden. Zu diesen Verben gehören u. a. *etsiä, jättää, jäädä, löytää, ostaa, pysähtyä, pysäyttää, rakentaa* und *unohtaa*.

>Hän etsii avainta tasku/**sta**.
>Hän löytää lompako/n kadu/**lta**.
>Hän löytää avaimen tasku/**sta**.
>Elanno/**sta** löysin uudet kengät.
>Aion jäädä Ruotsi/**in**.
>Paavo jäi luoka/**lle**.
>Jätän auton autotalli/**in**.
>Onko hän unohtanut avaimen lukko/**on**?
>Unohdin kirjat huonee/**see**/ni.
>Ostan olutta Alko/**sta**.
>Ostammeko kartan kirjakaupa/**sta**?
>Rakennamme uuden hotellin Turku/**un**.
>Juna pysähtyi asema/**lle**.
>Poliisi pysäytti auton kadunkulma/**an**.

§ 48 Zu einigen Ortsnamen

Ortsnamen werden entweder in den inneren (Inessiv, Elativ, Illativ) oder in den äußeren Lokalkasus (Adessiv, Ablativ, Allativ) flektiert. Die Flexion in den inneren Lokalkasus ist häufiger. *Länder*namen werden fast immer in den inneren Lokalkasus flektiert.

Länder
>Suome/**ssa**
>Suome/**sta**
>Suome/**en**
>Tanska/**ssa**
>Unkari/**in**

§ 48 Die sechs Lokalkasus

              Sveitsi/**stä**
              Englanti/**in**
              Neuvostoliito/**ssa**
              Neuvostoliitto/**on**
              Yhdysvallo/i/**sta**
              Yhdysvalto/i/**hin**
Beachte: Venäjä/**llä**

Auch die meisten Städte- und Ortsnamen werden in den inneren Lokalkasus flektiert, es gibt aber auch einige Ausnahmen.

              Helsingi/**ssä**
              Turu/**ssa**
              Oulu/**sta**
              Pori/**in**
              Jyväskylä/**ssä**
              Kuopio/**sta**
              Tukholma/**an**
              Moskova/**ssa**
              Lontoo/**seen**
              Pariisi/**ssa**
Beachte: Tamperee/**lla**
Tampere usw.!   Tamperee/**lta**
              Tamperee/**lle**
              Rauma/**lla**
              Riihimäe/**ltä**
              Rovanieme/**llä**
              Seinäjoe/**lla**

11 Sonstige Kasus

Essiv
Translativ
Abessiv, Komitativ und Instruktiv

Die sechs Lokalkasus kamen im vorigen Kapitel zur Sprache, Genitiv und Akkusativ in Kapitel 9, Partitiv in Kapitel 8 und der Nominativ in Kapitel 7 (§ 25). In diesem Kapitel werden die übrigen fünf Kasus dargestellt. Von ihnen sind nur der Essiv und der Translativ (ziemlich) häufig. Der Abessiv, Komitativ und Instruktiv sind selten und weniger wichtig.

§ 49 *Essiv*

Beachte: kein Stufenwechsel!

Die Essivendung ist **-na ~ -nä**, die an den Flexionsstamm im Singular und Plural angehängt wird. Die Essivendung ist strukturell derart gestaltet, daß sie keinen Stufenwechsel auslöst (§ 15.2). Der Essiv bezeichnet normalerweise eine (vorläufige) Position oder eine Aufgabe, manchmal auch Bedingungen, Zustände oder Gründe. Der Essiv kann auch eine Zeit ausdrücken.

Grund- form	Essiv Singular	Essiv Plural
auto	auto/**na**	auto/i/**na**
ihminen	ihmise/**nä**	ihmis/i/**nä**
nuori	nuore/**na**	nuor/i/**na**
vanha	vanha/**na**	vanho/i/**na**

Heikki on Jämsässä lääkäri/**nä**.
Olemme siellä vuokralais/i/**na**.
Lähetän ilmoituksen pikakirjee/**nä**.

Kuka siellä on apu/**na**?
Pidämme ehdotusta järkevä/**nä**.
Olen Suomessa turisti/**na**.

Pentti oli kolme viikkoa sairaa/**na**.
Viini kelpaa kylmä/**nä**/kin.
Minulla on tapa/**na** polttaa vain illalla.
Pekka lähti iloise/**na** luennolle.

Syön puuron kuuma/**na**.
Pysyykö ilma kirkkaa/**na**?
Arto tuli väsynee/**nä** kotiin.

Der Essiv tritt bei Zeitbestimmungen auf, u. a. wenn es sich um Feste oder Wochentage handelt, sowie meist dann, wenn das die Zeit bestimmende Hauptwort ein voranstehendes Attribut hat (vgl. § 44).

Feste und Wochentage

Joulu/**na** olin kotona.
Itsenäisyyspäivä/**nä** presidentillä on vastaanotto.
Juhannukse/**na** aion purjehtia.
Tuletko meille lauantai/**na**?
Perjantai/**na** kaikki menevät saunaan.
Minulla on luento maanantai/**na**.
Sunnuntai/**na** täytyy levätä.

Beim Zeitbegriff mit vorangehendem Attribut

Viime talve/**na** olin sairaana.
Ensi kesä/**nä** lähden Italia/an.
Erää/**nä** päivä/**nä** tapasin hänet.
Kahte/**na** yö/**nä** on ollut hallaa.
Mi/**nä** päivä/**nä** hän tulee?
Kuum/i/**na** kes/i/**nä** on paljon kärpäsiä.
Tä/**nä** vuon/**na** inflaatio on taas noussut.
Tammikuun seitsemänte/**nä** päivä/**nä**.

Zwei Ausnahmen

Man beachte, daß die Wörter *ensi* und *viime* nicht die Kongruenzregel des Attributs befolgen, vgl. *ensi talve/na, viime talve/na*.

§ 50 *Translativ*

Grundbedeutungen

Die Translativendung ist -**ksi**, die an den Flexionsstamm im Singular und Plural angehängt wird und Stufenwechsel auslöst (Endung beginnt mit zwei Konsonanten). Der Translativ drückt im allgemeinen einen Zustand, eine Eigenschaft, Aufgabe oder Stellung aus, in die jemand oder etwas gerät, oder die Endpunkte von Veränderungen oder Bewegungen.

	Grundform	Translativ Singular	Translativ Plural
	auto	auto/**ksi**	auto/i/**ksi**
	pieni	piene/**ksi**	pien/i/**ksi**
	lahja	lahja/**ksi**	lahjo/i/**ksi**
	rengas	renkaa/**ksi**	renka/i/**ksi**

Zustand, in den jemand oder etwas gerät

Lauri tuli iloise/**ksi**.
Isä on tullut vanha/**ksi**.
Tuletko kipeä/**ksi**?
Tyttö aikoo insinööri/**ksi**.
Pekka antoi kirjan lahja/**ksi**.
Juotko lasin tyhjä/**ksi**?
Poikasi on kasvanut pitkä/**ksi**.
Jalat käyvät kanke/i/**ksi**.
Kirjoitan kirjan valmii/**ksi**.
Olot muuttuvat normaale/i/**ksi**.

Beachte: *ruotsiksi* usw.!
Endpunkt

Pääsetkö opettaja/**ksi** Helsinkiin?
Tämä riittää perustelu/**ksi**.
Auli luuli minua norjalaise/**ksi**.
Turkua sanotaan vanha/**ksi** kaupungi/**ksi**.
Vennamoa ei saa kutsua idiooti/**ksi**.
Opettaja puhuu suome/**ksi**.
Kaikki esitelmät ovat ruotsi/**ksi**.
Mitä 'auto' on englanni/**ksi**?
Tule vähän lähemmä/**ksi**!
Siirtykää hiukan kauemma/**ksi**!
Nouse ylemmä/**ksi**!

Der Translativ drückt auch die Zeit aus, u. a. die, vor der etwas geschieht oder in deren Verlauf etwas geschieht, oder einen Zeitpunkt, auf den etwas verschoben wird.

Zeitbestimmungen

Tulen kotiin joulu/**ksi**.
Onko meillä ohjelmaa iltapäivä/**ksi**?
Minun täytyy ehtiä kotiin kello kolme/**ksi**.
Pekka lähtee Espanjaan viiko/**ksi**.
Poistun kahde/**ksi** tunni/**ksi**.
Ostatko ruokaa sunnuntai/**ksi**?
Lykkäämme kokouksen huomise/**ksi**.
Maksu siirtyy myöhemmä/**ksi**.

Vergleiche den Gegensatz zwischen Essiv und Translativ in Paaren wie den folgenden.

Essiv/Translativ

Tulen kotiin joulu/**ksi**.
Joulu/**na** olen kotona.
Ostatko ruokaa sunnuntai/**ksi**?
Sunnuntai/**na** emme mene kirkkoon.
Kesä/**ksi** lähden Suomeen.
Ensi kesä/**nä** olen Suomessa.

Wenn auf die Translativendung ein Possessivsuffix folgt, wird das Schluß-**i** zu -**e**-.

Beachte: -**kse**- vor Possessivsuffix!

Tuletko vaimo/**kse**/ni?
Laulan oma/ksi ilo/**kse**/ni.
Juomme maljan sinun kunnia/**kse**/si.
He ottavat lapsen oma/**kse**/en.

§ 51 *Abessiv, Komitativ und Instruktiv*

Diese drei Kasusformen sind alle selten; Instruktiv und Komitativ treten hauptsächlich in idiomatischen festen Ausdrücken auf.

Abessiv

Die Abessivendung ist -**tta** ~ -**ttä**, die an den Flexionsstamm im Singular und Plural angehängt wird und Stufenwechsel auslöst. Seine Bedeutung ist „ohne".

„ohne"

Hän lähti ulkomaille raha/**tta** ja passi/**tta**.
Hänet tuomittiin syy/**ttä**.
Joka kuri/**tta** kasvaa, se kunnia/**tta** kuolee.

Statt des Abessivs wird normalerweise die Präposition *ilman* gebraucht, die mit dem Partitiv steht, z. B. *ilman raha/a, ilman passi/a*.

Instruktiv

Die Instruktivendung ist -**n**. Er erscheint fast nur in einigen festen pluralischen Ausdrücken.

feste Ausdrücke

om/i/**n** silm/i/**n**
kaik/i/**n** puol/i/**n**
palja/i/**n** pä/i/**n**
näillä ma/i/**n**
kaks/i/**n** käs/i/**n**

Komitativ	Die Komitativendung ist **-ine-**, der immer ein Possessivsuffix folgt. Da das **-i-** der Endung eigentlich ein erstarrtes Plural-**i**- ist (vgl. § 26), gibt es keinen Unterschied zwischen dem Komitativ Singular und Plural. Die Bedeutung des Komitativs ist „mit (jemandem)".
„mit (jemandem)"	Läsnä oli Veikko Väätäinen vaimo/**ine**/en. Läsnä olivat Veikko Väätäinen ja Esko Kallio vaimo/**ine**/en. Rauma on mukava kaupunki vanho/**ine** talo/**ine**/en ja kape/**ine** katu/**ine**/en.

12 Zahlwörter

Grundzahlen
Ordnungszahlen

§ 52 Grundzahlen

§ 52.1 Flexion der Grundzahlen

Nach ihrer Flexion sind alle Zahlwörter gleich den Substantiven, Adjektiven und Pronomen: sie flektieren in Numerus und Kasus. Bei der Flexion der Grundzahlen treten mehrere Lautwechsel auf.

	Grundform	Flexionsstamm (ohne Stufenwechsel)	(mit Stufenwechsel)	Partitiv Singular
1–10	1 yksi	yhte/en	yhde/n	yh/tä
	2 kaksi	kahte/en	kahde/n	kah/ta
	3 kolme	kolme/en		
	4 neljä	neljä/än		
	5 viisi	viite/en	viide/n	viit/tä
	6 kuusi	kuute/en	kuude/n	kuut/ta
	7 seitsemän	seitsemä/än		
	8 kahdeksan	kahdeksa/an		
	9 yhdeksän	yhdeksä/än		
	10 kymmenen	kymmene/en		kymmen/tä

Die Grundzahlen 11–19 werden von den Zahlen 1–9 abgeleitet, an die ein unflektierbares *toista* angehängt wird (vgl. *toinen*).

11–19	11 yksitoista
	12 kaksitoista
	13 kolmetoista
	14 neljätoista
	15 viisitoista
	16 kuusitoista

17 seitsemäntoista
18 kahdeksantoista
19 yhdeksäntoista

Die Endungen werden an den Flexionsstamm des Vordergliedes des Zahlwortes angehängt.

-toista
unveränderlich

yhde/**ssä**/toista
kolme/**n**/toista
viide/**stä**/toista
seitsemä/**ä**/toista
yhdeksä/**lle**/toista

Die runden Zehner ab 20 aufwärts werden von den Grundzahlen 2–9 abgeleitet, an die *kymmentä* (vgl. *kymmenen*) angehängt wird.

20–100

20 kaksikymmentä
30 kolmekymmentä
40 neljäkymmentä
50 viisikymmentä
60 kuusikymmentä
70 seitsemänkymmentä
80 kahdeksankymmentä
90 yhdeksänkymmentä
100 sata

27 kaksikymmentäseitsemän
39 kolmekymmentäyhdeksän
52 viisikymmentäkaksi
76 seitsemänkymmentäkuusi
99 yhdeksänkymmentäyhdeksän

Man beachte, daß *kymmentä (kymmenen)* flektiert wird wie auch die anderen Teile des Zahlwortes.

-kymmentä
wird flektiert

kahde/**n**/kymmene/**n**
kolme/**lle**/kymmene/**lle**
viide/**stä**/kymmene/**stä**
kuute/**na**/kymmene/**nä**
yhdeksä/**llä**/kymmene/**llä**
kahde/**lta**/kymmene/**ltä**/kolme/**lta**
seitsemä/**stä**/kymmene/**stä**/kahdeksa/**sta**

§ 52.2   Zahlwörter

Das System der Grundzahlen geht nach oben gleichermaßen weiter. Hunderter und Tausender werden von den Zahlen 2–9 abgeleitet, an die *sataa* '100', *tuhatta* '1 000', *miljoonaa* '1 000 000' angehängt werden, die alle in Numerus und Kasus flektiert werden wie auch die anderen Teile des Zahlwortes.

200–
      200   kaksisataa
      300   kolmesataa
      700   seitsemänsataa
   1 000   tuhat (tuhante/en, tuhanne/n, tuhat/ta)
   3 000   kolmetuhatta
   9 000   yhdeksäntuhatta

      238   kaksisataakolmekymmentäkahdeksan
      711   seitsemänsataayksitoista
      902   yhdeksänsataakaksi
   2 134   kaksituhatta satakolmekymmentäneljä
   9 876   yhdeksäntuhatta kahdeksansataaseitsemänkymmentäkuusi
  87 100   kahdeksankymmentäseitsemäntuhatta sata
 456 302   neljäsataaviisikymmentäkuusituhatta kolmesataakaksi
1 000 000   miljoona
4 000 000   neljä miljoonaa

Bei der Flexion bekommen alle Teile des Zahlwortes eine Endung. Bei langen Zahlwörtern wird die Endung jedoch nur an den letzten Teil des Zahlwortes angehängt.

      kahde/**n**/sada/**n**
      kolme/**lle**/sada/**lle**
      viide/**stä**/tuhanne/**sta**
      kolme/**lla**/tuhanne/**lla** sada/**lla**/kahde/**lla**
      kolmetuhatta satakahde/**lla**

§ 52.2 *Gebrauch der Grundzahlen*

Dient die Grundzahl als Subjekt, Objekt oder Prädikativ, tritt also im Nominativ oder Partitiv auf, so folgt danach der Partitiv Singular, z. B. *kolme talo/a*.

> *Dient die Grundzahl als Subjekt, Objekt oder als Prädikativ, stehen die anderen zugehörigen Wörter im Partitiv Singular.*

Eine andere wichtige die Grundzahlen betreffende Regel ist die folgende:

> *Dient das Grundzahlwort als Subjekt, steht das Prädikatsverb im Singular.*

als Subjekt

Kadulla seisoo *kolme mies/tä.*
Minulla on *kaksi velje/ä.*
Neljä ministeri/ä erosi hallituksesta.
Kuusitoista ihmis/tä sai surmansa lento-onnettomuudessa.

als Objekt

Ostan *kolme pullo/a* punaviiniä.
Eilen kirjoitin *seitsemän sivu/a.*
En omista *kah/ta auto/a.*
Opiskelen *kolme/a kiel/tä.*
Viit/tä/kymmen/tä osanottaja/a emme voi hyväksyä.
Hän ei anna *kolme/a/tuhatta markka/a* koneesta.

als Prädikativ

Hinta on *yhdeksän markka/a* kilolta.
Yksi kruunu on *sata äyri/ä.*

Dient die Grundzahl als Attribut oder Adverb, d. h. sie steht in anderen Kasus als im Nominativ oder Partitiv, wird ihr Kasus nach dem des Substantivs bestimmt, und alle Teile der Grundzahl werden flektiert. Derartige Ausdrücke stehen mit Ausnahme der Pluralia tantum immer im Singular.

> *Die Grundzahlen kongruieren mit dem Hauptwort im Genitiv, in allen sechs Lokalkasus sowie im Essiv und Translativ.*

§ 53   Zahlwörter   150

Beachte: Matkallani käyn kolme/**ssa** maa/**ssa**.
Kongruenz!   Neljä/**n** litra/**n** hinta on seitsemän markkaa.
                  En ole käynyt Suomessa viite/**en**/toista vuote/**en**.
                  Hän on kahde/**n** piene/**n** lapse/**n** äiti.
                  Verotoimistot palauttavat rahaa seitsemä/**lle**/sada/**lle**/tuhanne/**lle** suomalaise/**lle**.
                  Tuhanne/**n** ja yhde/**n** yö/**n** tarinat.
                  Yhte/**nä** päivä/**nä** viikossa olen Helsingissä.
                  Olen kolme/**n**/kymmene/**n**/kahde/**n** vuode/**n** ikäinen.
                  Kuude/**ssa**/toista tapaukse/**ssa** sairas kuoli.
                  Kirje tuli kahde/**lta** ystävä/**ltä**/ni.
                  Kahde/**lla**/tuhanne/**lla** marka/**lla** pääsee jopa Afrikkaan.

Beachte: Minulla on kahde/**t** sakse/**t**.
Pluralia tantum! Tänä lauantaina on vain yhde/**t** hää/**t**.
                  Tämä kangas pitää leikata kaks/*i*/**lla** saks/*i*/**lla**.

Dient die Grundzahl als Subjekt, steht das Prädikatsverb nach dem eben Gesagten im allgemeinen im Singular, z. B. *Kolme tyttöä juokse/e.* Wenn aber dem Zahlwort z. B. die Wörter *nämä* oder *nuo* (die den Ausdruck bestimmen oder definitiv machen) vorangestellt werden, steht auch das Prädikatsverb im Plural.

Prädikatsverb   Nämä kolme miestä seiso/**vat** kadulla.
im Plural   Nuo kaksi o/**vat** naimisissa.
                  Nämä neljä ehdotusta o/**vat** yhtä hyviä.

Auch sonst steht das Prädikatsverb manchmal im Plural, wenn als Subjekt ein bestimmter Zahlausdruck auftritt.

                  Kuusi paikallissijaa tuli/**vat** esille luvussa 10.
                  Kolmetoista maata pääsi/**vät** eilen sopimukseen.

§ 53 *Ordnungszahlen*

Lautwechsel   Der Nominativ der Ordnungszahlen wird mit der Endung -s gebildet, die an den Flexionsstamm der Grundzahl angehängt wird (Ausnahmen *ensimmäinen* '1' und *toinen* '2'). Im Flexionsstamm steht an Stelle des -s -**nte**-, das nach den Regeln des Stufenwechsels zu -**nne**- werden kann. Der Partitiv Singular wird mit der Endung -ta ~ -tä gebildet, wobei -s zu -t- wird.

Zahlwörter § 53

	Grund-form	Flexionsstamm (ohne Stufen-wechsel)	(mit Stufen-wechsel)	Partitiv Singular
Beachte: *kolme*: kolma/s!				
1.	ensimmäinen	ensimmäise/en		ensimmäis/tä
2.	toinen	toise/en		tois/ta
3.	kolma/**s**	kolma/**nte**/en	kolma/**nne**/n	kolma/**t**/ta
4.	neljäs	neljänteen	neljännen	neljättä
5.	viides	viidenteen	viidennen	viidettä
6.	kuudes	kuudenteen	kuudennen	kuudetta
7.	seitsemäs	seitsemänteen	seitsemännen	seitsemättä
8.	kahdeksas	kahdeksanteen	kahdeksannen	kahdeksatta
9.	yhdeksäs	yhdeksänteen	yhdeksännen	yhdeksättä
10.	kymmenes	kymmenenteen	kymmenennen	kymmenettä
11.	yhdestoista	yhdenteen-toista	yhdennen-toista	yhdettätoista
12.	kahdestoista	kahdenteen-toista	kahdennen-toista	kahdettatoista
13.	kolmastoista	kolmanteen-toista	kolmannen-toista	kolmattatoista
16.	kuudestoista	kuudenteen-toista	kuudennen-toista	kuudettatoista
20.	kahdeskym-menes	kahdenteen-kymmenen-teen	kahdennen-kymmenennen	kahdetta-kymmenettä
50.	viideskym-menes	viidenteen-kymmenen-teen	viidennen-kymmenennen	viidettä-kymmenettä
100.	sadas	sadanteen	sadannen	sadatta
300.	kolmassadas	kolmanteen-sadanteen	kolmannen-sadannen	kolmattasa-datta
1 000.	tuhannes	tuhannenteen	tuhannennen	tuhannetta
9 000.	yhdeksäs-tuhannes	yhdeksän-teentuhan-nenteen	yhdeksän-nentuhan-nennen	yhdeksättä-tuhannetta

-toista unveränderlich!

Bei mehrteiligen Ordnungszahlen ist es oft so, daß nur der letzte Teil eine Endung bekommt.

lange Ordnungszahlen

3 134. kolmetuhatta satakolmekymmentäneljä/**s**
(vgl. kolma/**s**/tuhanne/**s** sada/**s**/kolma/**s**/kymme-ne/**s**/neljä/**s**)

§ 53   Zahlwörter

Genitiv

kolmetuhatta satakolmekymmentäneljä/**nne**/n
(vgl. kolma/**nne**/n/tuhanne/**nne**/n sada/**nne**/n/kolma/**nne**/n/kymmene/**nne**/n/neljä/**nne**/n)

Die Ordnungszahlen flektieren wie die Adjektive und kongruieren mit ihrem Hauptwort in Kasus und Numerus.

Kongruenz

Miettusen kolma/**nne**/ssa hallituksessa on viisi uutta ministeriä.
Vasta *toinen* yritys onnistui.
Tammikuun neljä/**nte**/nä päivänä.
Helmikuun seitsemä/**nte**/nä/toista päivänä.
Olen syntynyt joulukuun kahde/**nte**/na/kymmene/**nte**/nä/kuude/**nte**/na päivänä.
Poikani on *ensimmäise/llä* luokalla.
Hissi menee viide/**nte**/en kerrokseen.
Joka seitsemä/**nne**/llä suomalaisella on liian pitkä työmatka.

13 Pronomen

Personalpronomen
Demonstrativpronomen
Interrogativpronomen
Indefinitpronomen
Relativpronomen

Funktion der Pronomen

Die finnischen Pronomen werden in Numerus und Kasus flektiert. Einige Pronomen funktionieren als Substantive und erscheinen im Satz als selbständige Wörter (a). Andere Pronomen funktionieren als Adjektive und kongruieren wie normale Adjektive (b).

a) **Tämä** on kirja.
Tuo ei ole totta.
Hän on näyttelijä.

b) Asun **tä/ssä** talo/ssa.
Mi/ssä talo/ssa asut?
Mi/nä päivä/**nä** lähdette?

Ausnahmen

Bei der Flexion der Pronomen gibt es oft Ausnahmen; diese werden im weiteren *kursiv* dargestellt. Man beachte besonders die Pronomen **joka**, **mikä** und **tämä**, deren letzte Silbe -ka, -kä, -mä nur im Nominativ Singular und Plural sowie im Genitiv Singular vorkommt. In allen anderen Kasusformen fällt diese Silbe weg: vgl. *tämä : tämä/n : tä/ssä : tä/llä* usw.

In den folgenden Abschnitten werden die Pronomen in fünf Gruppen dargestellt. Von jedem Pronomen werden die wichtigsten Kasusformen des Singulars und Plurals dargestellt (wenn sie überhaupt vorkommen) sowie Beispiele für den Gebrauch der Formen.

§ 54 Personalpronomen

		Singular			Plural		
	Nom.	minä	sinä	hän	me	te	he
Beachte:	Gen.	minu/n	sinu/n	häne/n	me/i/dän	te/i/dän	he/i/dän
Akkusativ!	Akk.	*minu/t*	*sinu/t*	*häne/t*	*me/i/dät*	*te/i/dät*	*he/i/dät*
	Part.	minu/a	sinu/a	*hän/tä*	me/i/tä	te/i/tä	he/i/tä
	Iness.	minu/ssa	sinu/ssa	häne/ssä	me/i/ssä	te/i/ssä	he/i/ssä
	Elat.	minu/sta	sinu/sta	häne/stä	me/i/stä	te/i/stä	he/i/stä
	Illat.	minu/un	sinu/un	häne/en	me/i/hin	te/i/hin	he/i/hin
	Adess.	minu/lla	sinu/lla	häne/llä	me/i/llä	te/i/llä	he/i/llä
	Ablat.	minu/lta	sinu/lta	häne/ltä	me/i/ltä	te/i/ltä	he/i/ltä
	Allat.	minu/lle	sinu/lle	häne/lle	me/i/lle	te/i/lle	he/i/lle

Sinu/ssa ei ole mitään vikaa.
Minä rakastan **te/i/tä**.
Anna kirje **häne/lle**!
Minu/lla on kova nälkä.
He/i/hin ei voi luottaa.
Minu/sta ehdotus on hyvä.
Näin **häne/t** ravintolassa.
Tämä on **he/i/dän** kirjansa.
Saatte vastauksen **me/i/ltä** huomenna.
Saatamme **te/i/dät** kotiin.
Etteköhän enää tunne **minua**?

Über die Kongruenz der Personalpronomen und der Verben siehe § 24. Zu den Possessivformen und Possessivsuffixen siehe § 36.
Als Reflexivpronomen erscheint im Finnischen das Wort **itse**, das bei Bedarf im Kasus flektiert wird, woran noch das richtige Possessivsuffix angehängt wird (dieses Wort hat keine besonderen Pluralformen).

itse

Haen sen **itse**.
Ajan **itse** partani.
Annan kirjeen hänelle **itse/lle/en**.
Saitko kirjeen häneltä **itse/ltä/än**?
Pidätkö **itse/ä/si** viisaana?
Pohdin asiaa **itse/kse/ni**.
Itse/e/nsä ei voi luottaa.
Ole oma **itse/si**!

toinen – toinen	Als Reziprokpronomen wird die Kombination **toinen** – **toinen** gebraucht, deren vorderer Teil unveränderlich ist, während an den hinteren, wiederum im Singular, die nötige Kasus- und Possessivendung angefügt wird. Eine andere Ausdrucksweise ist, nur das eine Wort **toinen** zu gebrauchen, das im Plural steht und zusätzlich Kasus- und Possessivendungen erhält.

> Lähetämme kirjeitä **toinen toise/lle/mme**
> (~ tois/i/lle/mme),
> Rakastatteko **toinen tois/ta/nne** (~ tois/i/a/nne)?
> Ajamme **toinen toise/mme** (~ tois/te/mme) autoilla.

§ 55 *Demonstrativpronomen*

Demonstrativpronomen sind vor allem **tämä** und **tuo**. Das Pronomen **se** weist auf früher Erwähntes hin. Die Pluralformen aller dieser Pronomen sind unregelmäßig (der erste Konsonant wird zu einem anderen u. dgl.). Beim Pronomen **tämä** tritt die Silbe -**mä** nur im Nominativ Singular und Plural sowie im Genitiv Singular auf.

		Singular			Plural		
Beachte: **se!**	Nom.	tämä	tuo	se	*nämä*	*nuo*	*ne*
	Gen.	*tämä/n*	tuo/n	se/n	nä/i/den	no/i/den	ni/i/den
	Part.	tä/tä	tuo/ta	*si/tä*	nä/i/tä	no/i/ta	ni/i/tä
	Iness.	tä/ssä	tuo/ssa	*sii/nä*	nä/i/ssä	no/i/ssa	ni/i/ssä
	Elat.	tä/stä	tuo/sta	*sii/tä*	nä/i/stä	no/i/sta	ni/i/stä
	Illat.	tä/hän	tuo/hon	*sii/hen*	nä/i/hin	no/i/hin	ni/i/hin
	Adess.	tä/llä	tuo/lla	*si/llä*	nä/i/llä	no/i/lla	ni/i/llä
	Ablat.	tä/ltä	tuo/lta	*si/ltä*	nä/i/ltä	no/i/lta	ni/i/ltä
	Allat.	tä/lle	tuo/lle	*si/lle*	nä/i/lle	no/i/lle	ni/i/lle
	Ess.	tä/nä	tuo/na	*si/nä*	nä/i/nä	no/i/na	ni/i/nä
	Transl.	tä/ksi	tuo/ksi	*si/ksi*	nä/i/ksi	no/i/ksi	ni/i/ksi

> **Tämä** kirja on minun.
> **Tämä** on kirja.
> **Tuo** nainen on Tyyne Nyrkiö.
> Onko **tuo** sinun autosi?
> **Se** on minun autoni.
> **Se** auto on Tyynen.
> **Tä/ssä** on leipää ja juustoa.

Tä/ssä ravintolassa on hyvä ruoka.
Hän meni **tuo/hon** taloon.
Miksi puhut **tuo/lla** tavalla?
Si/llä tavalla ei saa puhua!
Si/nä päivänä aurinko paistoi.
Sii/nä huoneessa ei voi olla.
Tauno meni **sii/hen** huoneeseen, missä Ristokin oli.
Sii/tä asia/sta en tiedä mitään.
Tunnetko **no/i/ta** miehiä?
En tunne **ni/i/tä**.
Ni/i/llä on uusi talo.
En kerro **ni/i/lle** tästä.
Nämä kukat maksavat viisi markkaa.
Mitä **nuo** maksavat?
Ne/kin maksavat viisi markkaa.
Nä/i/den kukkien hinta on kolme markkaa.
Entä **no/i/den**?
Ni/i/nä aiko/i/na asuin kotona.

tällainen usw. **Tällainen, tuollainen, sellainen** und **semmoinen** werden alle wie die **ihminen**-Nomina flektiert (§ 20.1).

Tällaise/lla autolla ei voi ajaa.
Paljonko **tuollainen** auto maksaa?
Oletko syönyt **tällais/ta** ruokaa ennen?
En ole syönyt **sellais/ta** ruokaa.
Sellais/i/a ihmisiä ei ole paljon.
Tällaise/ssa tilanteessa täytyy olla varovainen.
En lue **tuollais/i/a** kirjoja.

§ 56 *Interrogativpronomen*

kuka, mikä   Interrogativ- oder Fragepronomen sind teilweise schon oben (§ 30.2) behandelt worden. Von den Fragewörtern sind viele Flexionsformen der Interrogativpronomen **kuka** und **mikä**. Die Flexionsformen des Pronomens **kuka** im Singular bauen auf dem Stamm **kene-** auf (beachte Part. Sing. **ke/tä**) und die Pluralformen auf dem Stamm **ke-**. Besonders beachte man den Akkusativ Singular **kene/t** und den Nominativ Plural **ke/t/kä**.

Unregel-
mäßigkeiten

Vom Pronomen **mikä** fällt die Silbe -**kä** weg außer beim Nominativ Singular und Plural sowie beim Genitiv Singular (**mikä, mi/n/kä, mi/t/kä**). Die Pluralformen des Pronomens **mikä** sind fast immer identisch mit den Singularformen.

	Singular		Plural	
Nom.	*kuka*	*mikä*	*ke/t/kä*	*mi/t/kä*
Gen.	kene/n	*mi/n/kä*	ke/i/den	(auch Akk.)
Akk.	kene/t	mi/n/kä	ke/t/kä	(die anderen Formen
Part.	*ke/tä*	mi/tä	ke/i/tä	wie im Singular)
Iness.	kene/ssä	mi/ssä	ke/i/ssä	
Elat.	kene/stä	mi/stä	ke/i/stä	
Illat.	kene/en	mi/hin	ke/i/hin	
Adess.	kene/llä	mi/llä	ke/i/llä	
Ablat.	kene/ltä	mi/ltä	ke/i/ltä	
Allat.	kene/lle	mi/lle	ke/i/lle	
Ess.	kene/nä	mi/nä	ke/i/nä	
Transl.	kene/ksi	mi/ksi	ke/i/ksi	

Kuka tuo mies on?
Kene/n kynä tämä on?
Mi/ssä talossa asut?
Mi/tä kieltä opiskelemme?
Mi/hin ravintolaan mennään?
Kene/ssä vika on?
Mi/n/kä omenan valitset?
Ke/t/kä nuo ihmiset ovat?
Ke/i/ltä voisimme kysyä?
Kene/ltä aiot kysyä?
Mi/hin kaupunkeihin matkustat?
Mi/tä ihmisiä tapasit siellä?
Ke/i/lle lähetämme kirjat?
Mi/ltä näyttää?
Mi/tä tämä on?
Kene/t näit?
Mi/nä päivänä he tulevat?

kumpi **Kumpi** flektiert wie die Adjektive in der Komparativform (vgl. § 85).

§ 57 Pronomen

	Singular	Plural
Nom.	kump**i**	kumm**a**/t
Gen.	kumm**a**/n	kump/**i**/en
Part.	kump**a**/a	kump/**i**/a
Iness.	kumm**a**/ssa	kumm/**i**/ssa
Elat.	kumm**a**/sta	kumm/**i**/sta
Illat.	kump**a**/an	kump/**i**/in
Adess.	kumm**a**/lla	kumm/**i**/lla
Ablat.	kumm**a**/lta	kumm/**i**/lta
Allat.	kumm**a**/lle	kumm/**i**/lle
Ess.	kump**a**/na	kump/**i**/na
Transl.	kumm**a**/ksi	kumm/**i**/ksi

Beachte: Wechsel -**i** : -**a**-!

Kumma/lla puolella olet?
Kumma/ssa huoneessa Reino on?
Kumma/t kengät ostat?
Kumpa/an kaupunkiin muutat?
Kumma/lle annat lahjan?

millainen
minkälainen

Die Fragepronomen **millainen** und **minkälainen** flektieren wie die Nomina vom Typ **ihminen** (§ 20.1)

Millainen sää on ulkona?
Minkälais/ta lihaa teillä on?
Millaise/n palkan saat?
Minkälaise/ssa lentokoneessa pääministeri saapuu?
Millais/i/a vieraita teille tulee?

§ 57 Indefinitpronomen

joku

Die häufigsten Indefinitpronomen sind **joku**, **jokin**, (**ei**) **kukaan**, (**ei**) **mikään**, **jompikumpi**, **kumpikin** und **kukin**. **Joku** ist ein zweiteiliges Pronomen, beide Teile **jo-** und **-ku** bekommen beim Flektieren die gleichen Endungen. Dieses Pronomen gebraucht man bei Menschen.

	Singular	Plural
Nom.	joku	jo/t/ku/t
Gen.	jo/**n**/ku/**n**	jo/*i*/**den**/ku/*i*/**den**
Part.	jo/ta/ku/ta	jo/i/ta/ku/i/ta
Iness.	jo/ssa/ku/ssa	jo/i/ssa/ku/i/ssa
Elat.	jo/sta/ku/sta	jo/i/sta/ku/i/sta

Beachte: zweifache Flektion!

Illat.	jo/hon/ku/hun	jo/i/hin/ku/i/hin
Adess.	jo/lla/ku/lla	jo/i/lla/ku/i/lla
Ablat.	jo/lta/ku/lta	jo/i/lta/ku/i/lta
Allat.	jo/lle/ku/lle	jo/i/lle/ku/i/lle
Ess.	jo/na/ku/na	jo/i/na/ku/i/na
Transl.	jo/ksi/ku/ksi	jo/i/ksi/ku/i/ksi

Joku koputtaa oveen.
Olet saanut kirjeen **jo/lta/ku/lta**.
Tunnetko **jo/ta/ku/ta** hyvää lääkäriä?
Jo/t/ku/t lähtevät vasta huomenna.
Jo/i/den/ku/i/den mielestä meidän pitäisi lähteä jo nyt.
Jo/lla/ku/lla on avaimet.
Jo/i/hin/ku/i/hin ei voi luottaa.
Pitäisin enemmän **jo/sta/ku/sta** toisesta.

jokin Beim Pronomen **jokin**, das für alles andere gebraucht wird, ist **-kin** eine Anhängepartikel, wobei Numerus und Kasusendung innerhalb des Wortes stehen. Bei den Kasusformen, die auf **-a** enden (z. B. **-lla, -ta, -sta**), kann das **-k-** der Endung **-kin** wegfallen, vor allem in der Umgangssprache, aber oft auch in der geschriebenen Sprache.

Beachte:
Endungen
vor **-kin**!

	Singular		Plural	
Nom.	jokin		jo/t/kin	
Gen.	jo/**n**/kin		jo/**i**/**den**/kin	
Part.	jo/ta/kin	(~ jotain)	jo/i/ta/kin	(~ joitain)
Iness.	jo/ssa/kin	(~ jossain)	jo/i/ssa/kin	(~ joissain)
Elat.	jo/sta/kin	(~ jostain)	jo/i/sta/kin	(~ joistain)
Illat.	jo/hon/kin		jo/i/hin/kin	
Adess.	jo/lla/kin	(~ jollain)	jo/i/lla/kin	(~ joillain)
Ablat.	jo/lta/kin	(~ joltain)	jo/i/lta/kin	(~ joiltain)
Allat.	jo/lle/kin		jo/i/lle/kin	
Ess.	jo/na/kin	(~ jonain)	jo/i/na/kin	(~ joinain)
Transl.	jo/ksi/kin		jo/i/ksi/kin	

Olohuoneessa liikkuu **jokin**.
Jo/na/kin sunnuntaina lähden hiihtämään.
Jo/lla/kin tavalla aion myydä sen.
Sinulla on aina **jo/i/ta/kin** esteitä.
Söisin mielelläni **jo/ta/kin**.
Jo/t/kin asiat ovat hyvin tärkeitä.

§ 57 Pronomen

Olen lukenut sen **jo/sta/kin**.
Jo/i/hin/kin ihmisiin ei voi uskoa.
Jo/i/lle/kin asioille ei voi mitään.
Olli on **jo/ssa/kin** ulkona.

Wie aus den Beispielen ersichtlich wird, kann **jokin** manchmal auch Menschen bezeichnen, vor allem in der Umgangssprache.

(ei) kukaan Die negative Entsprechung zum bejahenden Pronomen **joku** ist **(ei) kukaan**, das bei Menschen gebraucht wird. -**kaan** ~ -**kään** ist eine Anhängepartikel, und deshalb stehen die anderen Endungen dieses Pronomens im Wortinneren.

Kukaan erscheint meistens in Verbindung mit einem Verneinungsverb. Der Stamm der meisten Flexionsformen im Singular ist **kene-**, im Plural **ke-**, vgl. mit der Flexion des Pronomens **kuka** (§ 56). Im Singular erscheint in einigen Fällen eine kürzere alternative Form.

	Singular		Plural
Nom.	*(ei) kukaan*		*(eivät) ke/t/kään*
Gen.	(ei) kene/n/kään		(ei) ke/i/den/kään
Part.	*(ei) ke/tä/än*		*(ei) ke/i/tä/än*
Iness.	(ei) kene/ssä/kään	(~ kessään)	(ei) ke/i/ssä/kään
Elat.	(ei) kene/stä/kään	(~ kestään)	(ei) ke/i/stä/kään
Illat.	(ei) kene/en/kään	(~ kehenkään)	(ei) ke/i/hin/kään
Adess.	(ei) kene/llä/kään	(~ kellään)	(ei) ke/i/llä/kään
Ablat.	(ei) kene/ltä/kään	(~ keltään)	(ei) ke/i/ltä/kään
Allat.	(ei) kene/lle/kään	(~ kellekään)	(ei) ke/i/lle/kään

Kukaan ei usko minua.
En usko **ke/tä/än**.
Kene/ssä/kään ei ole vikaa.
Onko täällä **ke/tä/än**?
Ke/i/tä/än ei näkynyt.
Älä tee **kene/lle/kään** pahaa!
Tämä ei ole **kene/stä/kään** hyvää.
Ke/t/kään eivät kannata ehdotusta.
En saa apua **kene/ltä/kään**.
Ke/i/llä/kään ei ole varaa tähän.

(ei) mikään Gleichermaßen flektiert **(ei) mikään**, das die negative Entsprechung des Pronomens **jokin** ist. Vgl. mit der Flexion des Pronomens **mikä** (§ 56). **Mikä** und **(ei) mikään** sind insoweit nach ihrer Flexion gleich, als fast alle Pluralformen identisch mit den entsprechenden Singularformen sind.

	Singular	Plural
Nom.	(*ei*) *mikään*	*(eivät) mi/t/kään*
Gen.	(ei) mi/n/kään	(die anderen Formen
Part.	(ei) mi/tä/än	wie im Singular)
Iness.	(ei) mi/ssä/än	
Elat.	(ei) mi/stä/än	
Illat.	(ei) mi/hin/kään	
Adess.	(ei) mi/llä/än	
Ablat.	(ei) mi/ltä/än	
Allat.	(ei) mi/lle/kään	
Ess.	(ei) mi/nä/än	
Transl.	(ei) mi/ksi/kään	

Mikään ei auta.
En näe **mi/tä/än**.
Siellä ei ole **mi/tä/än**.
Hän ei välitä **mi/stä/än**.
Tyynestä ei ole **mi/hin/kään**.
En voi auttaa teitä **mi/llä/än** tavalla.
Siitä ei ole **mi/tä/än** hyötyä.
Mi/t/kään selitykset eivät auta.
Mi/stä/än maasta ei tule enemmän edustajia kuin Suomesta.
Mi/n/kään koneen ominaisuudet eivät ole paremmat kuin tämän.
Mi/ssä/än tapauksessa en suostu tähän.
Ei ole **mi/tä/än** hyviä keinoja.
Mi/nä/än vuonna ei ole satanut niin paljon kuin tänä vuonna.

jompikumpi **Jompikumpi** erinnert darin an das Pronomen **joku**, daß beide Teile **jompi** und **kumpi** flektiert werden. Beim Pronomen **kumpikin** flektiert das Vorderglied wie das Pronomen **kumpi** (§ 56), an das -**kin** angehängt wird. **Kumpikaan** flektiert wie **kumpikin**.

	Singular	Plural
Nom.	jompikumpi	jomma/t/kumma/t
Gen.	jomma/n/kumma/n	jomp/i/en/kump/i/en
Part.	jompa/a/kumpa/a	jomp/i/a/kump/i/a
Iness.	jomma/ssa/kumma/ssa	jomm/i/ssa/kumm/i/ssa
Elat.	jomma/sta/kumma/sta	jomm/i/sta/kumm/i/sta
Illat.	jompa/an/kumpa/an	jomp/i/in/kump/i/in

	Adess.	jomma/lla/kumma/lla	jomm/i/lla/kumm/i/lla
	Ablat.	jomma/lta/kumma/lta	jomm/i/lta/kumm/i/lta
	Allat.	jomma/lle/kumma/lle	jomm/i/lle/kumm/i/lle
	Ess.	jompa/na/kumpa/na	jomp/i/na/kump/i/na
	Transl.	jomma/ksi/kumma/ksi	jomm/i/ksi/kumm/i/ksi

		Singular	Plural
kumpikin	Nom.	kump**i**kin	kumm**a**/t/kin
(-kaan)	Gen.	kumm**a**/n/kin	kump/i/en/kin
	Part.	kumpa/a/kin	kump/i/a/kin
	Iness.	kumma/ssa/kin	kumm/i/ssa/kin
	Elat.	kumma/sta/kin	kumm/i/sta/kin
	Illat.	kumpa/an/kin	kump/i/in/kin
	Adess.	kumma/lla/kin	kumm/i/lla/kin
	Ablat.	kumma/lta/kin	kumm/i/lta/kin
	Allat.	kumma/lle/kin	kumm/i/lle/kin
	Ess.	kumpa/na/kin	kump/i/na/kin
	Transl.	kumma/ksi/kin	kumm/i/ksi/kin

Jompikumpi ehdotus voittaa.
Kumpikaan ei voita.
En tunne **kumpa/a/kaan** heistä.
Jomma/ssa/kumma/ssa tapauksessa.
Pidän **kumma/sta/kin**.
Tulen **jompa/na/kumpa/na** pääsiäispäivänä.
En tule **kumpa/na/kaan** päivänä.
Kumma/sta/kin talosta tulee yksi mies.
Kumpa/an/kin perheeseen syntyi tyttö.
Voit ottaa **jomma/t/kumma/t** kengät.
Kumma/t/kin häät ovat ennen joulua.
En pidä **kumma/sta/kaan** kirjasta.
Sain kirjan **jomma/lta/kumma/lta**, en muista keneltä.
Hän ei osaa **kumpa/a/kaan** kieltä.
Kumma/t/kin kengät ovat eteisessä.

kukin Auch beim Pronomen **kukin** treten die Kasusendungen vor der Anhängepartikel **-kin** auf. Dieses Pronomen hat keine Pluralformen.

Nom.	kukin
Gen.	ku/**n**/kin
Part.	ku/ta/kin

Iness.	ku/ssa/kin
Elat.	ku/sta/kin
Illat.	ku/hun/kin
Adess.	ku/lla/kin
Ablat.	ku/lta/kin
Allat.	ku/lle/kin
Ess.	ku/na/kin
Transl.	ku/ksi/kin

Kukin saa yhden voileivän.
Annamme **ku/lle/kin** yhden voileivän.
Ku/lla/kin on huolensa.
Ku/ssa/kin talossa asuu neljä perhettä.
Ku/n/kin täytyy tehdä kaikkensa.
Maksamme seitsemän markkaa **ku/lta/kin** sivulta.
Perehdymme **ku/hun/kin** tapaukseen erikseen.

Man beachte noch die folgenden Wörter, die wie entsprechende Substantive und Adjektive flektieren.

Beachte: wichtige Zusätze!

Grundform	Genitiv	Partitiv
eräs	erää/n	eräs/tä
jokainen	jokaise/n	jokais/ta
kaikki	kaike/n	kaikke/a
molemma/t	molemp/i/en	molemp/i/a
moni	mone/n	mon/ta
muutama	muutama/n	muutama/a
muu	muu/n	muu/ta
toinen	toise/n	tois/ta
usea	usea/n	usea/a

Molemma/t tritt nur im Plural auf, **muutama** und **usea** treten sowohl im Singular wie auch im Plural auf.

Melkein **jokaise/lla** perheellä on televisio.
Kaikki tulevat meille illalla.
Kaik/i/lla on hauskaa.
Molemma/t lapset ovat koulussa.
Annan banaanin **molemm/i/lle**.
Erää/nä päivänä viime viikolla.
Teos on **erää/llä** tavalla hyvä.
Eräs toinen tyttö tuli sisään.

Tiedän **kaike/n**.
Moni yritys epäonnistuu.
Tuli **mon/ta** vierasta.
Olen ollut **mon/i/ssa** maissa
(~ **mone/ssa** maassa).
Mon/i/en mielestä tämä on huono ehdotus.
Mone/lla yrittäjällä on vaikeuksia.
Tunnen **mon/i/a** ihmisiä.
Muu/t ovat eri mieltä.
Olen käynyt **mu/i/ssa/kin** Pohjoismaissa.
Ostin takin **muutama/lla** markalla.
Muutama/t ihmiset väittävät, että ...
Työ on valmis **muutama/ssa** minuutissa.
Muutam/i/a vuosia sitten.
Selitän asian **muutama/lla** sanalla.
Tämä on **toinen** asia.
Teetkö sinä **toise/lla** tavalla?
Usea/t ihmiset sanovat, että ...
Use/i/ssa tapauksissa.
Use/i/den mielestä hallitus on kelvoton.
Use/i/ta ihmisiä kuoli.
En ole nähnyt Osmoa **use/i/hin** vuosiin.

§ 58 *Relativpronomen*

joka Das häufigste Relativpronomen ist **joka**, dessen Endsilbe **-ka** nur im Nominativ Singular und Plural sowie im Genitiv Singular auftritt.

	Singular	Plural
Nom.	joka	*jo/t/ka*
Gen.	*jo/n/ka*	jo/i/den
Part.	jo/ta	jo/i/ta
Iness.	jo/ssa	jo/i/ssa
Elat.	jo/sta	jo/i/sta
Illat.	jo/hon	jo/i/hin
Adess.	jo/lla	jo/i/lla
Ablat.	jo/lta	jo/i/lta
Allat.	jo/lle	jo/i/lle
Ess.	jo/na	jo/i/na
Transl.	jo/ksi	jo/i/ksi

mikä Als Relativpronomen tritt auch **mikä** auf (oben erwähnt auch als Fragepronomen, § 56). Außer im Nominativ und im Akkusativ sind die Pluralformen identisch mit den entsprechenden Singularformen, sonst entspricht die Flexion der des Pronomens **joka**.

	Singular	Plural
Nom.	mikä	*mi/t/kä*
Gen.	*mi/n/kä*	(die anderen Formen
Part.	mi/tä	wie im Singular)
Iness.	mi/ssä	
Elat.	mi/stä	
Illat.	mi/hin	
Adess.	mi/llä	
Ablat.	mi/ltä	
Allat.	mi/lle	
Ess.	mi/nä	
Transl.	mi/ksi	

Joka ist als Relativpronomen häufiger als **mikä** und wird bei Bezug auf ein Lebewesen immer, aber auch sonst oft, verwendet. **Mikä** verweist nur auf unbelebte Gegenstände; es wird auch dann gebraucht, wenn man auf einen Satz oder auf einen Ausdruck im Superlativ verweist.

Hän on mies, **joka** ei pelkää.
Tämä on kirja, **jo/ta** en halua lukea.
Talo **jo/ssa** asun on Vilhonkadulla.
Sain lahjan, **jo/sta** on hyötyä.
Ne olivat aikoja, **jo/t/ka** eivät koskaan palaa.
Tapahtumat **jo/i/sta** kuulin olivat kauheita.
Se on paras paikka, **mi/n/kä** tiedän.
Tässä ovat kirjeet, **mi/t/kä** lähetit minulle.
Tuo on kertomus, **jo/hon** en usko.
Tuli sade, **mikä** esti matkamme.

14 Tempora der Verben

Präsens
Imperfekt
Perfekt
Plusquamperfekt
Verneinende Zeitformen

§ 59 *Präsens*

Es gibt vier Zeiten oder Tempusformen, zwei einfache (Präsens und Imperfekt), zwei zusammengesetzte (Perfekt und Plusquamperfekt). Vergleiche Präsens *sano/n*, Imperfekt *sano/i/n*, Perfekt *ole/n sano/nut* und Plusquamperfekt *ol/i/n sano/nut*.

Das Präsens drückt eine unvergangene Zeit aus, meist den Moment, der mit dem Redemoment gleichzeitig ist, manchmal auch eine zukünftige Zeit oder eine nach dem Redemoment. Präsens gebraucht man in immer wahren, generischen Ausdrücken wie *Leijona on eläin, Leijonat ovat eläimiä*.

Das Präsens hat keine Endung. Man beachte dennoch, daß in der 3. Person Singular der kurze Endvokal des Stammes verlängert, d. h. verdoppelt wird (§ 24). Ansonsten wird im Präsens die Personalendung direkt an den Flexionsstamm angehängt (§ 23).

Beachte: Vokalverlängerung!

Kalle on ulkona.
(Minä) ole/n kotona.
(Me) lue/mme sanomalehteä.
Pertti luke/**e** sanomalehteä.
Mitä sano/tte?
Auto seiso/**o** tallissa.
Ritva halua/**a** olutta.
Tuula ja Leena lähte/vät Espanjaan.
Mattikin lähte/**e** sinne.

§ 60 *Imperfekt*

Das Imperfekt drückt eine vergangene Zeit aus, eine Handlung, die vor dem Moment der Rede geschehen ist, „die Handlung des vergangenen Moments". Die Imperfektendung ist **-i**, das an den Flexionsstamm angefügt wird (§ 23). Nach der Imperfektendung wird die Personalendung angefügt.

> *Das Imperfekt wird mit der Endung **-i** gebildet, die an den Flexionsstamm angehängt wird (§ 23).*

Beachte: Stufenwechsel!

Von den Verben *sano/a, puhu/a* und *anta/a* bekommt man somit die folgende Imperfektflexion in den verschiedenen Personen. Bezüglich des Stufenwechsels vgl. § 15.

1. Person Singular	(minä)	sano/i/n puhu/i/n anno/i/n
2. Person Singular	(sinä)	sano/i/t puhu/i/t anno/i/t
3. Person Singular	hän äiti Kalle	sano/i puhu/i anto/i
1. Person Plural	(me)	sano/i/mme puhu/i/mme anno/i/mme
2. Person Plural	(te)	sano/i/tte puhu/i/tte anno/i/tte
3. Person Plural	he naiset miehet	sano/i/vat puhu/i/vat anto/i/vat

Beachte: Vokalveränderungen!

Vor dem **-i** des Imperfekts treten die üblichen Vokalveränderungsregeln in Kraft (§ 16); vgl. oben **anno/i/n** usw. Im folgenden Schema steht zuerst die Grundform des Verbs (Infinitiv I), dann die 3. Person Singular Präs. als Beispiel für den Flexionsstamm sowie der §, nach

§ 60   Tempora der Verben   168

dem der Endvokal vor **-i** sich verändert, und schließlich die Imperfektform der 3. Person Singular (ohne Stufenwechsel) und der 1. Person Singular (auf die der Stufenwechsel sich ausgewirkt hat).

	Infinitiv	3. Person Sing. Präs.	§	3. Person Sing. Imp.	1. Person Sing. Imp.
anta/a-Verben	kerto/a	kerto/o	16.1	kerto/**i**	kerro/**i**/n
	asu/a	asu/u	– " –	asu/**i**	asu/**i**/n
	pysy/ä	pysy/y	– " –	pysy/**i**	pysy/**i**/n
-e, -i, -ä	luke/a	luke/e	16.5	luk/**i**	lu/**i**/n
fallen weg	etsi/ä	etsi/i	16.6b	ets/**i**	ets/**i**/n
	oppi/a	oppi/i	– " –	opp/**i**	op/**i**/n
	vetä/ä	vetä/ä	16.7	vet/**i**	ved/**i**/n
	yrittä/ä	yrittä/ä	– " –	yritt/**i**	yrit/**i**/n
-a → -o	anta/a	anta/a	16.8c	**anto/i**	anno/**i**/n
	sata/a	sata/a	– " –	sato/**i**	–
	jaka/a	jaka/a	– " –	jako/**i**	jao/**i**/n
-a entfällt	muista/a	muista/a	16.8b	muist/**i**	muist/**i**/n
	otta/a	otta/a	– " –	ott/**i**	ot/**i**/n
	rakasta/a	rakasta/a	– " –	rakast/**i**	rakast/**i**/n
	osta/a	osta/a	– " –	ost/**i**	ost/**i**/n
saa/da-	saa/da	sa**a**	16.2	sa/**i**	sa/**i**/n
Verben	myy/dä	my**y**	– " –	my/**i**	my/**i**/n
Schwund	voi/da	v**oi**	16.4	vo/**i**	vo/**i**/n
	juo/da	j**uo**	16.3	jo/**i**	jo/**i**/n
	pysäköi/dä	pysäk**öi**	16.4	pysäkö/**i**	pysäkö/**i**/n
	luennoi/da	luenn**oi**	– " –	luenno/**i**	luenno/**i**/n
nous/ta-,	nous/ta	nouse/e	16.5	nous/**i**	nous/**i**/n
tul/la-Verben	tul/la	tule/e	– " –	tul/**i**	tul/**i**/n
-e entfällt	men/nä	mene/e	– " –	men/**i**	men/**i**/n
	ajatel/la	ajattele/e	– " –	ajattel/**i**	ajattel/**i**/n
	kierrel/lä	kiertele/e	– " –	kiertel/**i**	kiertel/**i**/n
	julkais/ta	julkaise/e	– " –	julkais/**i**	julkais/**i**/n
	tarvit/a	tarvitse/e	– " –	tarvits/**i**	tarvits/**i**/n
	häirit/ä	häiritse/e	– " –	häirits/**i**	häirits/**i**/n
	paet/a	pakene/e	– " –	paken/**i**	paken/**i**/n

Bei einigen Verben des Typs **anta/a**, bei denen der kurze Konsonant -**t**- wegen des Schwunds von -**a** oder -**ä** vor der Imperfektendung steht, wird erwähntes -**t**- zu -**s**-. Dies geschieht vor allem dann, wenn -**t**- nach zwei Vokalen steht oder nach **l**, **n** oder **r**.

> -**t**- *wird manchmal zu* -**s**-, *wenn es wegen des Schwunds von* -**a** *oder* -**ä** *direkt vor dem Imperfekt* -**i** *steht.*

	Infinitiv	3. Person Sing. Präsens	3. Person Sing. Imperfekt	1. Person Sing. Imperfekt
-t- ~ -s-	tietä/ä	tietä/ä	ties/i	ties/i/n
	löytä/ä	löytä/ä	löys/i	löys/i/n
	huuta/a	huuta/a	huus/i	huus/i/n
	piirtä/ä	piirtä/ä	piirs/i	piirs/i/n
	työntä/ä	työntä/ä	työns/i	työns/i/n
	lentä/ä	lentä/ä	lens/i	lens/i/n
	kiertä/ä	kiertä/ä	kiers/i	kiers/in
	pyytä/ä	pyytä/ä	pyys/i	pyys/i/n
	kiiltä/ä	kiiltä/ä	kiils/i	kiils/i/n

Diese Regel betrifft z. B. nicht die Verben *pitä/ä, vetä/ä, sietä/ä, hoita/a,* vgl. hän pit/i, pid/i/n, Reijo vet/i, ved/i/n usw.

Die wichtigen Verben vom Typ **huomat/a** bilden ihr Imperfekt nach der folgenden besonderen Veränderung:

Sonderregel

> *Das Imperfekt der* **huomat/a**-*Verben wird durch Auswechslung des letzten* -**a** ~ -**ä** *des Flexionsstammes mit* -**s**- *gebildet, an das das* -**i** *des Imperfekts angehängt wird.*

	Infinitiv	3. Person Sing. Präsens	3. Person Sing. Imperfekt	1. Person Sing. Imperfekt
huomat/a- Verben	huomat/a	huomaa	huomas/i	huomas/i/n
	osat/a	osaa	osas/i	osas/i/n
	hypät/ä	hyppää	hyppäs/i	hyppäs/i/n

§ 61   Tempora der Verben

pelät/ä	pelkää	pelkäs/i	pelkäs/i/n
maat/a	makaa	makas/i	makas/i/n
tavat/a	tapaa	tapas/i	tapas/i/n
määrät/ä	määrää	määräs/i	määräs/i/n
halut/a	halua/a	halus/i	halus/i/n
tarjot/a	tarjoa/a	tarjos/i	tarjos/i/n

Die folgenden Sätze sind Beispiele für den Imperfektgebrauch.

Koira makas/i lattialla.
Oskari anto/i minulle suukon.
Poliisi kysy/i nimeäni.
Kuka siellä ol/i?
Jo/i/t/ko punaviiniä eilen?
Mitä he tek/i/vät illalla?
Mitä te/i/tte illalla?
Niin me ajattel/i/mme/kin.
Ajo/i/n Turusta Helsinkiin kahdessa tunnissa.
Mitä ost/i/t Kaleville lahjaksi?
He läht/i/vät jo aamulla.
Ties/i/tte/kö tämän?
Keijo avas/i vieraille oven.

käy/dä –
käv/i

Beachte: Das Verb *käy/dä* hat eine abweichende Imperfektform **käv/i**, vgl. *käv/i/n, he käv/i/vät*.

§ 61 *Perfekt*

Mit dem Perfekt wird eine solche in vergangener Zeit geschehene Handlung ausgedrückt, deren Auswirkung auf die eine oder andere Weise bis zum Redemoment reicht: das Perfekt ist die Zeit der „Jetztrelevanz". Das Perfekt wird gebildet mit dem Hilfsverb *ol/la*, in der Person des Präsens flektiert, dem das Partizip Perfekt im Singular oder Plural, abhängig vom Numerus des Subjekts, folgt. Die Partizipendung ist **-nut**, **-nyt**, vgl. *(minä) ole/n sano/nut, (sinä) ole/t luke/nut, hän on syö/nyt*.

Bildung
des Partizip
Perfekt

> *Das Partizip Perfekt wird durch Anhängen von* **-nut** ~ **-nyt** *an den Infinitivstamm gebildet (§ 23).*

			Vgl.
Lautwechsel	\multicolumn{3}{l}{*Endet der Infinitivstamm auf den Konsonanten* a) **l, r, s**, wird das **-n** des Partizips zum gleichen Konsonanten, b) **t**, wird dieses **t** zu **n**.}	

	Infinitiv	Partizip Perfekt	Vgl. 3. Person Sing. Präsens
anta/a-Verben	osta/a	osta/**nut**	osta/a
	itke/ä	itke/**nyt**	itke/e
	seiso/a	seiso/**nut**	seiso/o
	tanssi/a	tanssi/**nut**	tanssi/i
	löytä/ä	löytä/**nyt**	löytä/ä
	anta/a	anta/**nut**	anta/a
	näyttä/ä	näyttä/**nyt**	näyttä/ä
	synty/ä	synty/**nyt**	synty/y
saa/da-Verben	saa/da	saa/**nut**	saa
	myy/dä	myy/**nyt**	myy
	juo/da	juo/**nut**	juo
	soi/da	soi/**nut**	soi
	vartioi/da	vartioi/**nut**	vartioi
nous/ta-, tul/la-Verben	nous/ta	nous/**sut**	nouse/e
	pes/tä	pes/**syt**	pese/e
	tul/la	tul/**lut**	tule/e
	ol/la	ol/**lut**	on
-n → s, l, r	ajatel/la	ajatel/**lut**	ajattele/e
	pur/ra	pur/**rut**	pure/e
	väitel/lä	väitel/**lyt**	väittele/e
huomat/a-Verben	huomat/a	huoman/**nut**	huomaa
	osat/a	osan/**nut**	osaa
	halut/a	halun/**nut**	halua/a
	veikat/a	veikan/**nut**	veikkaa
-t → n	pelät/ä	pelän/**nyt**	pelkää
	hypät/ä	hypän/**nyt**	hyppää
	kelvat/a	kelvan/**nut**	kelpaa

§ 61 Tempora der Verben

tarvit/a	tarvin/**nut**	tarvitse/e
paet/a	paen/**nut**	pakene/e
lämmet/ä	lämmen/**nyt**	lämpene/e
havait/a	havain/**nut**	havaitse/e

-nee- Der Flexionsstamm des Partizip Perfekt Plural wird durch Auswechseln von -**nut** ~ -**nyt** durch -**nee**- gebildet, z. B. sano/**nut** : sano/**nee**-, und die Endungen werden bei der Flexion an diesen Stamm angehängt. Die Perfektformen der verschiedenen Personen lauten wie folgt:

1. Person Singular	(minä)	**ole**/n sano/**nut** **ole**/n ol/**lut** **ole**/n huoman/**nut**
2. Person Singular	(sinä)	**ole**/t sano/**nut** **ole**/t ol/**lut** **ole**/t huoman/**nut**
3. Person Singular	hän hän hän	**on** sano/**nut** **on** ol/**lut** **on** huoman/**nut**
1. Person Plural	(me)	**ole**/mme sano/**neet** **ole**/mme ol/**leet** **ole**/mme huoman/**neet**
2. Person Plural	(te)	**ole**/tte sano/**neet** **ole**/tte ol/**leet** **ole**/tte huoman/**neet**
3. Person Plural	he he he	**ovat** sano/**neet** **ovat** ol/**leet** **ovat** huoman/**neet**

Im folgenden Beispiele für den Gebrauch des Perfekts.

Keihänen **on** matkusta/**nut** Espanjaan.
On/ko johtaja men/**nyt** lounaalle?
Ole/tte/ko ennen ol/**leet** Suomessa?
Kari ja Pertti **ovat** lähte/**neet** pois.
Ole/t/ko jo syö/**nyt**?
Ole/n maan/**nut** sängyssä koko päivän.
Ole/tte/ko luke/**neet** Salaman uusimman kirjan?

Konditional
Potential

Das Perfekt kann auch im Konditional auftreten, wobei die Endung **-isi-** an das Verb *olla* angehängt wird, sowie im Potential, das gebildet wird mit dem abweichenden Stamm **liene-** des Verbs *olla*, an den noch die Personalendung angehängt wird. Nach diesen Formen erscheint das Partizip Perfekt (vgl. mit dem Kapitel 15).

> **Ol/isi**/n ol/**lut** iloinen, jos **ol/isi**/t tul/**lut**.
> **Ol/isi**/mme lähte/**neet** Espanjaan, jos meillä **ol/isi** ol/**lut** rahaa.
> Hän **liene**/e käy/**nyt** Marokossa.
> He **liene**/vät hankki/**neet** auton.

§ 62 *Plusquamperfekt*

ol/i
+ -**nut** ~ -**nyt**

Mit dem Plusquamperfekt werden Handlungen ausgedrückt, die geschehen sind vor einem Zeitpunkt einer vergangenen Zeit. Das Verb *olla* erscheint im Imperfekt (*ol/i/n, ol/i/t, ol/i, ol/i/mme, ol/i/tte, ol/i/vat*), dem das Partizip Perfekt folgt (§ 61).

> **Ol/i**/n juuri tul/**lut** kotiin, kun soitit.
> **Ol/i**/mme tul/**leet** kotiin ...
> Hän **ol/i** opiskel/**lut** suomea ennen kuin hän tuli Suomeen.
> Kalle **ol/i** odotta/**nut** kymmenen minuuttia, kun tulin.
> He **ol/i**/vat odotta/**neet** ...

§ 63 *Verneinende Zeitformen*

Zu allen verneinenden Zeitformen gehört das Verneinungsverb *en, et, ei, emme, ette, eivät*. Vom verneinenden *Präsens* war schon früher die Rede (§ 29). Bei diesen Formen folgt dem Verneinungsverb der dem Stufenwechsel unterworfene Stamm des Hauptverbs.

Präsens (§ 29)

Bejahende Form	Verneinende Form
kerro/n	**en** kerro
kerro/t	**et** kerro
hän kerto/o	hän **ei** kerro
kerro/mme	**emme** kerro
kerro/tte	**ette** kerro
he kerto/vat	he **eivät** kerro

§ 63   Tempora der Verben

Das verneinende *Imperfekt* ist etwas Besonderes: dem Verneinungsverb folgt das Partizip Perfekt (§ 61).

Beachte:
verneinendes
Imperfekt!

Bejahende Form	Verneinende Form
kerro/i/n	**en** kerto/**nut**
kerro/i/t	**et** kerto/**nut**
hän kerto/i	hän **ei** kerto/**nut**
kerro/i/mme	**emme** kerto/**neet**
kerro/i/tte	**ette** kerto/**neet**
he kerto/i/vat	he **eivät** kerto/**neet**

Im folgenden werden weitere Beispiele für die Bildung des verneinenden Imperfekts dargestellt.

Bejahende Form	Verneinende Form
tanss/i/n	**en** tanssi/**nut**
tanss/i/tte	**ette** tanssi/**neet**
itk/i/t	**et** itke/**nyt**
hän näytt/i	hän **ei** näyttä/**nyt**
he anto/i/vat	he **eivät** anta/**neet**
lu/i/n	**en** luke/**nut**
ol/i/mme	**emme** ol/**leet**
ol/i/t	**et** ol/**lut**
nous/i/n	**en** nous/**sut**
he nous/i/vat	he **eivät** nous/**seet**
ajattel/i/mme	**emme** ajatel/**leet**
Tuula sa/i	Tuula **ei** saa/**nut**
osas/i/mme	**emme** osan/**neet**
osas/i/t	**et** osan/**nut**
hän pelkäs/i	hän **ei** pelän/**nyt**
pelkäs/i/tte	**ette** pelän/**neet**
tarvits/i/n	**en** tarvin/**nut**
he häirits/i/vät	he **eivät** häirin/**neet**

Das verneinende *Perfekt* wird mit dem Verneinungsverb gebildet, dem die Form *ole* (ohne Personalendung) sowie das Partizip Perfekt des Hauptverbs (im Singular oder Plural) folgen.

Perfekt

Bejahende Form	Verneinende Form
ole/n osta/nut	**en ole** osta/**nut**
ole/t osta/nut	**et ole** osta/**nut**
hän on osta/nut	hän **ei ole** osta/**nut**
ole/mme osta/neet	**emme ole** osta/**neet**

ole/tte osta/neet	ette ole osta/**neet**
he ovat osta/neet	he **eivät ole** osta/**neet**
ole/n ol/lut	**en ole** ol/**lut**
ole/mme ol/leet	**emme ole** ol/**leet**
ole/t näyttä/nyt	**et ole** näyttä/**nyt**
he ovat anta/neet	he **eivät ole** anta/**neet**
ole/mme saa/neet	**emme ole** saa/**neet**
ole/n ajatel/lut	**en ole** ajatel/**lut**
hän on osan/nut	hän **ei ole** osan/**nut**
ole/mme pelän/neet	**emme ole** pelän/**neet**
ole/n tarvin/nut	**en ole** tarvin/**nut**
ol/isi/n osta/nut	**en ol/isi** osta/**nut**
ol/isi/tte osta/neet	**ette ol/isi** osta/**neet**
he ol/isi/vat osta/neet	he **eivät ol/isi** osta/**neet**
hän liene/e osta/nut	hän **ei liene** osta/**nut**

Das verneinende *Plusquamperfekt* wird mit dem Verneinungsverb gebildet, dem das Partizip Perfekt des Verbs *olla*, *ol/lut* ~ *ol/leet* sowie das Partizip Perfekt des Hauptverbs (im Singular oder Plural) folgen.

	Bejahende Form	Verneinende Form
Plusquam- perfekt	ol/i/n osta/nut	**en ol/lut** osta/**nut**
	ol/i/t osta/nut	**et ol/lut** osta/**nut**
	hän ol/i osta/nut	hän **ei ol/lut** osta/**nut**
	ol/i/mme osta/neet	**emme ol/leet** osta/**neet**
	ol/i/tte osta/neet	**ette ol/leet** osta/**neet**
	he ol/i/vat osta/neet	he **eivät ol/leet** osta/**neet**
	ol/i/n ol/lut	**en ol/lut** ol/**lut**
	ol/i/mme ol/leet	**emme ol/leet** ol/**leet**
	ol/i/t näyttä/nyt	**et ol/lut** näyttä/**nyt**
	ol/i/mme osan/neet	**emme ol/leet** osan/**neet**
	ol/i/t saa/nut	**et ol/lut** saa/**nut**
	hän ol/i pelän/nyt	hän **ei ol/lut** pelän/**nyt**
	ol/i/mme tul/leet	**emme ol/leet** tul/**leet**
	ol/i/n näh/nyt	**en ol/lut** näh/**nyt**

Vergleiche noch die folgenden Beispiele.

En osta maitoa. (Präsens)
En osta/**nut** maitoa. (Imperfekt)
En ole osta/**nut** maitoa. (Perfekt)
En ol/lut osta/**nut** maitoa. (Plusquamperfekt)

15 Modi der Verben

Indikativ
Konditional
Imperativ
Potential

§ 64 *Indikativ*

vier Modi

Mit Modus meint man diejenigen Endungen der Verben, die die Art des Sprechers ausdrücken, die Handlung des Verbs darzustellen. Es gibt vier Modi: der Indikativ (endungslos) ist der häufigste und stellt die Handlung des Verbs als solche dar. Der Konditional auf **-isi-** bezeichnet meistens die Bedingtheit einer Handlung, der Imperativ (verschiedene Endungen je nach Person) drückt einen Befehl aus, und der Potential auf **-ne-**, ein seltener Modus, stellt eine Handlung als möglich oder denkbar dar.

Der *Indikativ* ist also der häufigste Modus. Er ist endungslos und stellt eine Handlung dar, wie sie ist, ohne Stellungnahme des Sprechers zur Qualität der Handlung. Die Tempus- und Personalendungen sind beim Indikativ regelmäßig.

Indikativ endungslos

Nyt *mene/n* kotiin.
Lapsi *leikki/i* pihalla.
Vieraat *tule/vat* illalla.
Eilen *sa/i/n* kaksi kirjettä.
Koska *sairastu/i/t?*
He *o/vat asu/neet* kymmenen vuotta Helsingissä.
Missä *ole/t synty/nyt?*
Vuonna 1960 Paasikivi *ol/i* jo *kuol/lut*.

Bei diesen Verbformen gibt es keine Kennzeichen des Modus, nur Endungen der Person und eventuell des Tempus.

§ 65 *Konditional*

Der Konditional auf -**isi**- drückt meistens die Bedingtheit einer Handlung aus und kommt normalerweise in Verbindung mit *jos*-Sätzen vor.

> *Der Konditional wird mit der Endung* -**isi**- *gebildet, die an den Flexionsstamm angehängt wird (§ 23).*

Beachte: Vokalveränderungen!
Die Endung des Konditionals verursacht keinen Stufenwechsel im vorangehenden Stamm (§ 15.2). Viele Vokalveränderungsregeln treten in Kraft, wenn -**isi**- dem Flexionsstamm folgt (§ 16). Der Konditionalendung folgt die Personalendung und möglicherweise auch eine Anhängepartikel.

Die Konditionalformen der Verben *sano/a, puhu/a* und *anta/a* lauten in den verschiedenen Personen wie folgt:

1. Person Singular	(minä)	sano/**isi**/n puhu/**isi**/n anta/**isi**/n
2. Person Singular	(sinä)	sano/**isi**/t puhu/**isi**/t anta/**isi**/t
3. Person Singular	hän Kalle äiti	sano/**isi** puhu/**isi** anta/**isi**
1. Person Plural	(me)	sano/**isi**/mme puhu/**isi**/mme anta/**isi**/mme
2. Person Plural	(te)	sano/**isi**/tte puhu/**isi**/tte anta/**isi**/tte
3. Person Plural	he miehet pojat	sano/**isi**/vat puhu/**isi**/vat anta/**isi**/vat

Im folgenden werden Beispiele für den Einfluß der Vokalveränderungsregeln vor Konditionalendungen dargestellt. Im Schema steht

§ 65 Modi der Verben

zuerst die Grundform des Verbs, dann die 3. Person Singular Indikativ Präsens als Beispiel für den Flexionsstamm sowie der §, nach dem sich der Schlußvokal des Flexionsstamms verändert und schließlich die Konditionalform der 1. Person Singular (die anderen Personen unterscheiden sich nur hinsichtlich der Personalendung).

	Infinitiv	3. Person Sing. Indik. Präs.	§	1. Person Sing. Konditional
anta/a-Verben	kerto/a	kerto/o	16.1	kerto/**isi**/n
	asu/a	asu/u	– " –	asu/**isi**/n
	pysy/ä	pysy/y	– " –	pysy/**isi**/n
-e und **-i** entfallen	luke/a	luke/e	16.5	luk/**isi**/n
	tunte/a	tunte/e	– " –	tunt/**isi**/n
	oppi/a	oppi/i	16.6	opp/**isi**/n
	salli/a	salli/i	– " –	sall/**isi**/n
	näyttä/ä	näyttä/ä	16.7	näyttä/**isi**/n
	vetä/ä	vetä/ä	– " –	vetä/**isi**/n
	jaka/a	jaka/a	16.8	jaka/**isi**/n
	otta/a	otta/a	– " –	otta/**isi**/n
	rakasta/a	rakasta/a	– " –	rakasta/**isi**/n
huomat/a- Verben Verkürzung	huomat/a	huomaa	16.2	huoma/**isi**/n
	hypät/ä	hyppää	– " –	hyppä/**isi**/n
	pelät/ä	pelkää	– " –	pelkä/**isi**/n
	tavat/a	tapaa	– " –	tapa/**isi**/n
saa/da- Verben Schwund	saa/da	saa	16.2	sa/**isi**/n
	tuo/da	tuo	16.3	to/**isi**/n
	vie/dä	vie	– " –	ve/**isi**/n
	syö/dä	syö	– " –	sö/**isi**/n
	voi/da	voi	16.4	vo/**isi**/n
	pysäköi/dä	pysäköi	– " –	pysäkö/**isi**/n
nous/ta-, **tul/la-** Verben **-e** fällt weg	nous/ta	nouse/e	16.5	nous/**isi**/n
	tul/la	tule/e	– " –	tul/**isi**/n
	men/nä	mene/e	– " –	men/**isi**/n
	ajatel/la	ajattele/e	– " –	ajattel/**isi**/n
	hymyil/lä	hymyile/e	– " –	hymyil/**isi**/n
	tarvit/a	tarvitse/e	– " –	tarvits/**isi**/n
	vanhet/a	vanhene/e	– " –	vanhen/**isi**/n

Im folgenden Beispiele für den Gebrauch des Konditionals:

Ol/**isi**/n iloinen, jos tul/**isi**/t.
Jo/**isi**/n mielelläni kahvia.
Jos vesi ol/**isi** lämmintä, sa/**isi**/t uida.
Väittä/**isi**/n, että ...
Muutta/**isi**/t/ko pois Suomesta?
Tul/**isi**/vat/ko he, jos pyytä/**isi**/mme?
Kyllä Kantanen voitta/**isi**, jos halua/**isi**.

Der Konditional wird oft bei höflichen Ausdrücken gebraucht.

Höflichkeit!

Kaata/**isi**/t/ko lisää teetä?
Kysy/**isi**/n, onko teillä ...
Läht/**isi**/mme/kö jo kotiin?
Ruoka ol/**isi** nyt valmista.

Wie oben festgestellt (§ 61) tritt der Konditional auch im Perfekt auf. Diese Konstruktionen werden aus den Formen *ol/isi/n ~ ol/isi/t* usw. zusammengesetzt, denen das Partizip Perfekt des Hauptverbs folgt.

Perfekt

Ol/**isi**/n ol/**lut** iloinen, jos ...
Ol/**isi**/n mielelläni lähte/**nyt** Ruotsiin, jos ol/**isi**/n voi/**nut**.
Ol/**isi**/t/ko tul/**lut** meille?
Ol/**isi**/vat/ko he suostu/**neet** tähän?
Ol/**isi**/n sairastu/**nut**, ellei Martti ol/**isi** autta/**nut** minua.

Die verneinenden Konditionalformen setzen sich aus dem Verneinungsverb *en ~ et* usw. sowie aus dem Hauptverb zusammen, aber an das **isi**- wird keine Personalendung angehängt.

	Bejahende Form	Verneinende Form
Verneinender Konditional	ol/**isi**/n	**en** ol/**isi**
	tul/**isi**/t	**et** tul/**isi**
	he anta/**isi**/vat	he **eivät** anta/**isi**
	kerto/**isi**/mme	**emme** kerto/**isi**
	halua/**isi**/n	**en** halua/**isi**
	sata/**isi**	**ei** sata/**isi**
	sö/**isi**/n	**en** sö/**isi**
	luk/**isi**/mme	**emme** luk/**isi**
	he vetä/**isi**/vät	he **eivät** vetä/**isi**

ol/isi/n otta/nut   en ol/**isi** otta/**nut**
ol/isi/tte syö/neet   **ette** ol/**isi** syö/**neet**
he ol/isi/vat lähte/neet   he **eivät** ol/**isi** lähte/**neet**

§ 66 *Imperativ*

Mit den Imperativformen drückt man vor allem Befehle und Empfehlungen, in der 3. Person auch Hoffnungen aus. Eine Imperativform der 1. Person Singular gibt es nicht. In den anderen Personen sind die Endungen folgende:

	Singular	Plural	
1. Pers.	–	**-kaamme**	~ **-käämme**
2. Pers.	(keine Endung)	**-kaa**	~ **-kää**
3. Pers.	**-koon** ~ **-köön**	**-koot**	~ **-kööt**

Endungen

Die Formen der 2. Person Singular und Plural wie *sano* und *sano/kaa* sind die häufigsten. Die Formen der 3. Person kommen hauptsächlich in der Schriftsprache vor.

Imperativ 2. Pers. Sing.

> *Die Imperativform der 2. Person Singular ist identisch mit der Form der 1. Person Singular Indikativ, von der die Endung* **-n** *abgezogen wurde.*

Diese Form ist auch identisch mit der Form des Hauptverbs im Indikativ des verneinenden Präsens (§ 63), vgl. *sano/*n, *tule/*n, *pelkää/*n – en *sano*, en *tule*, en *pelkää* – *sano, tule, pelkää* (Imperativ).

Andere Imperativformen

> *Die anderen Imperativformen werden vom Infinitivstamm (§ 22) gebildet.*

Die Imperativformen der Verben *sano/a, kerto/a* und *men/nä* lauten also wie folgt:

	Singular	Plural
1. Pers.		sano/**kaamme**
		men/**käämme**
		kerto/**kaamme**
2. Pers.	*sano*	sano/**kaa**
	mene	men/**kää**
	kerro	kerto/**kaa**
3. Pers.	sano/**koon**	sano/**koot**
	men/**köön**	men/**kööt**
	kerto/**koon**	kerto/**koot**

In den folgenden Beispielen werden der Infinitiv, die 1. Person Singular Präsens sowie die 2. Person Singular und Plural Imperativ aufgeführt:

	Infinitiv	1. Person Sing. Präsens	2. Person Sing. Imperativ	2. Person Plural Imperativ
anta/a-Verben	anta/a	anna/n	*anna*	anta/**kaa**
	osta/a	osta/n	*osta*	osta/**kaa**
	unohta/a	unohda/n	*unohda*	unohta/**kaa**
	luke/a	lue/n	*lue*	luke/**kaa**
	vetä/ä	vedä/n	*vedä*	vetä/**kää**
	sulke/a	sulje/n	*sulje*	sulke/**kaa**
	herättä/ä	herätä/n	*herätä*	herättä/**kää**
huomat/a-Verben	avat/a	avaa/n	*avaa*	avat/**kaa**
	maat/a	makaa/n	*makaa*	maat/**kaa**
	tavat/a	tapaa/n	*tapaa*	tavat/**kaa**
	määrät/ä	määrää/n	*määrää*	määrät/**kää**
	hakat/a	hakkaa/n	*hakkaa*	hakat/**kaa**
	tarjot/a	tarjoa/n	*tarjoa*	tarjot/**kaa**
saa/da-Verben	myy/dä	myy/n	*myy*	myy/**kää**
	syö/dä	syö/n	*syö*	syö/**kää**
	ui/da	ui/n	*ui*	ui/**kaa**
	teh/dä	tee/n	*tee*	teh/**kää**
	pysäköi/dä	pysäköi/n	*pysäköi*	pysäköi/**kää**

§ 66 Modi der Verben

nous/ta-,
tul/la-
Verben

nous/ta	nouse/n	*nouse*	nous/**kaa**
tul/la	tule/n	*tule*	tul/**kaa**
men/nä	mene/n	*mene*	men/**kää**
juos/ta	juokse/n	*juokse*	juos/**kaa**
ajatel/la	ajattele/n	*ajattele*	ajatel/**kaa**
harkit/a	harkitse/n	*harkitse*	harkit/**kaa**
paet/a	pakene/n	*pakene*	paet/**kaa**

Objekt beim Imperativ
Die Objekte der Imperativsätze stehen nach den Partitivregeln (§ 33.2) im Partitiv. Das Akkusativobjekt in einem Imperativsatz ist endungslos in der 1. und 2. Person; die Objektendung in der 3. Person hingegen ist **-n**, vgl. § 38.

Die folgenden Sätze enthalten Beispiele für den Imperativgebrauch:

Mene kotiin!
Men/**kää** kotiin!
Tule tänne!
Tul/**kaa** tänne!
Osta minulle *kuppi* kahvia!
Anta/**kaa** meille vettä.
Anna minulle *lusikka*!
Ol/**kaa** hyvä!
Ole hyvä!
Ole hyvä ja *avaa ovi*!
Teh/**kää** kuten sanon.
Teh/**käämme** kuten hän sanoo.
Varat/**kaa** meillekin *pöytä*!

Elä/**köön** Suomi!
Onneksi ol/**koon**!
Puhu/**kaamme** suomea.
Juo/**kaamme** Kekkosen *malja*!
Tul/**koot** he tänne.
Men/**kööt** he sinne, me jäämme kotiin.
Ajattele **asiaa**!
Nous/**kaa** ylös!
Kukin teh/**köön** kuten haluaa.
Luke/**kaa** *läksy* kunnolla!
Lue läksy kunnolla!

		§66
		Modi der Verben

allgemeine umgangssprachliche Formen

In der Umgangssprache gebraucht man als 1. Person Plural des Imperativs oft Passivformen, z. B. *sanotaan, mennään, tehdään* und nicht die eigentlichen Imperativformen *sanokaamme, menkäämme, tehkäämme.*

verneinender Imperativ

Die verneinenden Imperativformen werden auf besondere Art gebildet; die 2. Person Singular weicht wiederum von den anderen Personen ab.

> *Der verneinende Imperativ der 2. Person Singular wird mit dem Wort* **älä** *gebildet, das der bejahenden Imperativform vorangestellt wird.*

2. Pers. Sing.

Bejahende Form	Verneinende Form
osta	**älä** osta
lue	**älä** lue
vedä	**älä** vedä
avaa	**älä** avaa
makaa	**älä** makaa
syö	**älä** syö
tule	**älä** tule

> *Die anderen verneinenden Imperativformen werden mit dem Stamm* **äl-** *gebildet, an den die betreffende Imperativendung angefügt wird, sowie aus dem Infinitivstamm des Hauptverbs, an den die Endung* **-ko** ~ **-kö** *angehängt wird.*

Die Verneinungswörter sind also **älköön** (3. Pers. Sing.), **älkäämme** (1. Pers. Pl.), **älkää** (2. Pers. Pl.) und **älkööt** (3. Pers. Pl.).

2. Pers. Pl.

Infinitiv	Verneinender Imperativ
sano/a	**älkää** sano/**ko**
otta/a	**älkää** otta/**ko**
pelät/ä	**älkää** pelät/**kö**
määrät/ä	**älkää** määrät/**kö**
maat/a	**älkää** maat/**ko**
tuo/da	**älkää** tuo/**ko**

tul/la   **älkää** tul/**ko**
men/nä   **älkää** men/**kö**
ajatel/la   **älkää** ajatel/**ko**

In den folgenden Beispielen gibt es verneinende Imperativformen. Das Objekt steht nach den normalen Regeln im Partitiv (§ 33.2).

Älä pelkää koiraa!
Älkää syö/**kö** niin nopeasti!
Älä polta täällä!
Älkää poltta/**ko** täällä!
Älkää lähte/**kö** kotiin vielä!
Älä lyö minua!
Älkää lyö/**kö** minua!
Älkäämme ajatel/**ko** sitä enää.
Älä tanssi Uolevin kanssa!
Älköön kukaan usko/**ko**, että ...
Älkää avat/**ko** tuota ikkunaa!
Älä sylje lattialle!

§ 67 *Potential*

Der Potential, dessen Endung -**ne**- ist, ist selten und deswegen ein weniger wichtiger Modus. Er drückt aus, daß die Handlung eines Verbs möglich oder denkbar ist.

> *Der Potential wird mit der Endung* -**ne**- *gebildet, die an den Infinitivstamm angehängt wird (§ 22).*

Der Potential wird also genauso gebildet wie das Partizip Perfekt mit der Endung -**nut** ~ -**nyt** (§ 61). Auch die Lautwechsel sind die gleichen.

Lautwechsel

> *Endet der Infinitivstamm auf den Konsonanten*
> *a)* **l, r, s,** *wird das Anfangs-***n** *der Endung -***ne**- *angeglichen an den vorigen Konsonanten*
> *b)* **t,** *wird dieses* **t** *zu* **n**.

An die Endung -ne- wird noch die Personalendung angehängt.

	Infinitiv	3. Person Sing. Potential	Vgl. 3. Person Sing. Präsens
anta/a-Verben	anta/a	anta/**ne**/e	anta/a
	löytä/ä	löytä/**ne**/e	löytä/ä
	luke/a	luke/**ne**/e	luke/e
saa/da-Verben	saa/da	saa/**ne**/e	saa
	voi/da	voi/**ne**/e	voi
	vartioi/da	vartioi/**ne**/e	vartioi
nous/ta-, **tul/la-** Verben	nous/ta	nous/se/e	nouse/e
	tul/la	tul/**le**/e	tule/e
	ajatel/la	ajatel/**le**/e	ajattele/e
huomat/a- Verben	huomat/a	huoman/**ne**/e	huomaa
	kohdat/a	kohdan/**ne**/e	kohtaa
	leikat/a	leikan/**ne**/e	leikkaa
	tarvit/a	tarvin/**ne**/e	tarvitse/e
	valit/a	valin/**ne**/e	valitse/e
	häirit/ä	häirin/**ne**/e	häiritse/e

Die Potentialformen des Verbs *ol/la* sind eine Ausnahme, sie bauen auf dem Stamm **liene-** auf, an den die Personalendungen angehängt werden: **liene/n**, **liene/t**, **liene/e**, **liene/mme**, **liene/tte**, **liene/vät**.

Die folgenden Beispiele verdeutlichen den Potentialgebrauch.

Presidentti Husak saapu/**ne**/e huomenna.
Eduskunta valin/**ne**/e Helteen puhemieheksi.
Presidentti **liene**/e ulkomailla.
Päättä/**ne**/mme, että ...
Utsjoki sijain/**ne**/e pohjoisessa.
He **liene**/vät samaa mieltä kanssamme.
Hyväksy/**ne**/tte päätöksemme.

Der Potential kommt auch im Perfekt vor, das mit **liene-** sowie dem Partizip Perfekt des Hauptverbs gebildet wird (§ 61).

Perfekt

Kalle **liene**/e käy/**nyt** Brasiliassa.
Hän **liene**/e ol/**lut** myös Marokossa.
Liene/mme näh/**neet** tämän elokuvan aikaisemmin.

§ 67   Modi der Verben

Die verneinenden Potentialformen lauten wie erwartet. Im Präsens wird das Verneinungsverb **en**, **et** usw. sowie die Potentialform ohne Personalendung gebraucht, z. B. **en** osta/**ne**. Die verneinenden Perfektformen werden genauso konstruiert: Verneinungsverb + **liene** (ohne Personalendung) + Partizip Perfekt, z. B. **en liene** osta/**nut**.

verneinendes Perfekt

Virtanen **ei** syö/**ne** tällaista ruokaa.
Emme uskalta/**ne** tehdä näin.
Utsjoki **ei** sijain/**ne** Pohjanmaalla.
He **eivät liene** soitta/**neet** vielä.
Ei/kö Kalle **liene** soitta/**nut**?

16 Passivformen der Verben

Allgemeines
Passiv Präsens
Passiv Imperfekt
Passiv Perfekt und Plusquamperfekt
Modi des Passivs

§ 68 *Allgemeines*

Bedeutung Das Passiv ist im Finnischen eine sehr häufige und wichtige Flexionskategorie. Es zeigt an, daß der Ausübende der Handlung des Verbs unbestimmt ist. Das Passiv im Finnischen (von dem man treffender als „Indefinit" sprechen könnte) entspricht somit ungefähr dem deutschen und schwedischen Pronomen *man* sowie dem französischen *on*.

Endungen Das Passiv hat zwei Endungen, ein eigentliches Passivkennzeichen **-tta-** ~ **-ttä-** oder **-ta-** ~ **-tä-** sowie eine spezielle Personalendung **-Vn**, z. B. sano/**ta**/**an**.

Die Passivsätze sind zu unterscheiden von den generischen Sätzen, die allgemein zutreffende gesetzmäßige Wahrheiten oder Sachverhalte ausdrücken. Das Prädikatsverb der generischen Sätze steht in der 3. Person Singular ohne eigenes Subjekt:

generische Sätze
  Usein *kuule/e*, että ...
  Siellä *saa* hyvää kahvia.
  Tästä *näke/e* hyvin.
  Jos *juokse/e* joka aamu, *tule/e* terveeksi.

Das Passiv tritt in allen Tempora (Präsens, Imperfekt, Perfekt und Plusquamperfekt) und auch in allen Modi (Indikativ, Konditional, Imperativ und Potential) auf. Die Grundkonstruktion der Passivformen geht aus dem folgenden Schema hervor.

§ 69   Passivformen der Verben

	Stamm	+	Passiv	+	Tempus, Modus	+	Person	+	Anhängepartikel
Konstruktion	sano		ta				an			(Präsens)
	sano		tt		i		in			(Imperfekt)
	sano		tta		isi		in			(Konditional)
	sano		tta		ne		en			(Potential)
	sano		tta		ko		on			(Imperativ)
	sano		ta				an		han	(Präsens)
	sano		tt		i		in		ko	(Imperfekt)

Im weiteren wird die Bildung der Passivformen dennoch nicht als Anhängen von Endungen dargestellt, z. B. durch Gebrauch der Endungen -**ta** und -**Vn** bei der Bildung des Passiv Präsens sano/**ta**/**an**. Stattdessen werden einige „Umwege" genommen und zwar deswegen, weil das Passiv zufällig an einige schon behandelte Formen erinnert, vor allem an den Infinitiv. Derart kann man viele der komplizierten Lautwechsel des Passivs automatisch ableiten.

§ 69 *Passiv Präsens*

Außer bei den **anta/a**-Verben kann man das Passiv Präsens mit Hilfe der folgenden einfachen Regel bilden.

> *Das Passiv Präsens wird gebildet durch Anhängung der Endung -**Vn** an den Infinitiv I. (Dies betrifft nicht die* **anta/a**-*Verben.)*

Diese Regel betrifft also die **huomat/a-**, **saa/da-**, **nous/ta-**, **tul/la-** und **lämmet/ä**-Verben. In den folgenden Beispielen zeigen die Striche an, wie die Endungsgrenzen in den Passivformen „eigentlich" verlaufen:

huomat/a

Infinitiv	Passiv Präsens
huomat/a	huomat/**a/an**
osat/a	osat/**a/an**
hypät/ä	hypät/**ä/än**
määrät/ä	määrät/**ä/än**
pelät/ä	pelät/**ä/än**

saa/da	saa/da	saa/**da/an**
	myy/dä	myy/**dä/än**
	voi/da	voi/**da/an**
	teh/dä	teh/**dä/än**
nous/ta,	nous/ta	nous/**ta/an**
tul/la	men/nä	men/**nä/än**
	tul/la	tul/**la/an**
	ajatel/la	ajatel/**la/an**
	julkais/ta	julkais/**ta/an**
tarvit/a,	tarvit/a	tarvit/**a/an**
lämmet/ä	valit/a	valit/**a/an**
	paet/a	paet/**a/an**

Das Passiv Präsens der **anta/a**-Verben wird derart gebildet, daß die Passivendungen **-ta/an**, ~ **-tä/än** an den Stamm der 1. Person Singular Aktiv angehängt werden, z. B. **sano/n : sano/ta/an**; vor der Passivendung wirken also die Stufenwechselregeln (vgl. § 15.2. Regel B:a). Wenn der letzte Vokal des Stamms **-a** oder **-ä** ist, wird dieser Vokal zu **-e**.

anta/a-
Verben

> *Das Passiv Präsens der* **anta/a**-*Verben wird*
> *a) durch Anhängung von* **-ta/an** ~ **-tä/än** *an den Stamm der 1. Person Singular sowie*
> *b) durch Veränderung des stammauslautenden* **-a** *oder* **-ä** *zu* **-e** *gebildet.*

Infinitiv	1. Person Singular	Präsens Passiv
sano/a	sano/n	sano/**ta/an**
osta/a	osta/n	ost**e**/**ta/an**
etsi/ä	etsi/n	etsi/**tä/än**
kysy/ä	kysy/n	kysy/**tä/än**
nukku/a	nuku/n	nuku/**ta/an**
anta/a	anna/n	ann**e**/**ta/an**
sulke/a	sulje/n	sulje/**ta/an**
lentä/ä	lennä/n	lenn**e**/**tä/än**
unohta/a	unohda/n	unohd**e**/**ta/an**
otta/a	ota/n	ot**e**/**ta/an**
luke/a	lue/n	lue/**ta/an**
pyytä/ä	pyydä/n	pyyd**e**/**tä/än**

§ 69 Passivformen der Verben

Die verneinenden Formen des Passiv Präsens setzen sich aus dem Verneinungsverb **ei** und der Passivform ohne die Personalendung **-Vn** zusammen.

verneinende Formen

	Bejahende Form	Verneinende Form
	huomat/a/an	**ei** huomat/**a**
	osat/a/an	ei osat/a
	saa/da/an	ei saa/da
	teh/dä/än	ei teh/dä
	men/nä/än	ei men/nä
	nous/ta/an	ei nous/ta
	tarvit/a/an	ei tarvit/a
	sano/ta/an	ei sano/ta
	anne/ta/an	ei anne/ta
	pyyde/tä/än	ei pyyde/tä
	ote/ta/an	ei ote/ta

Die folgenden Sätze enthalten Beispiele für den Gebrauch des Passiv Präsens:

Suomessa juo/**da**/**an** sekä maitoa että olutta.
Ravintolassa tanssi/**ta**/**an** kello yhteentoista.
Tanskassa puhu/**ta**/**an** tanskaa.
Ei/kö täällä puhu/**ta** ruotsia?
Nyt näh/**dä**/**än**, että ...
Mitä täällä teh/**dä**/**än**?
Täällä **ei** tarjot/**a** olutta.
Pelät/**ä**/**än**, että Suomi häviää.
Väite/**tä**/**än**, että hän on sairas.

Das singularische Akkusativobjekt eines Verbs im Passiv ist endungslos (§ 38).

Beachte: Akkusativobjekt!

Huomiseksi lue/ta/an *seuraava kappale.*
Kirja pan/na/an pöydälle.
Ovi sulje/ta/an avaimella.
Auto voi/da/an ajaa pihalle.

In der Umgangssprache geschieht es sehr häufig, daß die Passivformen an Stelle der 1. Person Plural Indikativ und Imperativ auftreten:

	schriftsprachlich	umgangssprachlich (oft)
Beachte: umgangssprachliche Formen!	(me) juo/mme (me) kerro/mme (me) halua/mme (me) ajattele/mme	(me) juo/daan (me) kerro/taan (me) halut/aan (me) ajatel/laan
	juo/kaamme! kerto/kaamme! ajatel/kaamme! lähte/käämme!	juo/daan! kerro/taan! ajatel/laan! lähde/tään!

§ 70 *Passiv Imperfekt*

Das Passiv Imperfekt wird durch eine der beiden Endungen **-tta-** ~ **-ttä-** oder **-ta-** ~ **-tä-** gebildet, deren Schlußvokal noch vor dem **-i** des Imperfekts (§ 16) wegfällt. Der Passivendung folgen das **-i** des Imperfekts und die Personalendung **-Vn**. Der Einfachheit halber werden diese Endungskombinationen im weiteren mit **-ttiin** und **-tiin** bezeichnet. Das Imperfekt des Passivs kann man aus dem Passiv Präsens nach folgender Regel bilden:

Bildung

> *a) Anstelle von* **-taan** ~ **-tään** *des Passiv Präsens wird* **-ttiin** *gebraucht;*
> *b) Anstelle der übrigen Endungskombinationen des Passiv Präsens wird* **-tiin** *gebraucht.*

Beispiele:

	Infinitiv	1. Person Singular	Passiv Präsens	Passiv Imperfekt
a) **anta/a**	sano/a osta/a vaati/a anta/a pyytä/ä rakasta/a	sano/n osta/n vaadi/n anna/n pyydä/n rakasta/n	sano/taan oste/taan vaadi/taan anne/taan pyyde/tään rakaste/taan	sano/**ttiin** oste/**ttiin** vaadi/**ttiin** anne/**ttiin** pyyde/**ttiin** rakaste/**ttiin**
b) **huomat/a**	huomat/a osat/a palat/a pelät/ä	huomaa/n osaa/n palaa/n pelkää/n	huomat/aan osat/aan palat/aan pelät/ään	huomat/**tiin** osat/**tiin** palat/**tiin** pelät/**tiin**

saa/da	saa/da	saa/n	saa/daan	saa/**tiin**
	vie/dä	vie/n	vie/dään	vie/**tiin**
	syö/dä	syö/n	syö/dään	syö/**tiin**
	tuo/da	tuo/n	tuo/daan	tuo/**tiin**
nous/ta,	nous/ta	nouse/n	nous/taan	nous/**tiin**
tul/la	tul/la	tule/n	tul/laan	tul/**tiin**
	men/nä	mene/n	men/nään	men/**tiin**
	ajatel/la	ajattele/n	ajatel/laan	ajatel/**tiin**
	ol/la	ole/n	ol/laan	ol/**tiin**
tarvit/a,	tarvit/a	tarvitse/n	tarvit/aan	tarvit/**tiin**
lämmet/ä	paet/a	pakene/n	paet/aan	paet/**tiin**
	ansait/a	ansaitse/n	ansait/aan	ansait/**tiin**
	harkit/a	harkitse/n	harkit/aan	harkit/**tiin**

Die verneinenden Formen des Passiv Imperfekt werden folgendermaßen konstruiert: **ei** + Partizip Perfekt Passiv (§ 71). Die folgenden Sätze enthalten Beispiele für den Gebrauch der bejahenden Formen des Passiv Imperfekt:

> Viime vuonna Suomeen tuo/**tiin**
> enemmän kuin Suomesta vie/**tiin**.
> Ol/**tiin** sitä mieltä, että ...
> Pian havait/**tiin**, että Eero oli lähtenyt.
> Meille anne/**ttiin** monta hyvää neuvoa.
> Tul/**tiin** Helsinkiin aamulla.
> Maahan valit/**tiin** uusi presidentti.
> Tukholmasta lenne/**ttiin** Osloon.
> Nuku/**ttiin** eri huoneissa.

Aus den Beispielen wird ersichtlich, daß die Passivformen oft auch die Bedeutung „wir" haben, vor allem in der Umgangssprache.

§ 71 *Passiv Perfekt und Plusquamperfekt*

Das Passiv Perfekt und Plusquamperfekt werden aus **on** (Perfekt) oder **oli** (Plusquamperfekt) + Partizip Perfekt Passiv (zum Partizip Perfekt Aktiv, vgl. § 61) gebildet. Das Partizip Perfekt Passiv kann man am leichtesten vom Imperfekt nach der folgenden Regel ableiten:

Bildung

> *Das Partizip Perfekt Passiv wird durch Auswechslung des* **-iin** *des Passiv Imperfekt mit* **-u** *oder* **-y** *gebildet.*

Infinitiv	1. Person Singular	Passiv Imperfekt	Partizip Perfekt Passiv
osta/a	osta/n	oste/ttiin	oste/**ttu**
anta/a	anna/n	anne/ttiin	anne/**ttu**
nukku/a	nuku/n	nuku/ttiin	nuku/**ttu**
pyytä/ä	pyydä/n	pyyde/ttiin	pyyde/**tty**
huomat/a	huomaa/n	huomat/tiin	huomat/**tu**
määrät/ä	määrää/n	määrät/tiin	määrät/**ty**
pelät/ä	pelkää/n	pelät/tiin	pelät/**ty**
saa/da	saa/n	saa/tiin	saa/**tu**
syö/dä	syö/n	syö/tiin	syö/**ty**
myy/dä	myy/n	myy/tiin	myy/**ty**
nous/ta	nouse/n	nous/tiin	nous/**tu**
ol/la	ole/n	ol/tiin	ol/**tu**
men/nä	mene/n	men/tiin	men/**ty**
tarvit/a	tarvitse/n	tarvit/tiin	tarvit/**tu**

Es folgen Beispiele für den Gebrauch dieser Formen:

On sano/**ttu**, että Suomi on tuhansien järvien maa.
Ol/i sano/**ttu**, että ...
On väite/**tty**, ettei johtaja eroa koskaan.
Tähän **on** tul/**tu**.
Ol/i anne/**ttu** sellainen neuvo, että ...
Kouluissa **on** lue/**ttu** saksaa jo pitkään.
Ol/i huomat/**tu**, että laiva uppoaa.
Ol/i jo syö/**ty**, kun vieraat tulivat.
On esite/**tty** kolme ehdotusta.
Tätä **on** pelät/**ty** monta vuotta.
On ol/**tu** myös sitä mieltä, että ...
On/ko nyt men/**ty** liian pitkälle?
Auto **ol/i** oste/**ttu** jo eilen.
Autot **ol/i** oste/**ttu** ...

Die verneinende Form des Passiv Perfekt ist **ei ole** + Partizip Perfekt Passiv des Hauptverbs, die verneinende Form des Plusquamperfekts wiederum **ei ol/lut** + das gleiche Partizip (vgl. § 63).

§71 Passivformen der Verben

	Bejahende Form	Verneinende Form
verneinendes Perfekt und Plusquamperfekt	on saa/tu	**ei ole** saa/**tu**
	ol/i saa/tu	**ei ol**/lut saa/**tu**
	on sano/ttu	ei ole sano/ttu
	ol/i sano/ttu	ei ol/lut sano/ttu
	on määrät/ty	ei ole määrät/ty
	ol/i määrät/ty	ei ol/lut määrät/ty
	on ol/tu	ei ole ol/tu
	ol/i ol/tu	ei ol/lut ol/tu

Besonders beachte man das verneinende Imperfekt des Passivs, das sich aus dem Verneinungsverb **ei** und dem Partizip Perfekt Passiv zusammensetzt (vgl. § 70).

	Bejahende Form	Verneinende Form
Beachte: verneinendes Imperfekt!	sano/ttiin	**ei** sano/**ttu**
	oste/ttiin	ei oste/ttu
	kysy/ttiin	ei kysy/tty
	huomat/tiin	ei huomat/tu
	osat/tiin	ei osat/tu
	pelät/tiin	ei pelät/ty
	saa/tiin	ei saa/tu
	syö/tiin	ei syö/ty
	tul/tiin	ei tul/tu
	ol/tiin	ei ol/tu
	men/tiin	ei men/ty
	tarvit/tiin	ei tarvit/tu

Im folgenden Beispiele für den Gebrauch der verneinenden Formen.

Beachte: Partitivobjekt!

Tätä **ei ole** tarvit/**tu** ennenkään.
Ei/kö **ole** oste/**ttu** ruokaa?
Keneltäkään **ei** kysy/**tty** neuvoa.
50 vuotta sitten Suomen kouluissa **ei** opiskel/**tu** englantia.
Virtasta **ei** valit/**tu** puheenjohtajaksi.
Häntä **ei ol/lut** näh/**ty** kaupungilla.
Lakon aikana **ei** saa/**tu** sähköä.
Läksyä **ei** osat/**tu** hyvin.
Paitaanne **ei** vielä **ole** pes/**ty**.
Seurauksia **ei ol/lut** ote/**ttu** huomioon.
Ehdotusta **ei** ymmärre/**tty**.
Sotaa **ei** koskaan unohde/**ttu**.

§ 72 *Modi des Passivs*

Der Indikativ hat keine Modusendung, zu diesen Formen siehe § 69, z. B. *sano/ta/an, kerro/ta/an, tul/la/an*. Die anderen Modi, also Konditional (**-isi**-), Imperativ (**-ko-** ~ **-kö-**) und Potential (**-ne-**) werden alle vom Passiv Imperfekt (vgl. § 70) nach folgender Regel gebildet:

Bildung

> *Ersetze* **-iin** *des Passiv Imperfekt durch* **-a** *oder* **-ä** *und füge die betreffende Modus- sowie Personalendung* **-Vn** *an.*

Vom Passiv Imperfekt *sano/tt/i/in* bekommt man also das Konditional *sano/tta/isi/in*, den Imperativ *sano/tta/ko/on* und den Potential *sano/tta/ne/en*.

Infinitiv	Passiv Imperfekt	Passiv Konditional	Passiv Potential	Passiv Imperativ
katso/a	katso/ttiin	katso/ttaisiin	katso/ttaneen	katso/ttakoon
tunte/a	tunne/ttiin	tunne/ttaisiin	tunne/ttaneen	tunne/ttakoon
odotta/a	odote/ttiin	odote/ttaisiin	odote/ttaneen	odote/ttakoon
avat/a	avat/tiin	avat/taisiin	avat/taneen	avat/takoon
lisät/ä	lisät/tiin	lisät/täisiin	lisät/täneen	lisät/täköön
juo/da	juo/tiin	juo/taisiin	juo/taneen	juo/takoon
saa/da	saa/tiin	saa/taisiin	saa/taneen	saa/takoon
ol/la	ol/tiin	ol/taisiin	ol/taneen	ol/takoon
men/nä	men/tiin	men/täisiin	men/täneen	men/täköön
hävit/ä	hävit/tiin	hävit/täisiin	hävit/täneen	hävit/täköön

Die entsprechenden verneinenden Verben setzen sich im Konditional und Potential aus dem Verneinungsverb **ei** und der unten stehenden Passivform ohne die Personalendung **-Vn** zusammen. Als verneinende Form des Imperativ Passiv gebraucht man **älköön**, der die Passivform ohne Personalendung **-Vn** (vgl. § 66) folgt.

Verneinungsformen

Bejahende Form	Verneinende Form
juo/ta/isi/in	ei juo/ta/isi
ol/ta/isi/in	ei ol/ta/isi
men/tä/ne/en	ei men/tä/ne
sano/tta/ko/on	älköön sano/tta/ko

§ 72 Passivformen der Verben

    teh/tä/isi/in   ei teh/tä/isi
    rakenne/tta/isi/in   ei rakenne/tta/isi
    todet/ta/ne/en   ei todet/ta/ne

Beispiele:

Tätä **ei** sano/**tta/isi**, jos ei olisi aihetta.
Voi/**ta/isi/in**/ko tehdä näin?
Ei voi/**ta/isi**.
Pääte/**ttä/ne/en**, että ...
Mitä sano/**tta/isi/in**, jos ...
Ei kai sano/**tta/isi** mitään.
Lakko lopete/**tta/isi/in**, jos pääs/**tä/isi/in** sopimukseen.
Ovea **älköön** avat/**ta/ko** liian nopeasti.
Tätä päätöstä **ei** siis teh/**tä/ne**.

17 Infinitive der Verben

Allgemeines
Infinitiv I
Infinitiv II
Infinitiv III
Infinitiv IV

§ 73 *Allgemeines*

Die Infinitive und Partizipien bilden die Gruppe der infiniten Formen der Verben, deren gemeinsamer Zug das Fehlen von Personalendungen ist. Die Grundstruktur der Infinitive ist bereits oben erläutert worden (§ 14). Alle Infinitive haben ihr eigenes Kennzeichen, ihre Funktionsendung, die keine eigentliche Bedeutung hat. Einige Infinitive treten im Passiv auf (vor allem der Infinitiv II) oder können mehrere Kasusendungen erhalten (vor allem der Infinitiv III). Die Infinitive I und II erhalten unter bestimmten Bedingungen auch Possessivsuffixe. An alle Infinitive können Anhängepartikeln angefügt werden. Numerusendungen haben die Infinitive nie. Die Infinitive verhalten sich im Satz wie Substantive, sie sind substantivische Verbformen; die Partizipien verhalten sich wie Adjektive. Die folgenden Sätze zeigen Gemeinsamkeiten der Infinitive und der eigentlichen Substantive auf.

Gemeinsamkeiten der Infinitive mit den Substantiven

Haluan *omena/n*.
Haluan ui/**da**.
Haluan osta/**a** omenan.

Nälkä katoaa *minuuti/ssa*.
Nälkä katoaa syö/**de**/ssä.

Menen *Helsinki/in*.
Menen ulos juokse/**ma**/an.

Satamaan pääsee myös *linja-auto/lla*.
Oppii myös luke/**ma**/lla.

§ 74 Infinitiv I

§ 74.1 Grundform des Infinitiv I

Der Infinitiv I tritt in zwei Kasus auf, in der Grundform, an die nur die Infinitivendung angehängt wird, z. B. sano/**a**, saa/**da**, sowie im Translativ, wobei an die erwähnte Endung noch -**kse**- (vgl. § 50) sowie das Possessivsuffix angehängt werden.

Die Endungen des Infinitiv I wurden oben bereits erklärt (§ 22). Dieser Infinitiv ist die Wörterbuchform der Verben, wie z. B. im Nykysuomen Sanakirja und in vielen Lehrbüchern des Finnischen. Der Infinitiv I hat vier verschiedene Endungen:

vier Endungen 1) -**a** ~ -**ä**, 2) -**da** ~ -**dä**, 3) -**ta** ~ -**tä**, 4) -**la** ~ -**lä**, -**ra** ~ -**rä**, -**na** ~ -**nä**.

Beispiele zu den Formen und ihrem Gebrauch in den Sätzen:

1) osta/**a**   2) tuo/**da**
   vetä/**ä**   jää/**dä**
   varat/**a**   saa/**da**
   levät/**ä**   kanavoi/**da**

3) juos/**ta**   4) ol/**la**
   nous/**ta**   kysel/**lä**
   valais/**ta**   pur/**ra**
   väris/**tä**   men/**nä**

Aion lähte/**ä** ulos.
Yritämme ymmärtä/**ä**.
Mitä haluat syö/**dä**?
Saat lainat/**a** tämän kirjan.
Teillä on oikeus otta/**a** yksi kuva.
On aika vaikea oppi/**a** suomea.
Onko sinulla jo ollut mahdollisuus tilat/**a**?
Teidän täytyy tul/**la** meille!
Täytyy aja/**a** varovasti.
Anna hänen men/**nä**!
Antakaa Kallen men/**nä**!
Koneessa täytyy ol/**la** vika.
Vian täytyy ol/**la** koneessa.
Minulla on ajatus lähte/**ä** Unkariin ensi kesänä.
Pakolaisten sallittiin poistu/**a** maasta.

Beachte:
**täytyy,
antaa** usw.!

Besonders beachte man die sogenannten nezessiven Konstruktionen (*täytyy, pitää* usw.) und permissiven Konstruktionen (*antaa x tehdä jotakin; sallia*), in deren Verbindung oft Genitiv gebraucht wird (Antakaa Kalle/**n** mennä; Via/**n** täytyy olla koneessa) und Infinitiv I (Antakaa Kallen men/**nä**; Vian täytyy ol/**la** koneessa).

§ 74.2 *Translativ des Infinitiv I*

-**kse**- +
Possessiv-
suffix

An die Grundform des Infinitiv I kann man die Endung des Translativs -**kse**- anhängen, der außerdem das die betreffende Subjektsperson bezeichnende Possessivsuffix folgt. Diese Konstruktion drückt normalerweise eine Absicht oder einen Zweck aus.

Stamm	Infini- tiv I	Trans- lativ	Possessiv- suffix	Anhänge- partikel
sano	a	kse	ni	
elä	ä	kse	mme	
oppi	a	kse	en	han
tavat	a	kse	si	
juo	da	kse	en	
ol	la	kse	nne	

Beispiele:

Lähdin Hollantiin levät/**ä/kse/ni**.
Ihminen syö elä/**ä/kse/en**.
Elätkö syö/**dä/kse/si**?
Pyörähdin men/**nä/kse/ni**.
Monet suomalaiset menevät
Ruotsiin saa/**da/kse/en** työtä.
Otatko työn teh/**dä/kse/si**?
Muista/**a/kse/ni** asia on näin.
Tietä/**ä/kse/mme** hän ei ole täällä.
Osku on hyvin voimakas ol/**la/kse/en** niin pieni.

§ 75 *Infinitiv II*

§ 75.1 *Inessiv des Infinitiv II*

-ssa ~
-ssä
bezeichnet
Zeit

Der Infinitiv II tritt in zwei Kasus auf, im Inessiv auf **-ssa** ~ **-ssä**, der eine Zeit bezeichnet, sowie im Instruktiv auf **-n**, der eine Art und Weise ausdrückt. Die Instruktivform ist seltener.

In dieser Inessivkonstruktion bezeichnet oft das Possessivsuffix das Subjekt, z. B. sano/e/ssa/**ni** „kun *minä* sanon". Auch das Passiv ist in Verbindung mit Inessiv möglich, z. B. sano/**tta**/e/ssa. Im allgemeinen kann man sagen, daß der Inessiv des Infinitiv II temporalen, d. h. eine Zeit bezeichnenden, mit **kun** beginnenden Nebensätzen entspricht.

Die einfachste Art, den Stamm des Infinitiv II zu bilden, ist die Anwendung folgender Regel (im § 14 wurden mehrere verschiedene Endungen dargestellt):

Bildung

> *Der Infinitiv II wird gebildet, indem man das* **-a** ~ **-ä** *des Infinitiv I durch* **-e** *ersetzt.*

Infinitiv I	Stamm des Infinitiv II
sano/**a**	sano/**e**-
vetä/**ä**	vetä/**e**-
herät/**ä**	herät/**e**-
tilat/**a**	tilat/**e**-
saa/**da**	saa/**de**-
myy/**dä**	myy/**de**-
ol/**la**	ol/**le**-
men/**nä**	men/**ne**-
havait/**a**	havait/**e**-

Beachte:
-e → -i!

Wenn der Stamm des Infinitiv I auf **-e** endet, wird dieses **-e** im Infinitiv II zu **-i**.

Infinitiv I	Infinitiv II
luk**e**/a	luk**i**/e-
itk**e**/ä	itk**i**/e-
tunt**e**/a	tunt**i**/e-
kok**e**/a	kok**i**/e-

Die Passivformen des Infinitiv II kann man am leichtesten bilden, indem man -**e**- an den Stamm des Passivs anhängt, den man mit Hilfe der ersten Regel von § 72 erhält (-**iin** des Passiv Imperfekt durch -**a** ~ -**ä** ersetzen; von der Form *sano/ttiin* bekommt man somit den Passivstamm *sano/tta*-). Die Formen des Infinitiv II sind schematisch folgende:

	Stamm	Passiv	Infinitiv	Kasus	Possessivsuffix	Anhängepartikel
	sano		e	ssa	ni	
	sano		e	ssa	nne	
	sano		e	n		
	sano		e	n		ko
	sano	tta	e	ssa		
	sano	tta	e	ssa		han
	sano		e	ssa	mme	kin
	ol		le	ssa	ni	
	ol	ta	e	ssa		
	juo		de	ssa	an	
	juo	ta	e	ssa		
Pekan	herät		e	ssä		
	herät	tä	e	ssä		
	luki		e	ssa	nne	
Kallen	tunti		e	ssa		

gleichzeitige Handlung

Der Inessiv des Infinitiv II entspricht also bestimmten **kun**-Sätzen, vor allem solchen, deren ausgedrückte Handlung gleichzeitig ist mit der ausgedrückten Handlung des Hauptsatzes, z. B. *Sano/e/ssa/ni tämän kaikki nousivat* 'zur gleichen Zeit, als ich dies sagte, standen alle auf'.

Das Subjekt des **kun**-Satzes wird in der Inessivkonstruktion auf folgende Art ausgedrückt:

§ 75.1 Infinitive der Verben

> Subjektregel

Das Subjekt wird ausgedrückt
a) durch das bloße Possessivsuffix nach dem Inessiv, wenn es mit dem Subjekt des Hauptsatzes identisch ist;
b) durch ein selbständiges Wort im Genitiv, wenn es mit dem Subjekt des Hauptsatzes nicht identisch ist;
c) durch den Genitiv der Personalpronomen (minun usw.), dem stets ein Possessivsuffix folgt (die unbetonten Pronomen der 1. und 2. Person können weggelassen werden).

	kun-Satz	Inessiv des Infinitiv II
a) gleiches Subjekt	Kun *oli*/**n** Ruotsissa, tapasi/**n** useita ystäviä.	Ol/**le**/**ssa**/**ni** Ruotsissa tapasin useita ystäviä.
	Kun *Pekka* heräsi, *hän* oli sairas.	Herät/**e**/**ssä**/**än** Pekka oli sairas.
	Kun aja/**t**, *sinun* pitää olla varovainen.	Aja/**e**/**ssa**/**si** sinun pitää olla varovainen.
	Kalevi ajattelee paremmin, kun *hän* juo kahvia.	Kalevi ajattelee paremmin juo/**de**/**ssa**/**an** kahvia.
	Ihmiset nauttivat, kun *he* lähtevät lomalle.	Ihmiset nauttivat lähti/**e**/**ssä**/**än** lomalle.
b) verschiedenes Subjekt	Kun *Pekka* herää, *Liisa* lähtee töihin.	Peka/**n** herät/**e**/**ssä** Liisa lähtee töihin.
	Viren tuli maaliin, kun *Päivärinta* oli vielä loppusuoralla.	Viren tuli maaliin Päivärinna/**n** ol/**le**/**ssa** vielä loppusuoralla.
c) versch. Subj. (von denen eines ein Personalpronomen ist)	*Muut* nukkuivat, kun *hän* heräsi.	Muut nukkuivat häne/**n** herät/**e**/**ssä**/**än**.
	Vaimoni heräsi, kun *(minä)* tuli/**n** kotiin.	Vaimoni heräsi *(minun)* tul/**le**/**ssa**/**ni** kotiin.

Die folgenden Beispiele enthalten eine passivische Inessivkonstruktion:

Helsinkiin tul/**ta**/e/ssa satoi.
Musiikkia kuunnel/**ta**/e/ssa pitää olla hiljaa.
Ikkunan pitää olla auki nuku/**tta**/e/ssa.

Ei pidä puhua niin paljon syö/**tä**/e/ssä.
Tästä setelistä Suomen Pankki maksaa vaadi/**tta**/e/ssa sata mk.

<small>ungleichzeitige Handlung</small>

Die Inessivkonstruktion drückt also aus, daß die Handlung des **kun**-Satzes gleichzeitig mit derjenigen des Hauptsatzes geschieht. Wenn die Handlung des **kun**-Satzes vor der im Hauptsatz ausgedrückten Handlung geschehen ist, wird eine andere Konstruktion gebraucht, nämlich das Partizip Perfekt im Partitiv (§ 83).

Peka/**n** herät/**ty**/ä Tuula lähti töihin.
Jäät lähtivät kevää/**n** tul/**tu**/a.

§ 75.2 *Instruktiv des Infinitiv II*

<small>Art und Weise</small>

Diese Form wird gebildet, indem die Instruktivendung -**n** nach der Hauptregel (§ 75.1) an den Infinitivstamm angehängt wird, z. B. sano/e/**n**, naura/e/**n**, hymyil/le/**n**, huomat/e/**n**. Die Konstruktion drückt hauptsächlich eine Art und Weise aus und tritt meist in festen Verbindungen auf.

Lapsi tuli itki/**e/n** kotiin.
He astuivat naura/**e/n** sisään ovesta.
Kyllä sinne kävel/**le/n**/kin pääsee.
Kaikesta päättä/**e/n**.
Illan tul/**le/n**.
Kalle nauroi kaikkien näh/**de/n**.
Näin ol/**le/n**.

§ 76 *Infinitiv III*

§ 76.1 *Bildung*

<small>Beachte: wichtige Struktur!</small>

Der Infinitiv III auf die Endung -**ma** ~ -**mä** ist eine häufige und wichtige Form sowohl in der geschriebenen als auch in der gesprochenen Sprache. Er kommt in fünf Kasus vor, nämlich im Inessiv auf -**ssa** ~ -**ssä**, im Elativ auf -**sta** ~ -**stä**, im Illativ auf -**Vn**, im Adessiv auf -**lla** ~ -**llä** und im Abessiv auf -**tta** ~ -**ttä**.

§ 76.1   Infinitive der Verben

> *Den Stamm des Infinitiv III bildet man durch Anhängung von* **-ma** ~ **-mä** *an den Flexionsstamm des Verbs (§ 23).*

Den Flexionsstamm erhält man aus der 3. Person Singular Indikativ Präsens nach Abzug der Personalendung.

	Infinitiv I	3. Person Singular	Stamm Infinitiv III
	vetä/ä	vetä/ä	vetä/**mä**-
	otta/a	otta/a	otta/**ma**-
	rakenta/a	rakenta/a	rakenta/**ma**-
	huomat/a	huomaa	huomaa/**ma**-
	kaivat/a	kaipaa	kaipaa/**ma**-
	levät/ä	lepää	lepää/**mä**-
	maat/a	makaa	makaa/**ma**-
	lyö/dä	lyö	lyö/**mä**-
Beachte!	ol/la	on	ole/**ma**-
	tul/la	tule/e	tule/**ma**-
	men/nä	mene/e	mene/**mä**-
	valit/a	valitse/e	valitse/**ma**-

Die Formen des Infinitiv III sind schematisch folgendermaßen konstruiert:

Stamm	Infinitiv	Kasus	Anhängepartikel
lepää	mä	ssä	
lepää	mä	än	
lepää	mä	än	kö
vetä	mä	llä	
vetä	mä	llä	kin
mainitse	ma	tta	
mainitse	ma	tta	kaan
teke	mä	stä	

§ 76.2 *Inessiv des Infinitiv III*

andauernde Handlung

Der Inessiv bezeichnet eine andauernde Handlung und erscheint meistens in Verbindung mit dem Verb *ol/la,* manchmal auch mit anderen einen Zustand bezeichnenden Verben.

    Ville on kirjastossa luke/**ma/ssa**.
    Veljeni on opiskele/**ma/ssa** Tampereella.
    Lapset ovat ulkona leikki/**mä/ssä**.
    Olitko jo nukku/**ma/ssa**, kun soitin?
    Kalle ja Pekka ovat olutta osta/**ma/ssa**.
    Huomenna käyn äitiäni katso/**ma/ssa**.
    Istumme juuri syö/**mä/ssä**.
    Pyykki on kuivu/**ma/ssa**.

§ 76.3 *Elativ des Infinitiv III*

Bedeutung

Der Elativ schließt sich Verben an, die eine konkrete oder abstrakte Bewegung ausdrücken, z. B. *tul/la* und *palat/a,* wenn es also um eine Handlung geht, von der man zurückkehrt. Man beachte besonders die folgenden den Elativ des Infinitiv III fordernden Verben:

    estä/ä   *pelasta/a*
    esty/ä   *pelastu/a*
    kieltä/ä   *varo/a*
    kieltäyty/ä   *varoitta/a*
    lakat/a   *välttä/ä*

    Tuula *tuli* rannalta ui/**ma/sta**.
    Teuvo *palasi* Helsingistä opiskele/**ma/sta**.
    Silja *lakkasi* itke/**mä/stä**.
    Kiellän sinua mene/**mä/stä** ulos.
    Kieltäydyn poltta/**ma/sta** savukkeita.
    Älä *estä* minua näke/**mä/stä**!
    Hän *pelasti* minut hukku/**ma/sta**.

§ 76.4 *Illativ des Infinitiv III*

Bedeutung

Der Illativ wird vor allem verwendet bei Verben, die eine Bewegung ausdrücken, und bezeichnet eine Handlung, die man aufnimmt.

Besonders beachte man die Konstruktion *tul/la* + Illativ des Infinitiv III, z. B. *Tule/n palaa/ma/an*, die eine zukünftige Zeit bezeichnet („Futur"). Die häufigsten den Illativ des Infinitiv III verlangenden Verben sind die folgenden:

Beachte: wichtige Verben!

joutu/a *pysty/ä*
jättä/ä *pyytä/ä*
jää/dä   *pääs/tä*
kehotta/a *ruvet/a*
kyet/ä   *ryhty/ä*
käske/ä *sattu/a*
pakotta/a

Menen ulos syö/**mä/än**.
Tanssi/**ma/an**/ko te menette?
Matkustan maalle lepää/**mä/än**.
Illalla tulen teille sauno/**ma/an**.
Lähden hake/**ma/an** lapset koulusta.
Menetkö kotiin nukku/**ma/an**?
Tulen lähte/**mä/än** pois.
Jätin Kallen kotiin luke/**ma/an**.
Jään vielä työskentele/**mä/än**.
Kehotan teitä lopetta/**ma/an** tupakoimisen.
Poliisi käski meitä poistu/**ma/an**.
Pystytkö aja/**ma/an** Helsinkiin?
Tuija pyysi minua tanssi/**ma/an**.
Illalla rupesi sata/**ma/an**.
Reijo sattui ole/**ma/an** paikalla.

Adjektive

Der Illativ des Infinitiv III tritt auch nach einigen Adjektiven auf, von denen die häufigsten *halukas, innostunut, kiinnostunut, valmis* sind.

Kuka on halukas vastaa/**ma/an**?
En ole innokas tule/**ma/an**.
Olen kyllä kiinnostunut osta/**ma/an** pesukoneen.
Karikin on valmis lähte/**mä/än**.

§ 76.5 *Adessiv und Abessiv des Infinitiv III*

Mittel

Der Adessiv drückt ein Mittel, manchmal eine Art und Weise aus.

Voitin miljoonan veikkaa/**ma/lla**.
Sinne pääsee mukavasti kävele/**mä/llä**.
Hän elää kirjoitta/**ma/lla** kirjoja.
Kieliä oppii parhaiten puhu/**ma/lla**.

„ohne" Die Bedeutung des Abessivs ist „ohne"; dabei steht das Objekt im Partitiv (vgl. § 33.2). Ein eventuelles Subjekt steht im Genitiv; handelt es sich um ein Personalpronomen, wird an das Verb noch ein Possessivsuffix angehängt.

Sehän on sano/**ma/tta**/kin selvää.
Syö/**mä/ttä** ja juo/**ma/tta** ei elä.
Olutta juo/**ma/tta** en pärjää.
Kalle teki sen *(meidän)* tietä/**mä/ttä/mme**.
Myyjä tuli sisään *Leenan* huomaa/**ma/tta** mitään.
Koira karkasi *hänen* huomaa/**ma/tta/an**.

Die Formen auf **-ma** ~ **-mä** können auch adjektivisch gebraucht werden bei den sogenannten Agenskonstruktionen (§ 84). Einige Beispiele:

Kalle/n osta/**ma** auto.
Oletko istunut Kalle/n osta/**ma**/ssa autossa?
En ole nähnyt Kalle/n osta/**ma**/a autoa.

§ 77 *Infinitiv IV*

-minen Der Infinitiv IV wird mit der Endung **-minen** gebildet, die an den Flexionsstamm des Verbs angehängt wird (vgl. § 23; 76.1). Beispiele:

Infinitiv I	3. Person Singular	Infinitiv IV
tietä/ä	tietä/ä	tietä/**minen**
suoritta/a	suoritta/a	suoritta/**minen**
halut/a	halua/a	halua/**minen**
todet/a	totea/a	totea/**minen**
lakat/a	lakkaa	lakkaa/**minen**
jää/dä	jää	jää/**minen**
ol/la	on	ole/**minen**
juos/ta	juokse/e	juokse/**minen**
havait/a	havaitse/e	havaitse/**minen**

§ 77   Infinitive der Verben 208

Der Infinitiv IV tritt nur in zwei seltenen Fällen auf: im Nominativ, wo er einen Zwang ausdrückt (dies ist also ein sog. nezessiver Ausdruck) sowie im entsprechenden Partitiv.

seltene Ausdrücke

Minun on mene/**minen** sinne. (Nom.)
(Beachte: Gen. minu/**n**)
Tämä tehtävä on suoritta/**minen**. (Nom.)
Sinne ei ole mene/**mis**/tä. (Part.)

Häufigere Ausdrücke in dieser Bedeutungsfunktion sind z. B. folgende:

häufigere

Minun *täytyy mennä* ~ *pitää mennä* ~ *on mentävä* sinne.
Tämä tehtävä *on suoritettava* ~ *pitää suorittaa*.
Sinne ei *pidä* mennä.

Häufiger als als Endung des sog. „Infinitiv IV" tritt -**minen** auf als Ableitungssuffix für Substantive, die von Verben gebildet sind (deverbale Substantive, siehe genauer § 92). Einige Beispiele:

Tupakoi/**minen** on täällä kielletty.
Auton aja/**minen** on hankalaa.
Sauno/**minen** on mukavaa.

18 Partizipien der Verben

Allgemeines
Partizip Präsens Aktiv
Partizip Präsens Passiv
Partizipien des Perfekts
Partizipialkonstruktion
Temporalkonstruktion
Agenskonstruktion

§ 78 *Allgemeines*

Zwei Partizipien

Die Partizipien gehören wie die Infinitive zu den infiniten Verbformen; sie sind nicht konjugierbar. Im Finnischen gibt es zwei Partizipien, das des Präsens und das des Perfekts. Beide treten sowohl im Aktiv als auch im Passiv auf; vgl. § 14, wo ein Gesamtüberblick über die infiniten Formen gegeben wurde. Die vier Partizipien des Verbs *sano/a* sind:

	Aktiv	Passiv
Präsens	sano/**va**	sano/tta/**va**
Perfekt	sano/**nut**	sano/**ttu**

Die Partizipien funktionieren teils wie Verben, z.B. *(olen) sano/nut* (§ 61) und *(on) sano/ttu* (§ 71), teils wie Adjektive. Im letzteren Fall haben sie die übliche Numerus- und Personalflexion der Adjektive.

adjektivische Ausdrücke

pitkä mies   *pitkä/t* miehe/t
syö/**vä** mies   syö/**vä**/t miehe/t
syö/**nyt** mies   syö/**nee**/t miehe/t
lyö/tä/**vä** mies   lyö/tä/**vä**/t miehe/t
lyö/**ty** mies   lyö/**dy**/t miehe/t

Die Partizipien sind also der normalen Attributkongruenz unterworfen, wenn sie voranstehende Attribute sind (§ 31). Die Partizipien haben auch andere Anwendungen als die gerade erwähnten. Alle

Partizipien kann man z. B. (im Genitiv flektiert) in der sogenannten Partizipialkonstruktion anwenden, wobei sie einen *että*-Satz ersetzen (§ 82):

Partizipial-
konstruktion

Näen, että Pekka tulee. ~ Näen Peka/n tule/**va**/n.

Näen, että Pekka on tullut. ~ Näen Peka/n tul/**lee**/n.

Das im Partitiv flektierte Partizip Perfekt Passiv wird als Ersatz für einen temporalen Nebensatz gebraucht, wenn dessen Handlung derjenigen des Hauptsatzes vorausgeht (§ 83; vgl. auch § 75.1):

Temporal-
konstruktion

Nukahdin, kun Pekka oli tullut. ~ Nukahdin Peka/n tul/**tu**/a.

Den Stamm des Infinitiv III (-**ma**- ~ -**mä**-, siehe § 76.1) gebraucht man bei der sog. Agenskonstruktion als Ersatz für bestimmte Relativsätze:

Agenskon-
struktion

Peka/n osta/**ma** auto ~ auto, jonka Pekka oli ostanut

§ 79 *Partizip Präsens Aktiv*

unvollendete
Handlung

Diese Form erhält man durch Anhängung der Endung -**va** ~ -**vä** an den Flexionsstamm des Verbs (§ 23). Es drückt eine unvollendete Handlung aus.

Infinitiv I	3. Person Singular	Partizip Präsens
kerto/a	kerto/o	kerto/**va**
kylpe/ä	kylpe/e	kylpe/**vä**
luvat/a	lupaa	lupaa/**va**
kadot/a	katoa/a	katoa/**va**
määrät/ä	määrää	määrää/**vä**
soi/da	soi	soi/**va**
men/nä	mene/e	mene/**vä**
ol/la	on	ole/**va**
häirit/ä	häiritse/e	häiritse/**vä**
ratkais/ta	ratkaise/e	ratkaise/**va**

Oft entspricht das Partizip Präsens einem Relativsatz, dessen Verb im Präsens steht:

Pihalla seiso/**va** auto on sininen.	Auto, *joka* seisoo pihalla, on sininen.
Oletko nähnyt pihalla seiso/**va**/n auton?	Oletko nähnyt auton, *joka* seisoo pihalla?
työtä teke/**vä** luokka	luokka, *joka* tekee työtä
Pihalla on huuta/**v**/**i**/a lapsia.	Pihalla on lapsia, *jotka* huutavat.
Ratkaise/**va**/t päätökset tehdään iltapäivällä.	Päätökset, *jotka* ovat ratkaisevia, tehdään iltapäivällä.
hyvää musiikkia soitta/**va** yhtye	yhtye, *joka* soittaa hyvää musiikkia

voranstehende nähere Bestimmung

Aus den Beispielen geht auch hervor, daß die Objekt- und adverbialen Bestimmungen des Partizips als Attribut *vor* dem Partizip stehen (*musiikkia* soittava yhtye; *pihalla* seisova auto).

§ 80 *Partizip Präsens Passiv*

Die Form erhält man am einfachsten aus dem Passiv Imperfekt (vgl. § 70) mit Hilfe der folgenden Regel (die identisch ist mit der in Verbindung mit den Modi des Passivs vorgestellten Regel, § 72).

Bildung

> *Ersetze* **-iin** *des Passiv Imperfekt durch* **-a** *oder* **-ä** *und ergänze* **-va ~ -vä**.

Beispiel: sano/ttiin → sano/tta/va. Diese Partizipien haben eine besondere Bedeutung. Normalerweise entsprechen sie folgenden Relativsätzen:

Beachte: Bedeutung!

sano/**tta**/va asia
1) asia, joka *täytyy ~ pitää sanoa ~ on sanottava*
2) asia, joka *voidaan sanoa*
3) asia, joka *tullaan sanomaan*
4) asia, jota *sanotaan ~* joka *tulee sanotuksi*

§ 80   Partizipien der Verben

Infinitiv I	Passiv Imperfekt	Partizip Präsens Passiv
kerto/a	kerro/ttiin	kerro/**tta**/**va**
luke/a	lue/ttiin	lue/**tta**/**va**
johta/a	johde/ttiin	johde/**tta**/**va**
huomat/a	huomat/tiin	huomat/**ta**/**va**
pelät/ä	pelät/tiin	pelät/**tä**/**vä**
rakenta/a	rakenne/ttiin	rakenne/**tta**/**va**
juo/da	juo/tiin	juo/**ta**/**va**
ajatel/la	ajatel/tiin	ajatel/**ta**/**va**
hävit/ä	hävit/tiin	hävit/**tä**/**vä**

Der Gebrauch dieser Partizipien geht am klarsten aus den folgenden Beispielen hervor. Abhängig vom Satzzusammenhang sind alle Bedeutungen (1–4) möglich.

Syö/**tä**/**vä** sieni.
Tämä ei ole suositel/**ta**/**va** kirja.
Nämä eivät ole suositel/**ta**/**v**/i/a kirjoja.
Onko teillä ilmoite/**tta**/**v**/i/a tuloja?
Onko jääkaapissa jotain juo/**ta**/**va**/a?
Ei tämä ole mikään pelät/**tä**/**vä** koira!
Onko teillä tarvit/**ta**/**va** pääoma?
Ratkais/**ta**/**va**/t kysymykset ovat ...
Onko vielä jotain lisät/**tä**/**vä**/ä?
Minulla ei ole muuta sano/**tta**/**va**/a.
Lainat/**ta**/**va**/t kirjat ovat oikealla.
Viimeinen suorite/**tta**/**v**/i/sta töistä oli vaikein.

„müssen"   Das Partizip Präsens Passiv hat noch einige besondere Anwendungen. Es tritt u. a. in der nezessiven Bedeutung „müssen" in Ausdrücken wie den folgenden auf:

Genitivisches Subjekt	+ **on** oder **oli** +	Partizip Präsens Passiv

| minu/**n** | on | sano/**tta**/**va** |
| mies/**ten** | oli | lähde/**ttä**/**vä** |

Nyt minun **on** syö/**tä**/**vä**.
On/ko sinun lähde/**ttä**/**vä** jo?
Meidän **oli** tilat/**ta**/**va** taksi.
Kaikkien **on** men/**tä**/**vä** ulos.
Pekan **on** usko/**tta**/**va**, että ...
Heidän **oli** matkuste/**tta**/**va** Helsinkiin.

„man kann" Mit dem Partizip Präsens Passiv im Inessiv Plural in Verbindung mit *ol/la* drückt man aus, daß etwas getan oder nicht getan werden kann.

Onko johtaja tavat/**ta**/**v**/**i**/**ssa**?
Eikö johtaja ole tavat/**ta**/**v**/**i**/**ssa**?
Päätös on teh/**tä**/**v**/**i**/**ssä**.
Tämä asia ei ole muute/**tta**/**v**/**i**/**ssa**.

Dieses Partizip kommt auch in einigen festen Ausdrücken vor.

feste Aus- Onko teillä huoneita vuokrat/**ta**/**va**/**na**?
drücke   Autoja myy/**tä**/**vä**/**nä**.
           Virka on julistettu hae/**tta**/**va**/**ksi**.
           Paavo on sairaalassa tutki/**tta**/**va**/**na**.

§ 81 *Partizipien des Perfekts*

Die Partizipien des Perfekts kommen vor allem in den zusammengesetzten Zeitformen, dem Perfekt und dem Plusquamperfekt, vor, z. B. on sano/**nut**, on sano/**ttu**, oli sano/**nut**, oli sano/**ttu**. Über die Bildung der Partizipien, siehe §§ 61, 71. Zur Wiederholung einige Beispiele zum verbalen Gebrauch der Partizipien:

verbaler   Partizip Perfekt
Gebrauch
            (minä) olen anta/**nut**   (Perfekt Aktiv)
            (sinä) olet anta/**nut**
            Pekka on anta/**nut**
            (me) olemme anta/**neet**
            (te) olette anta/**neet**
            he ovat anta/**neet**
            on anne/**ttu**   (Perfekt Passiv)

§ 81 Partizipien der Verben

Die entsprechenden Plusquamperfektformen sind *(minä) olin anta/nut, he olivat anta/neet, oli anne/ttu* usw.

abgeschlossene Handlung

Die Partizipien des Perfekts drücken eine abgeschlossene Handlung aus, die Partizipien des Präsens hingegen eine noch nicht abgeschlossene Handlung (vgl. §§ 79, 80).

Die Partizipien des Perfekts kommen auch in adjektivischer Funktion vor, vor allem als vorangestellte Attribute, z. B. *lahjan anta/nut mies* und *anne/ttu lahja*. Wenn die Partizipien eigene Objekt- oder adverbiale Bestimmungen haben, werden diese dem Partizip vorangestellt (vgl. § 79).

adjektivischer Gebrauch

Im folgenden werden zuerst Beispiele für das adjektivisch gebrauchte Partizip **-nut** ~ **-nyt** dargestellt. Der Flexionsstamm hat die Form **-nee-**.

-nut ~ -nyt

paljon matkusta/**nut** ihminen
koke/**nut** lääkäri
Tunnen koke/**nee**/n lääkärin.
En tunne koke/**nut**/ta lääkäriä.
pois juos/**sut** koira
Vietnamissa ol/**lee**/t ihmiset sanovat, että ...
Eilen saapu/**nee**/t matkustajat ovat jo lähteneet.
Viime syksynä ilmesty/**nee**/t kirjat ovat hyviä.
Pommin löytä/**nyt** koira kuoli.
Pommin löytä/**nee**/lle koiralle annettiin mitali.
Näin pala/**nee**/n talon.
Pala/**nee**/ssa talossa oli ollut ihmisiä.
Oletteko väsy/**ne**/i/tä?
He ovat hyvin koke/**ne**/i/ta.

Auf entsprechende Art drückt das Partizip Perfekt Passiv **-(t)tu ~ -(t)ty** eine abgeschlossene Handlung aus, die ein unbestimmter Handelnder ausgeführt hat.

-(t)tu ~ -(t)ty

kaupasta oste/**ttu** kirja
syksyllä rakenne/**ttu** talo
He asuvat syksyllä rakenne/**tu**/ssa talossaan.
hyväksy/**tty** ehdotus
Hyväksy/**ty**/t opiskelijat voivat jatkaa.
syö/**ty** piirakka
Eilen syö/**dy**/t piirakat eivät olleet hyviä.
anne/**ttu** lahja

Anne/**ttu**/j/a lahjoja ei voi ottaa takaisin.
pelaste/**ttu** merimies
Pelaste/**tu**/t merimiehet olivat hyvässä kunnossa.
maalat/**tu** seinä
Seinät eivät ole maala/**tu**/t.

§ 82 *Partizipialkonstruktion*

-n Zu einer Partizipialkonstruktion kann man einen bejahenden **että**-Satz verkürzen, der als Objekt bestimmter Verben dient, z. B. der Verben *näh/dä, kuul/la, usko/a, sano/a*. Sowohl das Partizip Präsens als auch das Partizip Perfekt treten in der Partizipialkonstruktion im Aktiv und Passiv auf. Die Partizipien der Partizipialkonstruktion stehen immer im Genitiv (-**n**). Vom Verb *itke/ä* bekommt man somit die folgenden in der Partizipialkonstruktion auftretenden Formen:

		Grundform	Genitiv
Partizip	(Aktiv)	itke/**vä**	itke/**vä**/**n**
Präsens	(Passiv)	itke/**ttä**/**vä**	itke/**ttä**/**vä**/**n**
Partizip	(Aktiv)	itke/**nyt**	itke/**nee**/**n**
Perfekt	(Passiv)	itke/**tty**	itke/**ty**/**n**

In den Sätzen funktionieren diese Formen wie folgt:

	että-Satz		Partizipial-konstruktion
im Aktiv häufig	Näen, että Kalle itke/e.	~	Näen Kalle/n itke/**vä**/**n**.
	Näen, että Kalle on itke/nyt.	~	Näen Kalle/n itke/**nee**/**n**.
	Näen, että täällä itke/tään.	~	Näen täällä itke/**ttä**/**vä**/**n**.
	Näen, että täällä on itke/tty.	~	Näen täällä itke/**ty**/**n**.

Ob das Partizip Präsens oder das Partizip Perfekt verwendet wird, entscheidet das zeitliche Verhältnis zwischen **että**-Satz und Hauptsatz. Die folgende Regel ist wichtig:

§ 82 Partizipien der Verben

welches Partizip?

> *Das Partizip Präsens wird gebraucht, wenn der Zeitpunkt der Handlung des **että**-Satzes gleichzeitig oder später ist als derjenige der Handlung des Hauptsatzes; das Partizip Perfekt wird gebraucht, wenn die Handlung des **että**-Satzes früher geschieht als die des Hauptsatzes.*

Das Subjekt des **että**-Satzes tritt in der Partizipialkonstruktion auf, wie in der folgenden Regel aufgeführt. (Die Regel betrifft nur Aktivsätze, da es in Passivsätzen kein Subjekt gibt!) Vergleiche mit der Subjektregel der Inessivkonstruktion (§ 75.1).

Subjektregel

> *Das Subjekt des **että**-Satzes drückt man aus*
> *a) durch bloßes Possessivsuffix, wenn es identisch mit dem Subjekt des Hauptsatzes ist;*
> *b) durch Genitiv vor der Partizipialform, wenn es nicht identisch mit dem Subjekt des Hauptsatzes ist (betrifft auch Personalpronomen!).*

Zunächst werden Beispiele für die häufigste, d. h. die das Partizip Präsens Aktiv enthaltende Konstruktion dargestellt (-**va/n** ~ -**vä/n**), die gebraucht wird, wenn die Handlung des **että**-Satzes gleichzeitig oder später geschieht als die des Hauptsatzes. Wenn man den Punkt a) der Subjektregel anwendet, fällt -**n** des Genitivs weg (§ 36).

	että-Satz	Partizipialkonstruktion
a) gleiches Subjekt -**va/n** ~ -**vä/n**	Usko/**n**, että nuku/**n**. Usko/**t**/ko, että nuku/**t**? Tiedä/**n**, että ole/**n** vanha. *Pekka* luuli, että *hän* oli kuningas. *He* sanoivat, että *he* tulisivat huomenna. *Hän* väittää, että *hän* on sairas. *Tuula* huomasi, että *hän* itki.	Uskon nukku/**va**/**ni**. Uskotko nukku/**va**/**si**? Tiedän ole/**va**/**ni** vanha. Pekka luuli ole/**va**/**nsa** kuningas. He sanoivat tule/**va**/**nsa** huomenna. Hän väittää ole/**va**/**nsa** sairas. Tuula huomasi itke/**vä**/**nsä**.

	Hallitus tietää, että *se* tulee eroamaan.	Hallitus tietää eroa/**va**/**nsa**.
	Luule/**mme**, että lähde/**mme** huomenna.	Luulemme lähte/**vä**/**mme** huomenna.
b) verschiedenes Subjekt	Tiedä/**n**, että *hän* on ulkomailla.	Tiedän häne/**n** ole/**va**/**n** ulkomailla.
-va/n ~ -vä/n	Luule/**t**/ko, että tiedä/**n** tämän?	Luuletko minu/**n** tietä/**vä**/**n** tämän?
	Näi/**mme**, että *he* lähtivät.	Näimme heidä/**n** lähte/**vä**/**n**.
	Kuuli/**mme**, että *lapsi* huusi.	Kuulimme lapse/**n** huuta/**va**/**n**.
	Pekka kuuli, että *juna* saapui.	Pekka kuuli juna/**n** saapu/**va**/**n**.
	He luule/**vat**, että suostu/**t** ehdotukseen.	He luulevat sinu/**n** suostu/**va**/**n** ehdotukseen.

Besonders beachte man das Auftreten des Personalpronominalsubjekts in der Partizipialkonstruktion des **että**-Satzes (als bloßer Genitiv), z. B. minu/**n** ole/**va**/**n**. Das Personalpronominalsubjekt erscheint in der Temporalkonstruktion sowohl als Personalpronomen (fakultativ) als auch als Possessivsuffix, z. B. (minu/**n**) ol/le/ssa/**ni** (vgl. § 83).

Die folgenden Sätze sind Beispiele für das Partizip Perfekt Aktiv, das gebraucht wird, wenn die Handlung des **että**-Satzes der Handlung des Hauptsatzes vorangeht:

	että-Satz	Partizipialkonstruktion
a) gleiches Subjekt -nee/n	Luule/**n**, että ole/**n** nukkunut.	Luulen nukku/**nee**/**ni**.
	Usko/**t**/ko, että nukui/**t**?	Uskotko nukku/**nee**/**si**?
	Tiedä/**n**, että oli/**n** sairas.	Tiedän ol/**lee**/**ni** sairas.
	He sanoivat, että *he* olivat tulleet eilen.	He sanoivat tul/**lee**/**nsa** eilen.
	Huomasi/**mme**, että oli/**mme** myöhästyneet.	Huomasimme myöhästy/**nee**/**mme**.
	Tuula huomasi, että *hän* oli itkenyt.	Tuula huomasi itke/**nee**/**nsä**.
	TPS tajusi, että *se* oli hävinnyt.	TPS tajusi hävin/**nee**/**nsä**.

§ 82 Partizipien der Verben   218

b) verschie- Tiedä/**n**, että *hän* on ollut   Tiedän häne/**n** ol/**lee/n**
denes Subjekt ulkomailla.   ulkomailla.

-**nee/n**   Luule/**t**/ko, että *minä* tiesin   Luuletko minu/**n** tietä/**nee/n**
              tämän?   tämän?

              Ymmärsi/**mme**, että *he* olivat   Ymmärsimme heidä/**n**
              lähteneet.   lähte/**nee/n**.

              Pekka kuuli, että *juna* oli   Pekka kuuli juna/**n** saapu/**nee/n**.
              saapunut.

              He luule/**vat**, että suostui/**t**   He luulevat sinu/**n** suostu/**nee/n**
              ehdotukseen.   ehdotukseen.

              Kerrotti/**in**, että Virtanen oli   Kerrottiin Virtase/**n** kuol/**lee/n**.
              kuollut.

Beachte: Die Partizipialkonstruktion ist besonders häufig in Verbindung mit
Wichtige   folgenden Verben: *näky/ä, näyttä/ä, kuulu/a, tuntu/a*. Aus dem Subjekt
Verben!   des **että**-Satzes wird das Subjekt des Hauptsatzes, das auch
           Verbkongruenz bewirkt (vgl. *Näyttää (siltä), että auto on rikki* → *Auto
           näyttää olevan rikki*).

Beispiele:

           Auto näyttää ole/**va/n** rikki.
           Sinä näytät ole/**va/n** sairas.
           Auto näyttää ol/**lee/n** rikki.
           Sinä näytät ol/**lee/n** sairas.
           Johtaja näyttää sano/**va/n**, että ...
           Johtaja näyttää sano/**nee/n**, että ...
           Tilanne tuntuu vaikeutu/**va/n**.
           Tilanne tuntui vaikeutu/**nee/n**.
           Tilanne ei tunnu vaikeutu/**va/n**.
           Tilanne ei tuntunut vaikeutu/**va/n**.
           Tilanne ei tuntunut vaikeutu/**nee/n**.

Die folgenden Beispiele betreffen passivische **että**-Sätze. Wenn ihre Handlung gleichzeitig oder später als die Handlung des Hauptsatzes geschieht, wird die Form -**(t)ta/va/n** ~ -**(t)tä/vä/n** gebraucht. Wenn die Handlung jedoch früher geschieht, gebraucht man die Form -**tu/n** ~ -**ty/n**.

	että-Satz	Partizipial-konstruktion
-(t)ta/va/n ~ -(t)tä/vä/n	Tiedän, että Ruotsissa puhu/taan myös suomea.	Tiedän Ruotsissa puhu/**tta/va/n** myös suomea.
	Kuulin, että sano/ttiin että ...	Kuulin sano/**tta/va/n**, että ...
	Kalle kuuli, että huoneessa siivot/tiin.	Kalle kuuli huoneessa siivot/**ta/va/n**.
	Huomasin, että alakerrassa riidel/lään.	Huomasin alakerrassa riidel/**tä/vä/n**.
	Tiedän, että ol/laan sitä mieltä että ...	Tiedän ol/**ta/va/n** sitä mieltä, että ...
-tu/n ~ -ty/n	Tiedän, että Virossa on puhu/ttu myös ruotsia.	Tiedän Virossa puhu/**tu/n** myös ruotsia.
	Kuulin, että oli sano/ttu että ...	Kuulin sano/**tu/n**, että ...
	Huomasin, että oli esite/tty että ...	Huomasin esite/**ty/n**, että ...
	Kalle kertoi, että oli rakenne/ttu talo.	Kalle kertoi rakenne/**tu/n** talo.
	Kalle kertoi, että talo oli rakenne/ttu.	Kalle kertoi talo/n rakenne/**tu/n**.

Beachte: bestimmte Bedeutung! Man beachte, daß in Fällen wie den letzteren die bestimmte Bedeutung des Objekts im Passivsatz ausgedrückt werden kann, indem man das Objekt an den Anfang der Partizipialkonstruktion stellt und es mit der Endung -n versieht.

§ 83 *Temporalkonstruktion*

Zu einer Temporalkonstruktion kann man **kun**-Sätze verkürzen. Wenn die von einem **kun**-Satz ausgedrückte Handlung gleichzeitig oder später geschieht als die Handlung des Hauptsatzes, gebraucht man als Verbform den Inessiv des Infinitiv II, z. B. *sano/e/ssa/ni* (vgl. § 75.1).

§ 83 Partizipien der Verben

	kun-Satz	Temporalkonstruktion
Inessiv des Infinitiv II (§ 75.1)	Kun Kalle tuli, Pekka lähti. Kun tulin, kompastuin.	Kalle/**n** tul/**le**/**ssa** Pekka lähti. Tul/**le**/**ssa**/**ni** kompastuin.

Wenn die Handlung des **kun**-Satzes früher geschieht als die des Hauptsatzes, gebraucht man in der Temporalkonstruktion als Verbform den Partitiv des Partizip Perfekt Passiv, z. B. *sano/ttu/a, syö/ty/ä* (vgl. § 71). Hier erscheint das Partizip nicht in seiner eigentlichen passivischen Bedeutung.

Partitiv des Partizip Perfekt Passiv (§ 71)	Kun Kalle oli tullut, Pekka lähti. Kun olin tullut, kompastuin.	Kalle/**n** tul/**tu**/**a** Pekka lähti. Tul/**tu**/**a**/**ni** kompastuin.

Die folgenden Beispiele wiederholen die Bildung des Partizip Perfekt Passiv:

Infinitiv	Passiv Imperfekt	Partizip Perfekt Passiv	Partitiv des Partizip Perfekt Passiv
sano/a	sano/ttiin	sano/ttu	sano/**ttu**/**a**
anta/a	anne/ttiin	anne/ttu	anne/**ttu**/**a**
juo/da	juo/tiin	juo/tu	juo/**tu**/**a**
ol/la	ol/tiin	ol/tu	ol/**tu**/**a**
huomat/a	huomat/tiin	huomat/tu	huomat/**tu**/**a**
pelät/ä	pelät/tiin	pelät/ty	pelät/**ty**/**ä**
ansait/a	ansait/tiin	ansait/tu	ansait/**tu**/**a**

Das Subjekt des **kun**-Satzes erscheint beim Partizip nach den gleichen Regeln wie beim Inessiv des Infinitiv II (§ 75.1).

Subjektregel

> *Das Subjekt wird ausgedrückt*
> *a) durch bloßes Possessivsuffix nach Partitiv, wenn das Subjekt mit dem des Hauptsatzes identisch ist;*
> *b) durch ein selbständiges genitivisches Wort, wenn das Subjekt mit dem des Hauptsatzes nicht identisch ist;*
> *c) durch die Genitivformen der Personalpronomen (**minun** usw.), denen immer ein Possessivsuffix folgt (die unbetonten Pronomen der 1. und 2. Person können wegfallen).*

	kun-Satz	Partitiv des Partizip Perfekt
a) gleiches Subjekt	Kun *Pekka* oli herännyt, *hän* lähti töihin.	Herät/**ty**/**ä**/**än** Pekka lähti töihin.
	Kun oli/**n** herännyt, lähdi/**n** töihin.	Herät/**ty**/**ä**/**ni** lähdin töihin.
	Tule/**t**/ko ulos, kun ole/**t** juonut kahvia?	Tuletko ulos juo/**tu**/**a**/**si** kahvia?
	Kun oli/**mme** syöneet, lähdi/**mme** kävelylle.	Syö/**ty**/**ä**/**mme** lähdimme kävelylle.
	Monet ihmiset ajattelevat paremmin, kun *he* ovat juoneet kahvia.	Monet ihmiset ajattelevat paremmin juo/**tu**/**a**/**an** kahvia.
b) verschiedenes Subjekt	Kun *Pekka* oli herännyt, *Liisa* lähti töihin.	Peka/**n** herät/**ty**/**ä** Liisa lähti töihin.
	Kun *Viren* oli tullut maaliin, *Päivärinta* oli vielä loppusuoralla.	Vireni/**n** tul/**tu**/**a** maaliin Päivärinta oli vielä loppusuoralla.
	Kaikki hämmästyivät, kun *Kekkonen* oli sanonut tämän.	Kaikki hämmästyivät Kekkose/**n** sano/**ttu**/**a** tämän.
c) verschiedenes Subjekt (unbetontes Pers.Pron.)	*Vaimoni* heräsi, kun *(minä)* olin tullut kotiin.	Vaimoni heräsi (minun) tul/**tu**/**a**/**ni** kotiin.
	Kun oli/**mme** olleet vuoden Ruotsissa, *ajat* huononivat.	(Meidän) olt/**tu**/**a**/**mme** vuoden Ruotsissa ajat huononivat.

§ 84 *Agenskonstruktion*

Die Agenskonstruktion ist eine Art der Verkürzung von Relativsätzen, anders gesagt von **joka**-, **mikä**-Sätzen, meist zur näheren Bestimmung, wobei das Verb als Adjektiv dient und das Subjekt (Agens) z. B. im Genitiv steht.

Relativsatz		Agenskonstruktion
auto, jonka Kalle osti	~	Kalle/**n** osta/**ma** auto
auto, jonka (minä) ostin	~	(minu/**n**) osta/**ma**/**ni** auto

§ 84 Partizipien der Verben

In bezug auf das Verb der Agenskonstruktion gilt folgende Regel:

Regel zum Verb

> *Das Verb der Agenskonstruktion*
> *a) drückt meist eine vergangene Zeit aus;*
> *b) wird gebildet mit der Endung* **-ma** ~ **-mä**, *die an den Flexionsstamm (§ 76.1) angehängt wird;*
> *c) dient als normales Adjektiv und wird in Numerus und allen Kasus flektiert (§ 31).*

Punkt a) der Regel bedeutet, daß das Verb mehreren Zeiten der Vergangenheit (Imperfekt, Perfekt, Plusquamperfekt) entspricht.

Bedeutungen

Kalle/**n** osta/**ma** auto
1) auto, jonka Kalle *osti* (Imperfekt)
2) auto, jonka Kalle *on ostanut* (Perfekt)
3) auto, jonka Kalle *oli ostanut* (Plusquamperfekt)

Punkt b) bedeutet, daß die Verbform genau wie der Stamm des Infinitiv III gebildet wird (§ 76.1).

Bildung

Infinitiv	3. Person Singular	Verbform **-ma** ~ **-mä**
anta/a	anta/a	anta/**ma**
vetä/ä	vetä/ä	vetä/**mä**
kaivat/a	kaipaa	kaipaa/**ma**
määrät/ä	määrää	määrää/**mä**
syö/dä	syö	syö/**mä**
valit/a	valitse/e	valitse/**ma**
mainit/a	mainitse/e	mainitse/**ma**

Punkt c) bedeutet, daß die **-ma** ~ **-mä**-Formen im Satz als Adjektive dienen und den Kongruenzregeln unterworfen sind (§ 31).

adjektivische Form

sininen auto
Kallen osta/**ma** auto

sinise/**n** auto/**n**
Kallen osta/**ma**/**n** auto/**n**

sinise/**ssä** auto/**ssa**
Kallen osta/**ma**/**ssa** auto/**ssa**

sinise/t auto/t
Kallen osta/**ma/t** auto/**t**

sinis/**i/llä** auto/**i/lla**
Kallen osta/**m/i/lla** auto/**i/lla**

Das Agens der Agenskonstruktion entspricht dem Subjekt des Relativsatzes (z. B. *Kalle* in den eben erwähnten Fällen) und wird nach den gleichen Regeln ausgedrückt wie auch das Subjekt der Temporalkonstruktion (§ 83).

Agens

> *Das Agens wird ausgedrückt*
> *a) durch bloßes Possessivsuffix nach der* **-ma ~ -mä-** *Form, wenn es mit dem betreffenden Satzglied des Hauptsatzes (im allgemeinen dem Subjekt) identisch ist;*
> *b) durch selbständiges genitivisches Wort, wenn es mit dem betreffenden Satzglied des Hauptsatzes nicht identisch ist;*
> *c) durch die Genitivformen der Personalpronomen (***mi-nun** *usw.), denen immer ein Possessivsuffix folgt (die Pronomen der 1. und 2. Person können wegfallen).*

Tuula/**n** hankki/**ma** vene maksoi 1000 mk.
(Minun) hankki/**ma/ni** vene maksoi 1000 mk.
Tuula istuu hankki/**ma/ssa/an** veneessä.
Istun hankki/**ma/ssa/ni** veneessä.
Miksi ette aja hankki/**ma/lla/nne** veneellä?
Hankki/**ma/mme** veneet eivät maksaneet paljon.
Poik/**i/en** hankki/**ma/t** veneet ovat mukavia.
Hän ajaa Tuula/**n** hankki/**ma/lla** veneellä.
Tuula ajaa häne/**n** hankki/**ma/lla/an** veneellä.

Besonders beachte man die Ausdrücke wie die folgenden, bei denen die Agenskonstruktion nicht direkt einem Relativsatz entspricht:

Beachte!

Ehdotus on presidenti/**n** esittä/**mä**.
Tämä runo on Saarikoske/**n** kirjoitta/**ma**.
Nämä runot ovat Saarikoske/**n** kirjoitta/**ma/t** ~ kirjoitta/**m/i/a**.
Kene/**n** kirjoitta/**m/i/a** nämä runot ovat?

19 Steigerung der Adjektive

Komparativ
Superlativ

§ 85 *Komparativ*

-mpi Die Komparativendung ist **-mpi**, die an den Flexionsstamm (siehe Kap. 5) angehängt wird, z. B. hullu : hullu/**mpi**. Vor der Komparativendung geschieht folgender Lautwechsel:

> *Bei zweisilbigen Adjektiven wird kurzes* **-a** ~ **-ä** *vor der Komparativendung zu* **-e**.

Beachte: Vgl. vah**v**a : vahve/**mpi**, sel/vä : selve/**mpi**. Die Stufenwechselregeln
Stufen- wirken vor der Komparativendung (§ 15.6), vgl. hel**pp**o : helpo/**mpi**.
wechsel!

	Grundform des Adjektivs	Komparativ	Vergleiche Flexionsstamm §
Bildung	paksu	paksu/mpi	
	iso	iso/mpi	
	kiltti	kilti/mpi	
	vanha	vanhe/mpi	
	selvä	selve/mpi	
	kova	kove/mpi	
	paha	pahe/mpi	
	jyrkkä	jyrke/mpi	
	tarkka	tarke/mpi	
	nopea	nopea/mpi	
	tärkeä	tärkeä/mpi	
	vakava	vakava/mpi	

suuri	suure/mpi	18.3 (suure-)
pieni	piene/mpi	18.3 (piene-)
uusi	uude/mpi	18.4 (uute-)
terve	tervee/mpi	19 (tervee-)
tuore	tuoree/mpi	19 (tuoree-)
tavallinen	tavallise/mpi	20.1 (tavallise-)
punainen	punaise/mpi	20.1 (punaise-)
kaunis	kaunii/mpi	20.3 (kaunii-)
puhdas	puhtaa/mpi	20.3 (puhtaa-)
raitis	raittii/mpi	20.3 (raittii-)
voimakas	voimakkaa/mpi	20.3 (voimakkaa-)
lyhyt	lyhye/mpi	20.8 (lyhye-)
kevyt	kevye/mpi	20.8 (kevye-)

Lautwechsel

Die Komparativformen haben eine besondere Flexion. Im Flexionsstamm wird **-mpi** zu **-mpa-** ~ **-mpä-**, das durch den Stufenwechsel die Form **-mma-** ~ **-mmä-** bekommt. Vor dem Plural **-i-** entfallen **-a** und **-ä** dieser Endungen (vgl. § 16).

	Grundform des Komparativs		Singularflexion	Pluralflexion
Flexion	paksu/**mpi**	Illat.	paksu/**mpa**/an	paksu/**mp**/i/in
		Ess.	paksu/**mpa**/na	paksu/**mp**/i/na
		Part.	paksu/**mpa**/a	paksu/**mp**/i/a
		Gen.	paksu/**mma**/n	paksu/**mp**/i/en
		Iness.	paksu/**mma**/ssa	paksu/**mm**/i/ssa
		Elat.	paksu/**mma**/sta	paksu/**mm**/i/sta
		Adess.	paksu/**mma**/lla	paksu/**mm**/i/lla
		Ablat.	paksu/**mma**/lta	paksu/**mm**/i/lta
		Allat.	paksu/**mma**/lle	paksu/**mm**/i/lle
		Transl.	paksu/**mma**/ksi	paksu/**mm**/i/ksi

Entsprechend erhält man aus der Grundform des Komparativs selve/**mpi** : selve/**mpä**/än (Illativ), selve/**mmä**/n (Genitiv), selve/**mm**/i/ssä (Inessiv Plural) usw.

hyvä : pare/mpi

Die Komparativformen der Adjektive *hyvä* und *pitkä* sind Ausnahmen, vgl. *hyvä* : *pare/mpi* und *pitkä* : *pite/mpi*. *Pare/mpi* wird z. B. pare/**mpa**/an (Illativ), pare/**mma**/ssa (Inessiv) und pare/**mm**/i/lla (Adessiv Plural) gebildet.

In Steigerungssätzen werden die Komparativformen oft mit dem Wort **kuin** verbunden; ansonsten verhalten sie sich wie normale Adjektive.

§ 86   Steigerung der Adjektive

Komparativ
kuin

Minun autoni on iso/**mpi** kuin sinun.
Ostan iso/**mma**/n auton.
Ei iso/**mma**/lla autolla mitään tee!
Sinä olet nuore/**mpi** kuin minä.
Mutta minä taas olen vanhe/**mpi** kuin Lauri.
Suomessa on monta suure/**mpa**/a kaupunkia kuin Salo.
Uskomme *parempa/an* tulevaisuuteen.
Näytät tervee/**mmä**/ltä kuin eilen.
Olenkin tervee/**mpi**!
Pitäisi elää tervee/**mpä**/ä elämää.
Pekka hankki *paremma/n* asunnon.
Etkö pysty hankkimaan *parempa/a* asuntoa?
Kaupunki rakentaa *paremp/i/a* asuntoja.
Appelsiinit ovat kallii/**mp**/i/a kuin omenat.
Keltaise/**mma**/t appelsiinit ovat kypse/**mp**/i/ä.
Ostan nuo keltaise/**mma**/t appelsiinit.
En osta noita vihreä/**mp**/i/ä appelsiineja.
Tämä on lue/tu/**mpi** kirja.

Die Konstruktion *kuin* + Nominativ kann man manchmal durch ein Wort im Partitiv ersetzen, das der Komparativform vorangestellt wird. Dies kommt vor allem in der geschriebenen Sprache vor.

Partitiv

Olet vanhe/**mpi** *kuin minä* = minu/a vanhe/**mpi**.
Tämä auto on kallii/**mpi** *kuin tuo* = *Tämä auto on tuo/ta kallii*/**mpi**.

§ 86 Superlativ

-in

Der Superlativ wird mit der Endung **-in** gebildet, die genau wie die Komparativendung an den Flexionsstamm angehängt wird, z. B. hullu : hullu/**in**. Vor der Superlativendung tritt Stufenwechsel ein (§ 15.6), z. B. he**lpp**o : helpo/**in**.

Beachte:
Stufenwechsel
+ Vokalver-
änderungen!

Vor der Superlativendung gelten auch die Vokalveränderungsregeln (§ 16): langer Vokal wird kurz, kurzes **-a**, **-ä**, **-e** entfällt, und **-i** und **-ii** werden zu **-e**. Beispiele:

Grund- form	Superlativ	Vergleiche Flexions- stamm §
paksu	paksu/in	
iso	iso/in	
kiltti	kilte/in	
vanha	vanh/in	
selvä	selv/in	
kova	kov/in	
jyrkkä	jyrk/in	
tarkka	tark/in	
nopea	nope/in	
tärkeä	tärke/in	
matala	matal/in	
suuri	suur/in	18.3 (suure-)
pieni	pien/in	18.3 (piene-)
uusi	uus/in	18.4 (uute-)
tavallinen	tavallis/in	20.1 (tavallise-)
punainen	punais/in	20.1 (punaise-)
kaunis	kaune/in	20.3 (kaunii-)
raitis	raitte/in	20.3 (raittii-)
vapaa	vapa/in	
vakaa	vaka/in	
terve	terve/in	19 (tervee-)
tuore	tuore/in	19 (tuoree-)
puhdas	puhta/in	20.3 (puhtaa-)
voimakas	voimakka/in	20.3 (voimakkaa-)
runsas	runsa/in	20.3 (runsaa-)
lyhyt	lyh(y)/in	20.8 (lyhye-)
ohut	ohu/in	20.8 (ohue-)

Lautwechsel   Auch die Superlativformen haben eine besondere Flexion, die teilweise an diejenige der Komparativformen erinnert (§ 85). Im Flexionsstamm wird -**in** zu den Endungen -**impa**- ~ -**impä**-, die im Stufenwechsel zu -**imma**- ~ -**immä**- werden. Vor Plural -**i** fällt das letzte -**a** ~ -**ä** weg.

Grundform des Super- lativs	Singular- flexion	Plural- flexion
paksu/**in**		
Illat.	paksu/**impa**/an	paksu/**imp**/i/in
Ess.	paksu/**impa**/na	paksu/**imp**/i/na
Part.	paksu/**impa**/a	paksu/**imp**/i/a

§ 86   Steigerung der Adjektive

Gen.	paksu/**imma**/n	paksu/**imp**/i/en
Iness.	paksu/**imma**/ssa	paksu/**imm**/i/ssa
Elat.	paksu/**imma**/sta	paksu/**imm**/i/sta
Adess.	paksu/**imma**/lla	paksu/**imm**/i/lla
Ablat.	paksu/**imma**/lta	paksu/**imm**/i/lta
Allat.	paksu/**imma**/lle	paksu/**imm**/i/lle
Transl.	paksu/**imma**/ksi	paksu/**imm**/i/ksi

Gleichermaßen erhält man vom Adjektiv *selvä* die Grundform des Superlativs selv/**in**, den Illativ selv/**impä**/än, den Elativ selv/**immä**/stä, den Illativ Plural selv/**imp**/i/in und den Adessiv Plural selv/**imm**/i/llä.

Beachte: Part. Sing.!

Der Partitiv Singular wird normalerweise direkt von der Grundform mit der Endung -**ta** ~ -**tä** abgeleitet, z. B. paksu/**in/ta**, selv/**in/tä**, vanh/**in/ta** und voimakka/**in/ta**. Der Partitiv Singular kann aber auch auf einem auf -**impa**- ~ -**impä**- endenden Flexionsstamm aufbauen, wobei die Endung -**a** ~ -**ä** ist: paksu/**impa/a**, selv/**impä/ä**, vanh/**impa/a**, voimakka/**impa/a** usw.

Auch die Superlativformen der Adjektive *hyvä* und *pitkä* sind unregelmäßig:

Grundform des Adjektivs	Komparativ	Superlativ	
hyvä	pare/**mpi**	**paras**	(Gen. *parhaa/n*) oder
		parha/**in**	(Gen. parha/**imma**/n, Illat. parha/**impa**/an, Illat. Pl. parha/**imp**/i/in)
pitkä	pite/**mpi**	pis/**in**	(Gen. pis/**immä**/n)

hyvä : paras

Die Partitivformen des Singulars sind in diesen Fällen entweder *paras/ta* oder *parha/in/ta* sowie *pis/in/tä*.

Einige Satzbeispiele zum Superlativgebrauch:

Beachte: Part. Plural!

Helsinki on Suomen suur/**in** kaupunki.
Oletko käynyt Suomen suur/**imma**/ssa kaupungissa?
Helsinki on kehittynyt Suomen suur/**imma**/ksi kaupungiksi.
Mikä on Suomen vanh/**in** kaupunki?

Rauma kuuluu Suomen vanh/**imp**/i/in kaupunkeihin.
Asun kaupungin vanh/**imma**/ssa osassa.
Aion muuttaa kaupungin vanh/**impa**/an osaan.
Mitkä ovat kirjan vaike/**imma**/t kappaleet?
Viren oli kaikkein nope/**in**, Virtanen taas hita/**in**.
Kuka pojista on *pisin*?
Suomi kuuluu maailman pohjois/**imp**/i/in maihin.
Suomi on yksi maailman pohjois/**imm**/i/sta maista.
Suomi on maailman pohjois/**imp**/i/a maita.
Viren on Suomen nope/**imp**/i/a juoksijoita.
Annan *parhaa/n* (*parha/imma/n*) palan sinulle.
Liha maistuu *parhaa/lta* (*parha/imma/lta*) paistettuna.
Kalle on *parha/i/ta* ystäviäni.
On halv/**in**/ta syödä puuroa.
Ostan halv/**imma**/t kengät.
Onko Juhannustanssit Suomen luetu/**in** kirja?
Yrjö Muttinen on Suomen pidety/**imp**/i/ä näyttelijöitä.

Der sogenannte absolute Superlativ wird durch die Konstruktion *mitä* + Superlativ ausgedrückt, und seine Bedeutung ist 'sehr + Grundform des Adjektivs', z. B. *mitä* hullu/**in** 'sehr verrückt'.

absoluter Superlativ

Ehdotus on *mitä* paras.
Näytät *mitä* terve/**immä**/ltä.
Hän teki *mitä* syv/**immä**/n vaikutuksen kuulijoihin.

20 Kleine Wörter und Anhängepartikeln

Adverbien
Präpositionen
Postpositionen
Konjunktionen
Anhängepartikeln

§ 87 *Adverbien*

-sti
Beachte: Stufenwechsel!

Der häufigste Adverbtyp drückt *Art* und *Weise* aus und wird mit der Endung **-sti** gebildet, die an den Flexionsstamm der Adjektive angehängt wird, z. B. hauska : hauska/**sti**. Diese Endung löst Stufenwechsel aus, z. B. hel**pp**o : hel**p**o/**sti** (§ 15.6).

Grundform	**sti**-Adverb
paksu	paksu/sti
kiltti	kilti/sti
nopea	nopea/sti
suuri	suure/sti
tavallinen	tavallise/sti
kaunis	kaunii/sti
puhdas	puhtaa/sti
voimakas	voimakkaa/sti

Jussi laulaa kaunii/**sti**.
Panen runsaa/**sti** voita leivän päälle.
Puhukaa aivan vapaa/**sti**!
Nyt täytyy puhua lyhye/**sti**.
Tavallise/**sti** menen sänkyyn klo 23.
Teen työtä tehokkaa/**sti**.
En pidä tästä erityise/**sti**.

Die entsprechenden Formen des Komparativs und Superlativs erhält man durch Auswechseln der Endungen **-mpi** und **-in** mit den Endungen **-mmin** (Komparativ) und **-immin** (Superlativ).

	Grundform des		Adverb	
Adjektivs	Komparativs	Superlativs	Komparativ **-mmin**	Superlativ **-immin**
helppo	helpo/mpi	helpo/in	helpo/mmin	helpo/immin
selvä	selve/mpi	selv/in	selve/mmin	selv/immin
kova	kove/mpi	kov/in	kove/mmin	kov/immin
matala	matala/mpi	matal/in	matala/mmin	matal/immin
tarkka	tarke/mpi	tark/in	tarke/mmin	tark/immin
suuri	suure/mpi	suur/in	suure/mmin	suur/immin
tavallinen	tavallise/mpi	tavallis/in	tavallise/mmin	tavallis/immin
kaunis	kaunii/mpi	kaune/in	kaunii/mmin	kaune/immin
puhdas	puhtaa/mpi	puhta/in	puhtaa/mmin	puhta/immin
runsas	runsaa/mpi	runsa/in	runsaa/mmin	runsa/immin
terve	tervee/mpi	terve/in	tervee/mmin	terve/immin

Yrjö juoksee nopea/**mmin** kuin Lauri.
Aja hitaa/**mmin**!
Tuo mies ajaa kaikkein hita/**immin**.
Yritä opiskella ahkera/**mmin**.
Ludwig ääntää selv/**immin**.
Tavallis/**immin** herään klo 7.
Elä tervee/**mmin**!
Siellä oli runsaa/**mmin** ihmisiä kuin oli odotettu.
Kyllä Tyyne laulaa kaune/**immin**, ainakin kaunii/**mmin** kuin Aune.

paljon   Die entsprechenden Formen des Wortes *paljon* sind abweichend *enemmän* (Komparativ) und *eniten* (Superlativ).
    Eine andere häufige Gruppe von Adverbien ist diejenige, die einen *Ort* ausdrückt wie *alas, pois*. Oft werden diese Adverbien in den drei äußeren Lokalkasus (§ 40) flektiert, abhängig von der Richtung der Handlung des Verbs.

Ort
    alas
    alhaa/lla, -lta, -lle
    ede/ssä, -stä, eteen
    kaikkia/lla, -lta, -lle
    kaukana, kaukaa, kauas
    kotona, kotoa, kotiin
    oikea/lla, -lta, -lle
    poissa, pois

sie/llä, -ltä, sinne
tuo/lla, -lta, -nne
tää/llä, -ltä, tänne
ulkona, ulkoa, ulos
vasemma/lla, -lta, -lle
ylös

Viele häufige Adverbien bezeichnen eine *Zeit*.

Zeit		
	aikaisin	kauan
	aina	kerran
	eilen	kohta
	ennen	myöhään
	harvoin	nyt
	heti	silloin
	huomenna	sitten
	joskus	tänään
		usein

Eine große Gruppe von Adverbien bezeichnet *Grad, Maß* oder *Menge*.

Grad, Maß, Menge		
	aika	kovin
	aivan	kyllin
	erittäin	liian
	hieman	melko
	hiukan	niin
		varsin

Es gibt auch andere als die oben erwähnten Adverbien, die *Art* und *Weise* bezeichnen.

Art und Weise		
	hiljaa	näin
	hyvin	oikein
	ilmaiseksi	samoin
	itsestään	siten
	mielellään	yksin

Wichtig sind die *modalen* Adverbien, mit denen der Sprecher auf verschiedene Art subjektiv Stellung beziehen kann zu dem, was er sagt.

modale Adverbien	ainakin	muun muassa
	ehkä	myös
	jopa	päinvastoin
	juuri	tietenkin
	kai	tietysti
	kenties	tosin
	kyllä	tosiaan
	mieluummin	vain

§ 88 *Präpositionen*

Die Präpositionen und Postpositionen (§ 89) setzen voraus, daß das Wort, mit dem sie auftreten, entweder im Genitiv oder im Partitiv steht. Im Finnischen gibt es bedeutend mehr Postpositionen als Präpositionen.

Präpositionen sind kleine Wörter, die dem Wort *voranstehen*, dessen Kasus sie bestimmen, z. B. *ilman* (*ilman* raha/**a**). Die folgenden Präpositionen erfordern den Partitiv.

Präposition +Partitiv	ennen	lähe/llä, -ltä, -lle
	ilman	paitsi
	keske/llä, -ltä, -lle	pitkin
	kohti	päin
		vasten

Ennen tois/**ta** maailmansota/**a**.
Oletko *ilman* raha/**a**?
Koira makaa *keskellä* lattia/**a**.
Ajan *kohti* Kuopio/**ta**.
Paitsi viini/**ä** tarvitsemme oluttakin.
Varas juoksi *pitkin* Eerikinkatu/**a**.
Kaikki menee *päin* helvetti/**ä**.
Nojasin *vasten* seinä/**ä**.
Olen *ilman* työ/**tä**.

Die folgenden Präpositionen erfordern den Genitiv. Derartige Präpositionen gibt es nicht viele.

Präposition + Genitiv	alle	kesken
	halki	läpi
	kautta	sitten

Mies painaa *alle* sada/**n** kilon.
Kuljen *halki* metsä/**n**.
Hänet tunnetaan *kautta* maa/**n**.
Kesken tunni/**n** Pekka lähti ulos.
Läpi vuosisato/j/**en**.
Sitten viime syksy/**n** en ole käynyt naistentansseissa.

§ 89 *Postpositionen*

Postpositionen treten *nach* dem Wort auf, dessen Kasus sie bestimmen, z. B. *yli* (kadu/**n** yli). Sehr häufig sind Postpositionen, die den Genitiv fordern; von ihnen werden die wichtigsten in der folgenden Übersicht zusammengefaßt. Einige von ihnen werden in den drei Lokalkasus flektiert.

Postposition + Genitiv

aikana
a/lla, -lta, -lle
alitse
ansiosta
ede/llä, -ltä, -lle
ede/ssä, -stä, eteen
eduksi
halki
hallu/ssa, -sta,
haltuun
hyväksi
johdosta
jäljessä
jälkeen
kanssa
kautta
kesken
keskellä
keskuude/ssa, -sta,
keskuuteen
kohda/lla, -lta, -lle
luona
luota
luokse

lähe/llä, -ltä, -lle
läpi
lävitse
mielestä
mukaan
mukana
ohi
osalta
perusteella
perässä
poikki
puole/lla, -lta, -lle
puolesta
pää/llä, -ltä, -lle
päässä
rinnalla
sisällä
sisään
taakse
takaa
takana
takia
tähden
viere/llä, -ltä, -lle

viere/ssä, -stä, -en   ylitse
vuoksi   ympäri, -llä
yli

Beachte:
Lokalkasus!

Beachte:
Possessiv-
suffixe!

Soda/n *aikana* Ryti oli presidenttinä.
Koira on pöydä/n *alla*.
Koira ryömi pöydä/n *alle*.
Tule esiin pöydä/n *alta*!
He kävelivät silla/n *alitse*.
Sinu/n *ansiosta*/**si** olen nyt täällä.
Talo/n *edessä* on koivu.
Pysäytän auton talo/n *eteen*.
Ajammeko kaupungi/n *halki*?
Auto on Peka/n *hallussa*.
Auto joutui Peka/n *haltuun*.
Auto on (minu/n) *hallussa*/**ni**.
Tee jotain Chile/n *hyväksi*.
Se/n *johdosta*, että ...
Tunni/n *jälkeen* menen kapakkaan.
Menen tanssimaan Tuula/n *kanssa*.
Tuletko tanssimaan (minu/n) *kanssa*/**ni**?
Salo/n *kautta* pääsee Hankoon.
Näin meidä/n *kesken* ...
Tori on kaupungi/n *keskellä*.
Ruotsalais/**ten** *keskuudessa* ollaan sitä mieltä, että ...
Pekka on Tuula/n *luona*.
Seija on meidä/n *luona*/**mme**.
Tulen Elisa/n *luota*.
Lähdetkö Merja/n *luokse*?
Naantali on Turu/n *lähellä*.
Aion muuttaa Salo/n *lähelle*.
Aurinko paistaa ikkuna/n *läpi*.
Kalle/n *mielestä* tämä ei kannata.
Ukkose/n *mukana* tuli sadetta.
Ajoimme kaupa/n *ohi*.
Tämä/n asia/n *osalta* olen eri mieltä.
Sanotu/n *perusteella* väitän, että ...
Koira juoksi tie/n *poikki*.
Kene/n *puolella* sinä olet?
Asetun Muttise/n *puolelle*.
Taistelemme isänmaa/n *puolesta*.
Kukkulo/i/**den** *päällä* kasvoi metsää.

Kilometri/**n** *päässä* on kioski.
Talo/**n** *sisällä* oli lämmintä.
Menen talo/**n** *sisään*.
Lapsi meni ove/**n** *taakse*.
Lapsi on ove/**n** *takana*.
Lapsi tuli esille ove/**n** *takaa*.
Häne/**n** *takia*/**an** teen mitä vain.
Kirjasto on yliopisto/**n** *vieressä*.
Saanko istua neidi/**n** *viereen*?
Tällaise/**n** asia/**n** *vuoksi* ei pidä riidellä.
Nyt mennään kadu/**n** *yli*.
Talo/j/**en** *ympärillä* oli metsää.
Hän on purjehtinut maailma/**n** *ympäri*.

Wenn eine Postposition mit dem Genitiv eines Personalpronomens auftritt, setzt dies den Gebrauch des Possessivsuffixes nach der Postposition voraus, umgekehrt können aber die Pronomen der 1. und 2. Person wegfallen (§ 36):

Beachte:
Pronomen
+ Possessivsuffix!

(minu/n) kanssa/**ni**
(sinu/n) kanssa/**si**
häne/**n** kanssa/**an**
(me/i/dän) kanssa/**mme** usw.

Die häufigsten in Verbindung mit dem *Partitiv* auftretenden Postpositionen sind die folgenden:

Postposition
+ Partitiv

alas   päin
kohtaan   varten
kohti   vastaan
myöten   vastapäätä
pitkin   ylös

Lapsi putosi mäke/**ä** *alas*.
Johtaja on hyvin ystävällinen minu/**a** *kohtaan*.
Nyt lähdetään Turku/**a** *kohti*.
Hän kävelee katu/j/**a** *myöten* ~ *pitkin*.
Sinu/**a** *varten*/han se hankittiin.
Leena tuli minu/**a** *vastaan* rautatieasemalle.
Onko joku sinu/**a** *vastassa*?
Kirkko/**a** *vastapäätä* on Elanto.
Nyt täytyy kävellä mäke/**ä** *ylös*.

Die Postpositionen *asti* und *päin* fordern den *Illativ*.

Postposition + Illativ

Opetus jatkuu ilta/**an** *asti*.
Juna kulkee Helsinki/**in** *päin*.

§ 90 *Konjunktionen*

Konjunktionen sind kleine Wörter, die Sätze und Satzglieder aneinander binden, z. B. **ja** und **kun**. Die häufigsten Konjunktionen sind im folgenden Überblick zusammengefaßt; vor den allerhäufigsten steht ein Pluszeichen. Einige von ihnen sind Zusammenschlüsse von Konjunktion und Verneinungsverb, z. B. **etten** 'että en', **ettet** 'että et', **ettei** 'että ei'; sie werden also in der Person flektiert.

	ei – eikä (en – enkä usw.)		muttei (mutten usw.)
	eli	+	niin
	ellei (ellen usw.)		niin että
	ennen kuin		niin kuin
	ettei (etten usw.)		niin – kuin (-kin)
+	että		niin pian kuin
	ikään kuin		nimittäin
+	ja		näet
	joko – tai		paitsi
	jollei (jollen usw.)		paitsi – myös
+	jos		samoin kuin
	joskin		sekä
	jotta	+	sekä – että
+	koska		sen tähden että
+	kuin	+	sillä
+	kun	+	tai (~ taikka)
	kunnes		toisin kuin
	kuten	+	vaan
	mikäli	+	vai
+	mutta	+	vaikka

Pentti **ja** Pirkko ovat naimisissa.
Ei Pentti **eikä** Pirkko ole tullut vielä.
Ellet ole hiljaa, menen ulos.
Ellemme yritä, emme onnistu.
Ellei sää parane, jäämme kotiin.

Eniten **eli** 450 kappaletta myytiin autoja.
Kesti pitkään, **ennen kuin** nukahdin.
Ei kestänyt kauan, **ennen kuin** sää kirkastui.
Huomaan, **että** kello on neljä.
Tiedän, **että** Pirkko on täällä.
Väitätkö, **ettei** kello ole neljä?
Väitätkö, **että** kello **ei** ole neljä?
Väitätkö, **etten** tiedä tätä?
Väitätkö, **että en** tiedä tätä?
Kalle on pitkä **ja** komea.
Matkustan **joko** junalla **tai** autolla.
En matkusta autolla **enkä** junalla.
Tulen **jos** voin.
Tulen, **joskin** saatan myöhästyä hiukan.
Hölkkään, **jotta** kunto paranisi.
En tule, **koska** olen sairastunut.
Tulen, **kun** olen terve.
Odotan, **kunnes** hän tulee.
Kuten olen sanonut monta kertaa, ...
Mikäli Yrjö tulee, lähden kotiin.
Teuvo on pitempi **kuin** minä.
Teuvo on pitkä **mutta** laiha.
Mutta sinähän sanoit, että ...
Tulen, **mutten** viivy kauan.
Jos et tule, **niin** rupean itkemään.
Niin Karjalainen **kuin** Virolainen/**kin** pyrkivät presidentiksi.
Viren on **paitsi** nopea **myös** kestävä.
Viren on **sekä** nopea **että** kestävä.
Tulen, **sillä** en halua olla yksin kotona.
Otan viiniä **tai** olutta.
Otatko viiniä **vai** olutta?
Otamme **joko** viiniä **tai** vichyä.
Tulen, **vaikka** olen sairas.
En tule, **vaan** jään kotiin nukkumaan.

§ 91 *Anhängepartikeln*

Es gibt fünf allgemein gebräuchliche Anhängepartikeln: **-ko ~ -kö**, **-kin**, **-kaan ~ -kään**, **-han ~ -hän** und **-pa ~ -pä**. Ziemlich selten sind **-ka ~ -kä** und **-s**. Oben ist bereits festgestellt worden, daß die

Anhängepartikeln immer als letzte Endung des Wortes auftreten; vgl. die Gesamtübersichten der §§ 12–14.

-ko ~ -kö Mit der Endung **-ko ~ -kö** werden direkte Fragen gebildet. Vergleiche § 30.1 sowie die folgenden Beispiele:

>Tule/t/**ko**?
>Et/**kö** tule?
>Auto/lla/**ko** tulet?
>Kemi/in/**kö** menet?
>Sa/isi/n/**ko** sipulipihvin?
>Muutta/isi/t/**ko** Ruotsiin, jos voisit?
>Men/nä/än/**kö** ulos?
>Sinä/**kö** sen teit?
>Jo/**ko** olet korjannut autosi?

-kin **-kin** ist eine verstärkende Partikel; in den folgenden Beispielen tritt sie bei Nomina auf:

>Olen hankkinut auto/n/**kin**.
>Minä/**kin** olen hankkinut auton.
>Oli hauskaa, että sinä/**kin** tulit.
>Juotko kahvi/a/**kin**?
>Olen ollut Espanja/ssa/**kin**.

-kin erscheint auch nach Verben, wobei seine Bedeutung schwer zu beschreiben ist. Es kann z. B. ausdrücken, daß eine Erwartung erfüllt worden oder eine Überraschung eingetreten ist. Es verstärkt auch Ausrufe.

>Odotin häntä ja hän tul/i/**kin**.
>Olen ollut ui/ma/ssa/**kin**.
>Eikö hän ole/**kin** ihana!
>Kalle on/**kin** täällä.
>Etkö lupaa/**kin** apuasi!
>Men/i/n/**kin** kotiin.

-kaan ~
-kään   Die Anhängepartikel **-kaan ~ -kään** tritt im allgemeinen als Entsprechung für die Partikel **-kin** in verneinenden Sätzen auf.

En ole hankkinut auto/a/**kaan**.
Minä/**kään** en ole hankkinut autoa.
Etkö juo kahvi/a/**kaan**?
En ole ollut Espanja/ssa/**kaan**.
Odotin häntä, mutta hän ei tul/lut/**kaan**.
Kalle ei ole/**kaan** täällä.
Etkö lupaa/**kaan** apuasi?

-**han** ~ -**hän** -**han** ~ -**hän** zeigt im allgemeinen an, daß im Satz etwas auf die eine oder andere Art Bekanntes ausgedrückt wird, oder es betont die Aussage des Sprechers; diese Endung wird nur an das erste Satzglied angehängt.

Tämä/**hän** on skandaali!
Ruotsi/**han** on kuningaskunta.
Minä/**hän** rakastan sinua.
Rakasta/n/**han** minä sinua.
Sinu/a/**han** minä rakastan.
Huomenna/**han** lähdemme lomalle.
Viime sunnuntai/na/**han** Oskari syntyi.
Ole/n/**han** minä käynyt Neuvostoliitossakin.

-**han** ~ -**hän** tritt auch in Fragesätzen auf und gibt der Frage einen höflichen Zusatzton sowie in Befehlssätzen dem Befehl eine Milderung.

On/ko/**han** Pentti kotona?
Paljon/ko/**han** pieni kahvi maksaa?
Sa/isi/n/ko/**han** laskun?
Ota/**han** vähän lisää!
Astu/kaa/**han** sisään!
Ole/**han** hiljaa!
Vie/**hän** astiat keittiöön!

-**pa** ~ -**pä** Die Anhängepartikel -**pa** ~ -**pä** hat eine verstärkende Aufgabe. Nach dieser Endung tritt in der Umgangssprache oft noch -**s** auf.

On/**pa** hän pitkä!
Kyllä/**pä** sinä olet ahkera!
Anna/**pa** minullekin vähän kahvia!
En/**pä** anna!
On/**pa**(**s**) täällä kuuma!
Tuo/ssa/**pa** on iso joukko!

-ka ~ -kä   Die Partikel **-ka** ~ **-kä** ist selten. Sie tritt vor allem in Verbindung mit dem Verneinungsverb als Unterstreichung auf.

> En tiedä en/**kä** halua tietää.
> Mormonit eivät käytä kahvia eivät/**kä** myöskään alkoholia.
> Älä heitä paperia älä/**kä** sylje lattialle.

Manchmal können im gleichen Wort auch mehrere Anhängepartikeln auftreten:

mehrere Anhängepartikeln

> On/**ko**/**han** Sylvi kotona? (höfliche Frage)
> On/**pa**/**han** täällä kuuma! (verstärkter Ausruf)
> Tule/**pa**/**han** vähän lähemmäs! (verstärkter höflicher Befehl)
> Geneveriä/**kin**/**kö** vielä otat? (verwunderte Frage)
> Mene/**pä**/**s** vähän sivummalle! (vertraulicher verstärkter Befehl)

21 Wortbildung

Allgemeines
Ableitungen
Bildung von Komposita

§ 92 *Allgemeines*

Ableitungen
Es gibt zwei Arten, von vorhandenen Wörtern und Stämmen neue Wörter zu bilden: Ableitung und Zusammensetzung. Beim Ableiten werden neue selbständige Wörter (Wortstämme), d. h. Ableitungen gebildet, indem Ableitungssuffixe an die Grundform oder einen anderen Stamm angehängt werden. Vom Adjektiv *kaunis* : *kaunii-* kann man z. B. mit der Ableitung **-us** das abgeleitete Substantiv *kaune/us* und mit der Ableitung **-ta-** den abgeleiteten Verbstamm *kaunis/ta-* (dessen Infinitiv I-Form *kaunis/ta/a* ist) bilden. Gleichermaßen kann man vom Verbstamm *aja-* mit dem Suffix **-o** die Substantivableitung *aj/o* und dem Suffix **-ele-** den abgeleiteten Verbstamm *aj/ele-* bilden (dessen Infinitiv I *aj/el/la* ist).

Ableitungssuffixe
Die Ableitungssuffixe stehen direkt hinter dem Stamm, aber vor den Flexionsendungen, d. h. vor den Endungen von Numerus und Kasus der Nomina, vor den Endungen von Passiv, Tempus, Modus und Person der finiten Verbformen sowie vor den Endungen der infiniten Verbformen oder der Infinitive und Partizipien (vgl. die Strukturschemata der Nomina, der finiten und infiniten Verbformen im Kapitel 3).

Die abgeleiteten Nomina werden wie die nicht abgeleiteten flektiert, die abgeleiteten Verben wie die nicht abgeleiteten. Die abgeleiteten Wörter sind den gleichen Lautwechseln unterworfen wie die anderen Wörter, besonders dem Stufenwechsel (§ 15) und den Vokalveränderungen des -**i**- (§ 16). Das Anhängen eines Ableitungssuffixes kann im Stamm Lautwechsel verursachen, vgl. kau**nii**- : kau**ne/us** und a**ja** : aj/**ele**-. Diese Wechsel gehen im weiteren direkt aus den Beispielwörtern hervor, und für sie werden keine besonderen Regeln aufgestellt.

In den Ableitungssuffixen kann Lautwechsel auftreten, wenn sich andere Suffixe anschließen.

Ableitungsreihen
Typisch für das Finnische ist, daß in der gleichen Wortform mehrere Ableitungssuffixe vorkommen können, man kann viele aneinander-

reihen. Im folgenden einige Beispiele. Links wird der (nicht abgeleitete) Stamm aufgeführt, in der Mitte das abgeleitete Wort und rechts die „Grundformen" der Ableitungssuffixe oder die längsten Formen.

Nicht abgeleiteter Stamm	Ableitung	„Grundformen" der Ableitungssuffixe
aja-	aj/ele/minen	ele – minen
asee-	asee/llis/ta-	llinen – ta
asee-	asee/llis/ta/minen	llinen – ta – minen
aja-	aj/ele/hti-	ele – hti
aja-	aj/ele/hti/va	ele – hti – va
lika-	lika/is/uus	inen – uus
koti-	kodi/ttom/uus	ton (ttoma) – uus
kuole-	kuole/ma/ttom/uus	ma – ton (ttoma) – uus
etsi-	etsi/skel/y	skele – y
haukkaa-	hauka/hd/us	hta – us
haukkaa-	hauka/ht/el/u	hta – ele – u
asu-	asu/nno/ttom/uus	nto – ton (ttoma) – uus
tuo-	tuo/tta/ma/ttom/uus	tta – ma – ton (ttoma) – uus

Produktivität Nicht alle Ableitungssuffixe sind gleich produktiv. Die einen sind sehr produktiv, was bedeutet, daß man sie an fast jeden beliebigen Stamm (bestimmten Typs) anhängen kann. Derartige sind z. B. **-ja ~ -jä**, **-minen** und **-ma/ton ~ -mä/tön**, vgl. *aja/ja, aja/minen, aja/ma/ton; tuli/ja, tule/minen, tule/ma/ton, meni/jä, mene/minen, mene/mä/tön,* usw.

Andere Ableitungssuffixe treten vor allem oder fast nur in Verbindung mit bestimmten Stämmen auf und sind deshalb mehr oder weniger unproduktiv, z. B. **-e**, **-kas** und **-pu-** in den Fällen *tuotta- : tuot/***e**, *asia : asia/***kas** und *juo- : juo/***pu***-*. Die meisten Ableitungen werden gebildet, indem das Ableitungssuffix an den Flexionsstamm angehängt wird; vgl. zu den Nomina Kapitel 5, zu den Verben Kapitel 6.

zusammengesetzte Wörter Ein anderer Typ der Wortbildung ist die Bildung von zusammengesetzten Wörtern, *yli=oppilas* (das Zeichen = dient hier als Bezeichnung für die Abgrenzung der Teile des zusammengesetzten Wortes), *yli=oppilas=tutkinto, yli=oppilas=tutkinto=lauta=kunta*. Der häufigste Typ zusammengesetzter Wörter ist ein von einem oder mehreren

Substantiven gebildetes Wort, z. B. *auto=talli, auto=jono, auto= hurjastelija, auto=kolari* usw. Wie man sieht, können die Teile eines zusammengesetzten Wortes selbst Ableitungen sein *(auto=hurja/st/eli/ja)*. Zusammengesetzte Verben gibt es nicht viele, z. B. *paine=tiivistää*.

§ 93.1 enthält eine Übersicht über die häufigsten Ableitungen, mit denen man neue Nomina bildet, § 93.2 die häufigsten Verbableitungssuffixe. Die zusammengesetzten Wörter werden in § 94 genauer erklärt.

§ 93 *Ableitung*

§ 93.1 *Nominalableitungen*

A) denominale Nominalableitungen

In diesem Abschnitt (A) werden die denominalen Nominalableitungen oder Ableitungssuffixe, bei denen von Nomina neue Nomina gebildet werden, behandelt. Im Abschnitt (B) werden die Ableitungsendungen behandelt, mit denen von Verben Nomina abgeleitet werden.

-hko ~ -hkö (bildet Adjektiv)

Stamm (Nom.)	Ableitung
kylmä	kylmähkö
kova	kovahko
pieni	pienehkö (§ 18.3)
iloinen	iloisehko (§ 20.1)

-inen (Adjektiv)

vgl. § 20.1

aika	aikainen
hiki	hikinen
jää	jäinen
lika	likainen
luu	luinen
puu	puinen

-isa ~ -isä (Adjektiv)

kala	kalaisa
leikki	leikkisä
raivo	raivoisa

-kko ~ -kkö (kollektives Substantiv)

aalto	aallokko
koivu	koivikko
kuusi	kuusikko
pensas	pensaikko

-la ~ -lä (Substantiv, Ortsbezeichnung)

kahvi	kahvila
kylpy	kylpylä
neuvo	neuvola
pappi	pappila
ravinto	ravintola
sairas	sairaala

-lainen ~ -läinen
(Substantiv oder Adjektiv, Personenbezeichnung)

Beachte: häufig!

apu	apulainen
pako	pakolainen
koulu	koululainen
kansa	kansalainen
suku	sukulainen

vgl. § 20.1

työ	työläinen
kaupunki	kaupunkilainen
Turku	turkulainen
Helsinki	helsinkiläinen
Ruotsi	ruotsalainen
Suomi	suomalainen
Saksa	saksalainen
Norja	norjalainen

-lainen ~ -läinen (Adjektiv)

vgl. § 20.1

eri	erilainen
kaikki	kaikenlainen
tuo	tuollainen
tämä	tällainen
heikko	heikonlainen
suuri	suurenlainen

-llinen (Adjektiv)

Beachte: häufig!
vgl. § 20.1

ase	aseellinen
hetki	hetkellinen
yö	yöllinen

	onni	onnellinen
	perhe	perheellinen
	isä	isällinen
	kieli	kielellinen
	kunta	kunnallinen
	nainen	naisellinen
	suu	suullinen

-mainen ~ -mäinen (Adjektiv)

vgl. § 20.1	poika	poikamainen
	tyttö	tyttömäinen
	ukko	ukkomainen
	sika	sikamainen

-nainen ~ -näinen (Adjektiv)

vgl. § 20.1	koko	kokonainen
	eri	erinäinen
	itse	itsenäinen
	moni	moninainen

-nen (diminutives Substantiv)

vgl. § 20.1	kala	kalanen
	kirja	kirjanen
	poika	poikanen
	kukka	kukkanen

-sto ~ -stö (kollektives Substantiv)

lähe-	lähistö
saari	saaristo
enempi	enemmistö
vähempi	vähemmistö
elin	elimistö
kasvi	kasvisto
maa	maasto
laiva	laivasto

-tar ~ -tär
(Substantiv, auf weibliche Personen hinweisend)

kuningas	kuningatar
Pariisi	pariisitar
laulaja	laulajatar
myyjä	myyjätär

	-ton ~ -tön (Adjektiv)	
vgl. § 20.6	koti	koditon
	nimi	nimetön
	onni	onneton
	työ	työtön
	lapsi	lapseton
	tunne	tunteeton

-(u)us ~ -(y)ys (Substantiv)

Beachte: häufig! vgl. § 20.4	heikko	heikkous
	vahva	vahvuus
	terve	terveys
	suuri	suuruus
	korkea	korkeus
	kaunis	kauneus
	isä	isyys
	nuori	nuoruus
	ystävä	ystävyys
	yksinäinen	yksinäisyys
	syytön	syyttömyys
	varovainen	varovaisuus
	lihava	lihavuus

B) deverbale Nominalableitungen
vgl. § 19

-e (Substantiv)

Infintiv I	Ableitung
loista/a	loiste
katso/a	katse
kasta/a	kaste
puhu/a	puhe
sata/a	sade
toivo/a	toive

-i (Substantiv)

syöttä/ä	syötti
kasva/a	kasvi
paista/a	paisti
kasvatta/a	kasvatti
muista/a	muisti

-in (Substantiv, bezeichnet Instrument)

vgl. § 20.5

avat/a	avain
puhel/la	puhelin

§ 93.1   Wortbildung

soitta/a	soitin
pakasta/a	pakastin

-ja ~ -jä (Substantiv, bezeichnet handelnde Person)

Beachte:
häufig!

myy/dä	myyjä
saa/da	saaja
anta/a	antaja
kalasta/a	kalastaja
laula/a	laulaja
teh/dä	tekijä
palvel/la	palveli/ja
ol/la	olija
tunte/a	tuntija

-maton ~ -mätön (Adjektiv)

vgl. § 20.6

kuol/la	kuolematon
ol/la	olematon
asu/a	asumaton
koke/a	kokematon
lyö/dä	lyömätön
näh/dä	näkemätön

-nta ~ -ntä (Substantiv)

hankki/a	hankinta
etsi/ä	etsintä
kysy/ä	kysyntä
ampu/a	ammunta

-nti (Substantiv)

saa/da	saanti
tuo/da	tuonti
vie/dä	vienti
myy/dä	myynti
tupakoi/da	tupakointi

-nto ~ -ntö (Substantiv)

asu/a	asunto
käyttä/ä	käytäntö
ol/la	olento
luo/da	luonto

-o ~ -ö (Substantiv)

Beachte: häufig!

jaka/a	jako
huuta/a	huuto
lentä/ä	lento
levät/ä	lepo
lähte/ä	lähtö
teh/dä	teko
pelät/ä	pelko
tietä/ä	tieto
näh/dä	näkö
kuul/la	kuulo

-os ~ -ös
(Substantiv, bezeichnet oft Ergebnis einer Handlung)

vgl. § 20.2

kiittä/ä	kiitos
osta/a	ostos
tul/la	tulos
pettä/ä	petos
kääntä/ä	käännös
piirtä/ä	piirros

-ri (Substantiv)

leipo/a	leipuri
aja/a	ajuri
kulke/a	kulkuri
taiko/a	taikuri

-u ~ -y (Substantiv)

alka/a	alku
iske/ä	isku
itke/ä	itku
kylpe/ä	kylpy
maksa/a	maksu
laula/a	laulu
käske/ä	käsky
sur/ra	suru

-us ~ -ys (Substantiv)

avat/a	avaus
hengittä/ä	hengitys
kuljetta/a	kuljetus
metsästä/ä	metsästys

kirjoitta/a	kirjoitus
kalasta/a	kalastus
puolusta/a	puolustus

-uu (Substantiv)

palat/a	paluu
taat/a	takuu
kerjät/ä	kerjuu
kaivat/a	kaipuu
kehrät/ä	kehruu

-vainen ~ **-väinen** (Adjektiv)

opetta/a	opettavainen
tyyty/ä	tyytyväinen
kuol/la	kuolevainen
säästä/ä	säästäväinen
usko/a	uskovainen

§ 93.2 *Verbalableitungen*

Neue Verben kann man sowohl von Verben als auch von Nomina ableiten. Deverbale Verben sind häufiger als denominale. Die Vielzahl der deverbalen Verbalableitungen ist verglichen mit den indoeuropäischen Sprachen eines der Charakteristika der finnischen Sprache.

A) deverbale Verbalableitungen

-ahta- ~ **-ähtä-** (momentanes Verb)

haukku/a	haukahtaa
laula/a	laulahtaa
horju/a	horjahtaa
istu/a	istahtaa

-aise- ~ **-äise-** (momentanes Verb)

kysy/ä	kysäistä
niel/lä	nielaista
vetä/ä	vetäistä

-alta- ~ **-ältä-** (momentanes Verb)

heittä/ä	heitältää
nosta/a	nostaltaa

-ele-, -ile- (frequentatives Verb)

aja/a	ajella
astu/a	astella
kysy/ä	kysellä
katso/a	katsella
kalasta/a	kalastella
kiistä/ä	kiistellä

-ksi- (frequentatives Verb)

ime/ä	imeksiä
kulke/a	kuljeksia
tunke/a	tungeksia

-skele- (frequentatives Verb)

etsi/ä	etsiskellä
ime/ä	imeskellä
ol/la	oleskella
oppi/a	opiskella

-skentele- (frequentatives Verb)

myy/dä	myyskennellä
käy/dä	käyskennellä

-tta- ~ -ttä- (kausatives Verb)

teh/dä	teettää
pes/tä	pesettää
kasva/a	kasvattaa
elä/ä	elättää

-u- ~ -y- (reflexives Verb)

Beachte: häufig!

löytä/ä	löytyä
siirtä/ä	siirtyä
tunte/a	tuntua
vaihta/a	vaihtua
tyhjentä/ä	tyhjentyä
rakasta/a	rakastua
pelasta/a	pelastua
muutta/a	muuttua

-utu- ~ -yty- (reflexives Verb)

Beachte: häufig!

kerät/ä	keräytyä
lisät/ä	lisäytyä

§ 93.2 Wortbildung

elä/ä	eläytyä	
vaivat/a	vaivautua	
jättä/ä	jättäytyä	
peri/ä	periytyä	
tunke/a	tunkeutua	

B) denominale Verbalableitungen vgl. § 23.4

-ile- (kontinuatives Verb)

aika	aikailla
pyörä	pyöräillä
nyrkki	nyrkkeillä
teltta	telttailla
pallo	palloilla

-oi- ~ **-öi-** (kontinuatives Verb)

tupakka	tupakoida
elämä	elämöidä
ikävä	ikävöidä
hedelmä	hedelmöidä
isäntä	isännöidä

vgl. § 23.6

-t- : **-ne-** (translatives Verb)

halpa	halvet/a	:	halpe**ne**-
huono	huonot/a	:	huono**ne**-
lyhyt	lyhet/ä	:	lyhe**ne**-
kylmä	kylmet/ä	:	kylme**ne**-
tumma	tummet/a	:	tumme**ne**-

Beachte: häufig! vgl. § 23.2

-ta- ~ **-tä-**

mitta	mitata
naula	naulata
höylä	höylätä
kuva	kuvata
hauta	haudata

-tta- ~ **-ttä-**

koulu	kouluttaa
lippu	liputtaa
vero	verottaa
puukko	puukottaa

-u- ~ -y- (reflexives Verb)

kuiva	kuivua
tippa	tippua
kypsä	kypsyä
ruoste	ruostua
kostea	kostua

§ 94 *Bildung von Komposita*

Der häufigste Typ der Komposita besteht aus zwei nicht abgeleiteten Substantiven, z. B. *kirja=kauppa, vesi=pullo, pallo=peli, kirje=kuori, kivi=katu, kivi=kausi, kirves=varsi, keittiö=kone.* Der erste Teil derartiger Komposita steht oft im Genitiv, z. B. *meren=ranta, kirjan=kansi, auton=ikkuna* und *avaimen=reikä.* Die Teile des Kompositums können selbst Ableitungen sein: *kaiv/in=kone, lävist/ys=kone, pes/u/= kone, kone=apu/lainen, koneen=rakenta/ja, väli/ttä/jä=kone/isto, te/o/llis/uus=tuo/ta/nto* usw. Sehr häufig sind Komposita mit mehr als zwei Teilen, z. B. *maa=talo/us=tuo/ta/nto, el/o=kuva=te/o/llis/uus, huone=kalu=tehdas, koti=tarve=myy/nti, kauppa=tase=vaje, täyde/nn/ ys=koulu/t/us=kys/el/y, el/in=keino=tulo=vero=laki, el/in=keino=asia= mies=suunnittel/u=sihteeri.*

Ihrer Konstruktion nach komplizierte Komposita entstehen namentlich dann, wenn ein Teil von ihnen ein vom Verb abgeleitetes Substantiv und/oder ein im Lokalkasus flektiertes Wort ist: *työn= saa/nti=mahdollis/uus, tode/llis/uuden=hahmo/tta/mis=kyky, oman= voiton=pyy/nti, jäsen=hanki/nta=kampanja, nuoteista=laul/u=taito, hallituksessa=ol/o=aika, pysä/hty/mis=merkin=ant/o=nappi.* Derartige Konstruktionen sind recht häufig und produktiv, besonders in der Schriftsprache; vgl. auch *prahassa=käy/mä/ttöm/yys=kompleksi* 'ein Komplex, weil man nicht in Prag war'. Oft entsprechen derartige komplizierte Zusammensetzungen ganzen Sätzen.

Es gibt auch zahlreiche zusammengesetzte Adjektive, besonders solche, deren zweiter Teil eine Adjektivableitung ist: *asian=muka/ inen, saman=koko/inen, ala=ikä/inen, vapaa=miel/inen, lyhyt=sana/ inen, moni=mutka/inen, suomen=kiel/inen, kansan=taju/inen, kansain=väli/inen, pitkä=aika/inen* usw.

Manchmal kann die Form des ersten Teils eines zweiteiligen Kompositums von der Grundform abweichen. So ist es vor allem bei den Nomina, die auf *-nen* enden (§ 20.1), bei denen man bei Zusammensetzungen den gleichen Stamm gebraucht wie im Partitiv Singular, z. B. *kokonais=valta/inen* (vgl. *kokonainen*), *nais=suku=puoli* (vgl. *nainen*), *yksityis=kohta/inen* (vgl. *yksityinen*), *yleis=kieli* (vgl. *yleinen*), *ihmis=kunta* (vgl. *ihminen*), *hevos=paimen* (vgl. *hevonen*) usw. Andere derartige Sonderfälle sind z. B. *suur=piirteinen* (vgl. *suuri*), *kolmi=vuotias* (vgl. *kolme*), *neli=vuotias* (vgl. *neljä*), *avo=mielinen* (vgl. *avaa-*), *vaka=varainen* (vgl. *vakaa*) usw.

Im Finnischen gibt es nicht viele zusammengesetzte Verben. Vergleiche dennoch *alle=kirjoittaa, kokoon=panna, laimin=lyödä, läpi=käydä, yllä =pitää* und *jälleen=vakuuttaa*.

22 Umgangssprache

Allgemeines
Lautschwund und Assimilation
Formenunterschiede

§ 95 *Allgemeines*

Diejenige Form der finnischen Sprache, deren grammatische Struktur in erster Linie in diesem Buch behandelt wurde, ist die *Hoch-* oder *Standardsprache,* die am ehesten geschrieben vorkommt. Nur selten *sprechen* die Finnen eine derartige Sprache, wie sie oben dargestellt wurde; die eng an diese Normen angelehnte Sprache hört man am ehesten bei offiziellen, mehr oder weniger „feierlichen" Redesituationen, wozu nicht annähernd alle Finnen jemals kommen (in Reden, Predigten, Verlesen von Nachrichten in Radio und Fernsehen, bei verschiedenen Ritualen wie Parlamentseröffnung, häufig im Unterricht usw.).

Die Normen einer derartigen gesprochenen Hochsprache sind sehr nahe denjenigen, die in der Schriftsprache gelten. Oft hört man die Behauptung, daß das Finnische „so gesprochen wie geschrieben wird". Das stimmt jedoch nicht wortwörtlich. Mit der Behauptung meint man die Entsprechungsregel von Buchstaben und Phonemen (Lauttypen), s. § 5: jedem Buchstaben entspricht regelmäßig ein und dasselbe Phonem, jedem Phonem regelmäßig ein und derselbe Buchstabe. In alltäglichen Situationen sprechen viele Finnen nicht so, wie sie sich entsprechend beim Schreiben ausdrücken würden. Die Grammatik der Umgangssprache weicht in vielen Punkten von derjenigen der Schriftsprache und der auf ihr aufbauenden gesprochenen Standardsprache sowohl in Aussprache als auch in Morphologie und Syntax ab, ohne dennoch „schlechtes Finnisch" zu sein. Es ist nur eine in *andersartigen Situationen* gebrauchte Sprache. Von alters her gab es örtliche Dialekte, die ebenfalls von der (geschriebenen und gesprochenen) Standardsprache abweichen, z. B. die Südwestdialekte, die Häme-Dialekte, die Südostdialekte oder die Dialekte Nordfinnlands.

In den letzten Jahrzehnten hat sich die finnische Umgangssprache in einer Phase des Umbruchs befunden, der von den rapiden und starken gesellschaftlichen Veränderungsprozessen verursacht wurde. Die wichtigsten sind die Neuansiedlung nach dem Kriege, die Veränderung der Erwerbsstruktur und die daraus resultierende Landflucht und Verstädterung (vor allem die Entstehung des Großraums Helsinki), der Einfluß der von der Gesellschaft gebotenen einheitlichen, immer längeren und gründlicheren Ausbildung, die außer Klassenunterschiede auch sprachliche Unterschiede ausgeglichen hat, der Einfluß der Massenmedien im ganzen Land, sowie der vereinheitlichende Spracheinfluß der von vielen gelesenen Unterhaltungsliteratur.

Die Entstehung des Großraums Helsinki, die Massenmedien sowie der Status der Hauptstadt haben bewirkt, daß eine weit verbreitete Form eines freien umgangssprachlichen Finnisch entstanden ist. Dennoch sind viele Züge dieser Sprachform alten Ursprungs, z. B. aus den Dialekten des westlichen Uusimaa (Südfinnland).

Charakteristisch für die von Helsinki ausgehende Umgangssprache sind der Schwund einiger Laute und Assimilation (Anpassungserscheinungen; § 96) sowie gewisse Züge der Morphologie und Syntax (§ 97), die man in der gesprochenen Sprache vieler, vor allem junger Finnen feststellen kann.

§ 96 *Lautschwund und Assimilation*

Besonders häufig in der Umgangssprache sind gewisse Schwund- und Assimilationserscheinungen. In den Beispielen wird die Umgangssprache mit der exakten Aussprache der Standardsprache verglichen.

1) Die Endvokale **-i** sowie **-a**, **-ä** fallen weg (und eventueller Langkonsonant wird kurz) in einigen Endungen, von denen die wichtigsten **-ssa ~ -ssä** des Inessivs, **-sta ~ -stä** des Elativs, **-lla ~ -llä** des Adessivs, **-lta ~ -ltä** des Ablativs, **-ksi** des Translativs, das Possessivsuffix der 2. Person Singular **-si**, **-isi** des Konditionals sowie **-s/i** des Imperfekts sind.

	Standardsprachliche Aussprache	Umgangssprachliche Aussprache
Schwund des Endvokals	talossa	talos
	meressä	meres
	talosta	talost
	merestä	merest
	autolla	autol
	häneltä	hänelt

	vanhaksi	vanhaks
	autosi	autos
	hän tulisi	hän tulis
	Pekka sanoisi	Pekka sanois
	meillä on	meil on
	Tuula heräsi	Tuula heräs

2) Das Schluß-**i** der Diphthonge auf -**i** (z. B. **ai, oi, ui, äi**) fällt in nicht-erster Silbe weg. Dies betrifft oft auch das -**i** des Imperfekts und den ersten Vokal der -**isi**-Endung des Konditionals.

-i in Diphthongen fällt weg	punainen	punanen
	sellainen	sellanen
	semmoinen	semmonen
	tuommoinen	tuommonen
	Kalle sanoi	Kalle sano
	Pertti kantoi	Pertti kanto
	hän kestäisi	hän kestäs
	Keijo antaisi	Keijo antas

3) -**a** und -**ä** nach Vokal werden oft mit dem vorangehenden Vokal assimiliert, wobei lange Vokale entstehen (aus **ea** und **eä** wird **ee**, aus **oa oo** usw.)

Vokal-assimilation	kauhea	kauhee
	nopean	nopeen
	tärkeä	tärkee
	kulkea	kulkee
	en rupea	en rupee
	väkeä	väkee
	taloa	taloo
	varoa	varoo

4) Das Schluß-**t** in -**nut** ~ -**nyt** des Partizip Perfekt fällt weg oder wird mit dem folgenden Konsonanten assimiliert.

-t fällt weg	olen sanonut	olen sanonu
	olen sanonut sen	olen sanonus sen
	Pekka on tullut	Pekka on tullu
	Pekka on tullut jo	Pekka on tulluj jo

§ 97   Umgangssprache   258

5) In einigen Wörtern fällt **d** weg oder wird zu **i**.

-d fällt weg

meidän	meijän
teidän	teijän
tehdään	tehään

6) **-n-** und **-l-** fallen manchmal bei den Verben *ole-, mene-, pane-, tule-* weg.

-n-, -l-
fallen weg

olen	oon
olemme	oomme
menen	meen
tulet	tuut
tulette	tuutte

§ 97 *Formenunterschiede*

Einige der Formenunterschiede sind nahe verbunden mit dem oben erwähnten Lautschwund und der Assimilation (§ 96).

1) Viele übliche Pronominalformen werden in der Umgangssprache verkürzt.

	Standard- sprachliche Aussprache	Umgangs- sprachliche Aussprache
Pronomen werden verkürzt	minä	mä
	minun	mun
	minulla	mulla
	minulle	mulle
	sinä	sä
	sinun	sun
	sinulla	sulla
	tämä	tää
	tämän	tän
	tuo	toi
	tuon	ton
	tuolla	tolla
	nuo	noi

2) Viele Zahlwörter werden deutlich verkürzt.

Zahlwörter werden verkürzt		
	yksi	yks
	kaksi	kaks
	viisi	viis
	kuusi	kuus
	seitsemän	seittemän
	kahdeksan	kaheksan
	yhdeksän	yheksän
	yksitoista	ykstoist
	viisitoista	viistoist
	kaksikymmentä	kaksky(n)t
	kuusikymmentäviisi	kuusky(n)tviis, kuustviis
	seitsemänkymmentä-kahdeksan	seitse(n)ky(n)t-kaheksan,
	usw.	seitkytkaheksan

3) Die Possessivsuffixe der 1. und 2. Person fallen oft weg, und die entsprechenden Pronomen werden verkürzt (vgl. § 36).

Possessiv-suffixe fallen weg		
	(minun) kirja/ni	mun kirja
	(sinun) kirja/si	sun kirja
	(meidän) kirja/mme	meiän kirja
	(teidän) kirja/nne	teiän kirja

4) Die Endung der 3. Person Plural der finiten Verben wird nicht gebraucht, sondern an ihre Stelle tritt die Endung der 3. Person Singular (vgl. § 24). Oft gebraucht man auch das Pronomen *ne* und nicht *he* (wie entsprechend im Singular *se* und nicht *hän*).

3. Pers. Pl. = 3. Pers. Sing.		
	he tule/vat	ne tulee
	he anta/vat	ne antaa
	he mene/vät	ne menee

5) Anstelle der Endung **-mme** der 1. Person Plural gebraucht man Passivformen (§§ 69–71).

Passiv statt **-mme**		
	me sano/mme	me sanotaan
	me sano/i/mme	me sanottiin
	me sano/isi/mme	me sanottais(iin)
	sanokaamme	sanotaan
	emme sano	me ei sanota
	emme sano/neet	me ei sanottu

	emme sano/isi	me ei sanottais(i)
	me mene/mme	me mennään
	me men/i/mme	me mentiin
	me men/isi/mme	me mentäis(iin)
	menkäämme	mennään
	emme mene	me ei mennä
	emme men/neet	me ei menty
	emme men/isi	me ei mentäis(i)
	emme ol/isi men/neet	me ei oltais menty

6) Die Fragepartikel **-ko** ~ **-kö** wird oft zu **-ks** (vgl. § 30.1).

-ko ~ -kö = **-ks**	onko teillä	onks teil
	palaako täällä	palaaks tääl
	vienkö minä	vienks mä

7) Die Endung **-ma** ~ **-mä** des Illativs des Infinitiv III (§ 77) fällt oft weg.

-ma ~ -mä fällt weg	mennään nukku/ma/an	mennään nukkuun
	lähden tanssi/ma/an	lähen tanssiin
	tuletko kävele/mä/än	tuuks käveleen

Hierbei paßt sich die Kasusendung **-Vn** an den letzten Vokal des Stammes an, z. B. nukku/un.

Flexionsschemata

Nomina

		Singular	Plural	Singular	Plural
talo	Nom.	talo	talot	kauppa	kaupat
kauppa	Gen.	talon	talojen	kaupan	kauppojen
	Part.	taloa	taloja	kauppaa	kauppoja
	Iness.	talossa	taloissa	kaupassa	kaupoissa
	Elat.	talosta	taloista	kaupasta	kaupoista
	Illat.	taloon	taloihin	kauppaan	kauppoihin
	Adess.	talolla	taloilla	kaupalla	kaupoilla
	Ablat.	talolta	taloilta	kaupalta	kaupoilta
	Allat.	talolle	taloille	kaupalle	kaupoille
	Ess.	talona	taloina	kauppana	kauppoina
	Transl.	taloksi	taloiksi	kaupaksi	kaupoiksi
tunti (§ 18.1)	Nom.	tunti	tunnit	käsi	kädet
käsi (§ 18.4)	Gen.	tunnin	tuntien	käden	käsien
	Part.	tuntia	tunteja	kättä	käsiä
	Iness.	tunnissa	tunneissa	kädessä	käsissä
	Elat.	tunnista	tunneista	kädestä	käsistä
	Illat.	tuntiin	tunteihin	käteen	käsiin
	Adess.	tunnilla	tunneilla	kädellä	käsillä
	Ablat.	tunnilta	tunneilta	kädeltä	käsiltä
	Allat.	tunnille	tunneille	kädelle	käsille
	Ess.	tuntina	tunteina	kätenä	käsinä
	Transl.	tunniksi	tunneiksi	kädeksi	käsiksi
kieli (§ 18.3)	Nom.	kieli	kielet	liike	liikkeet
liike (§ 19)	Gen.	kielen	kielten	liikkeen	liikkeiden
	Part.	kieltä	kieliä	liikettä	liikkeitä
	Iness.	kielessä	kielissä	liikkeessä	liikkeissä
	Elat.	kielestä	kielistä	liikkeestä	liikkeistä
	Illat.	kieleen	kieliin	liikkeeseen	liikkeisiin
	Adess.	kielellä	kielillä	liikkeellä	liikkeillä
	Ablat.	kieleltä	kieliltä	liikkeeltä	liikkeiltä
	Allat.	kielelle	kielille	lliikkeelle	liikkeille
	Ess.	kielenä	kielinä	liikkeenä	liikkeinä
	Transl.	kieleksi	kieliksi	liikkeeksi	liikkeiksi

Flexionsschemata

		Singular	*Plural*	*Singular*	*Plural*
ihminen	Nom.	ihminen	ihmiset	ajatus	ajatukset
(§ 20.1)	Gen.	ihmisen	ihmisten	ajatuksen	ajatusten
ajatus (§ 20.2)	Part.	ihmistä	ihmisiä	ajatusta	ajatuksia
	Iness.	ihmisessä	ihmisissä	ajatuksessa	ajatuksissa
	Elat.	ihmisestä	ihmisistä	ajatuksesta	ajatuksista
	Illat.	ihmiseen	ihmisiin	ajatukseen	ajatuksiin
	Adess.	ihmisellä	ihmisillä	ajatuksella	ajatuksilla
	Ablat.	ihmiseltä	ihmisiltä	ajatukselta	ajatuksilta
	Allat.	ihmiselle	ihmisille	ajatukselle	ajatuksille
	Ess.	ihmisenä	ihmisinä	ajatuksena	ajatuksina
	Transl.	ihmiseksi	ihmisiksi	ajatukseksi	ajatuksiksi
taivas (§ 20.3)	Nom.	taivas	taivaat	rengas	renkaat
rengas	Gen.	taivaan	taivaiden	renkaan	renkaiden
(§ 20.3)	Part.	taivasta	taivaita	rengasta	renkaita
	Iness.	taivaassa	taivaissa	renkaassa	renkaissa
	Elat.	taivaasta	taivaista	renkaasta	renkaista
	Illat.	taivaaseen	taivaisiin	renkaaseen	renkaisiin
	Adess.	taivaalla	taivailla	renkaalla	renkailla
	Ablat.	taivaalta	taivailta	renkaalta	renkailta
	Allat.	taivaalle	taivaille	renkaalle	renkaille
	Ess.	taivaana	taivaina	renkaana	renkaina
	Transl.	taivaaksi	taivaiksi	renkaaksi	renkaiksi
hyvyys	Nom.	hyvyys	hyvyydet	avain	avaimet
(§ 20.4)	Gen.	hyvyyden	hyvyyksien	avaimen	avaimien
avain (§ 20.5)	Part.	hyvyyttä	hyvyyksiä	avainta	avaimia
	Iness.	hyvyydessä	hyvyyksissä	avaimessa	avaimissa
	Elat.	hyvyydestä	hyvyyksistä	avaimesta	avaimista
	Illat.	hyvyyteen	hyvyyksiin	avaimeen	avaimiin
	Adess.	hyvyydellä	hyvyyksillä	avaimella	avaimilla
	Ablat.	hyvyydeltä	hyvyyksiltä	avaimelta	avaimilta
	Allat.	hyvyydelle	hyvyyksille	avaimelle	avaimille
	Ess.	hyvyytenä	hyvyyksinä	avaimena	avaimina
	Transl.	hyvyydeksi	hyvyyksiksi	avaimeksi	avaimiksi
työ/tön (§ 20.6)	Nom.	työtön	työttömät	askel	askelet
askel (§ 20.7)	Gen.	työttömän	työttömien	askelen	askelien

		Singular	Plural	Singular	Plural
	Part.	työtöntä	työttömiä	askelta	askelia
	Iness.	työttömässä	työttömissä	askelessa	askelissa
	Elat.	työttömästä	työttömistä	askelesta	askelista
	Illat.	työttömään	työttömiin	askeleen	askeliin
	Adess.	työttömällä	työttömillä	askelella	askelilla
	Ablat.	työttömältä	työttömiltä	askelelta	askelilta
	Allat.	työttömälle	työttömille	askelelle	askelille
	Ess.	työttömänä	työttöminä	askelena	askelina
	Transl.	työttömäksi	työttömiksi	askeleksi	askeliksi
kolmas (§ 53)	Nom.	kolmas	kolmannet	suurempi	suuremmat
suurempi	Gen.	kolmannen	kolmansien	suuremman	suurempien
(§ 85)	Part.	kolmatta	kolmansia	suurempaa	suurempia
	Iness.	kolmannessa	kolmansissa	suuremmassa	suuremmissa
	Elat.	kolmannesta	kolmansista	suuremmasta	suuremmista
	Illat.	kolmanteen	kolmansiin	suurempaan	suurempiin
	Adess.	kolmannella	kolmansilla	suuremmalla	suuremmilla
	Ablat.	kolmannelta	kolmansilta	suuremmalta	suuremmilta
	Allat.	kolmannelle	kolmansille	suuremmalle	suuremmille
	Ess.	kolmantena	kolmansina	suurempana	suurempina
	Transl.	kolmanneksi	kolmansiksi	suuremmaksi	suuremmiksi
suurin (§ 86)	Nom.	suurin	suurimmat		
	Gen.	suurimman	suurimpien		
	Part.	suurinta	suurimpia		
	Iness.	suurimmassa	suurimmissa		
	Elat.	suurimmasta	suurimmista		
	Illat.	suurimpaan	suurimpiin		
	Adess.	suurimmalla	suurimmilla		
	Ablat.	suurimmalta	suurimmilta		
	Allat.	suurimmalle	suurimmille		
	Ess.	suurimpana	suurimpina		
	Transl.	suurimmaksi	suurimmiksi		

Verben

			Indikativ Präsens bejahende Form	verneinende Form
	Aktiv			
sanoa (§ 23.1)	Sg.	1	sanon	en sano
		2	sanot	et sano
		3	sanoo	ei sano
	Pl.	1	sanomme	emme sano
		2	sanotte	ette sano
		3	sanovat	eivät sano
	Passiv		sanotaan	ei sanota

Imperfekt

Aktiv
Sg.	1	sanoin	en sanonut
	2	sanoit	et sanonut
	3	sanoi	ei sanonut
Pl.	1	sanoimme	emme sanoneet
	2	sanoitte	ette sanoneet
	3	sanoivat	eivät sanoneet
Passiv		sanottiin	ei sanottu

Perfekt

Aktiv
Sg.	1	olen sanonut	en ole sanonut
	2	olet sanonut	et ole sanonut
	3	on sanonut	ei ole sanonut
Pl.	1	olemme sanoneet	emme ole sanoneet
	2	olette sanoneet	ette ole sanoneet
	3	ovat sanoneet	eivät ole sanoneet
Passiv		on sanottu	ei ole sanottu

Plusquamperfekt

Aktiv
Sg.	1	olin sanonut	en ollut sanonut
	2	olit sanonut	et ollut sanonut
	3	oli sanonut	ei ollut sanonut
Pl.	1	olimme sanoneet	emme elleet sanoneet
	2	olitte sanoneet	ette olleet sanoneet
	3	olivat sanoneet	eivät olleet sanoneet
Passiv		oli sanottu	ei ollut sanottu

Konditional
Präsens

Aktiv
Sg.	1	sanoisin	en sanoisi
	2	sanoisit	et sanoisi
	3	sanoisi	ei sanoisi
Pl.	1	sanoisimme	emme sanoisi
	2	sanoisitte	ette sanoisi
	3	sanoisivat	eivät sanoisi
Passiv		sanottaisiin	ei sanottaisi

Perfekt

Aktiv			
Sg.	1	olisin sanonut	en olisi sanonut
	2	olisit sanonut	et olisi sanonut
	3	olisi sanonut	ei olisi sanonut
Pl.	1	olisimme sanoneet	emme olisi sanoneet
	2	olisitte sanoneet	ette olisi sanoneet
	3	olisivat sanoneet	eivät olisi sanoneet
Passiv		olisi sanottu	ei olisi sanottu

Imperativ

Aktiv			
Sg.	2	sano	älä sano
	3	sanokoon	älköön sanoko
Pl.	1	sanokaamme	älkäämme sanoko
	2	sanokaa	älkää sanoko
	3	sanokoot	älkööt sanoko
Passiv		sanottakoon	älköön sanottako

Potential
Präsens

Aktiv			
Sg.	1	sanonen	en sanone
	2	sanonet	et sanone
	3	sanonee	ei sanone
Pl.	1	sanonemme	emme sanone
	2	sanonette	ette sanone
	3	sanonevat	eivät sanone
Passiv		sanottaneen	ei sanottane

Perfekt

Aktiv			
Sg.	1	lienen sanonut	en liene sanonut
	2	lienet sanonut	et liene sanonut
	3	lienee sanonut	ei liene sanonut
Pl.	1	lienemme sanoneet	emme liene sanoneet
	2	lienette sanoneet	ette liene sanoneet
	3	lienevät sanoneet	eivät liene sanoneet
Passiv		lienee sanottu	ei liene sanottu

Infinitive

Inf. I	sanoa
	sanoakseni
Inf. II	sanoessa
	sanoen
Inf. III	sanomaan
	sanomassa
	sanomasta
	sanomalla
	sanomatta

Partizipien

Part. Präs.	Akt.	sanova
	Pass.	sanottava
Part. Perf.	Akt.	sanonut
	Pass.	sanottu

Indikativ
Präsens

hypätä
(§ 23.2)

		bejahende Formen	verneinende Formen
Aktiv			
Sg.	1	hyppään	en hyppää
	2	hyppäät	et hyppää
	3	hyppää	ei hyppää
Pl.	1	hyppäämme	emme hyppää
	2	hyppäätte	ette hyppää
	3	hyppäävät	eivät hyppää
Passiv		hypätään	ei hypätä

Imperfekt

Aktiv			
Sg.	1	hyppäsin	en hypännyt
	2	hyppäsit	et hypännyt
	3	hyppäsi	ei hypännyt
Pl.	1	hyppäsimme	emme hypänneet
	2	hyppäsitte	ette hypänneet
	3	hyppäsivät	eivät hypänneet
Passiv		hypättiin	ei hypätty

Perfekt

Aktiv			
Sg.	1	olen hypännyt	en ole hypännyt
	2	olet hypännyt	et ole hypännyt
	3	on hypännyt	ei ole hypännyt
Pl.	1	olemme hypänneet	emme ole hypänneet
	2	olette hypänneet	ette ole hypänneet
	3	ovat hypänneet	eivät ole hypänneet
Passiv		on hypätty	ei ole hypätty

Plusquamperfekt

Aktiv			
Sg.	1	olin hypännyt	en ollut hypännyt
	2	olit hypännyt	et ollut hypännyt
	3	oli hypännyt	ei ollut hypännyt
Pl.	1	olimme hypänneet	emme olleet hypänneet
	2	olitte hypänneet	ette olleet hypänneet
	3	olivat hypänneet	eivät olleet hypänneet
Passiv		oli hypätty	ei ollut hypätty

Konditional
Präsens

Aktiv			
Sg.	1	hyppäisin	en hyppäisi
	2	hyppäisit	et hyppäisi
	3	hyppäisi	ei hyppäisi
Pl.	1	hyppäisimme	emme hyppäisi
	2	hyppäisitte	ette hyppäisi
	3	hyppäisivät	eivät hyppäisi
Passiv		hypättäisiin	ei hypättäisi

Perfekt

Aktiv			
Sg.	1	olisin hypännyt	en olisi hypännyt
	2	olisit hypännyt	et olisi hypännyt
	3	olisi hypännyt	ei olisi hypännyt
Pl.	1	olisimme hypänneet	emme olisi hypänneet
	2	olisitte hypänneet	ette olisi hypänneet
	3	olisivat hypänneet	eivät olisi hypänneet
Passiv		olisi hypätty	ei olisi hypätty

Imperativ

Aktiv

Sg.	2	hyppää	älä hyppää
	3	hypätköön	älköön hypätkö
Pl.	1	hypätkäämme	älkäämme hypätkö
	2	hypätkää	älkää hypätkö
	3	hypätkööt	älkööt hypätkö
Passiv		hypättäköön	älköön hypättäkö

Potential
Präsens

Aktiv

Sg.	1	hypännen	en hypänne
	2	hypännet	et hypänne
	3	hypännee	ei hypänne
Pl.	1	hypännemme	emme hypänne
	2	hypännette	ette hypänne
	3	hypännevät	eivät hypänne
Passiv		hypättäneen	ei hypättäne

Perfekt

Aktiv

Sg.	1	lienen hypännyt	en liene hypännyt
	2	lienet hypännyt	et liene hypännyt
	3	lienee hypännyt	ei liene hypännyt
Pl.	1	lienemme hypänneet	emme liene hypänneet
	2	lienette hypänneet	ette liene hypänneet
	3	lienevät hypänneet	eivät liene hypänneet
Passiv		lienee hypätty	ei liene hypätty

Infinitive

Inf. I	hypätä
	hypätäkseni
Inf. II	hypätessä
	hypäten
Inf. III	hyppäämään
	hyppäämässä
	hyppäämästä
	hyppäämällä
	hyppäämättä

Partizipien

Part. Präs.	Akt.	hyppäävä
	Pass.	hypättävä
Part. Perf.	Akt.	hypännyt
	Pass.	hypätty

Indikativ

Präsens

saada (§ 23.3)

		bejahende Formen	verneinende Formen
Aktiv			
Sg.	1	saan	en saa
	2	saat	et saa
	3	saa	ei saa
Pl.	1	saamme	emme saa
	2	saatte	ette saa
	3	saavat	eivät saa
Passiv		saadaan	ei saada

Imperfekt

Aktiv			
Sg.	1	sain	en saanut
	2	sait	et saanut
	3	sai	ei saanut
Pl.	1	saimme	emme saaneet
	2	saitte	ette saaneet
	3	saivat	eivät saaneet
Passiv		saatiin	ei saatu

Perfekt

Aktiv			
Sg.	1	olen saanut	en ole saanut
	2	olet saanut	et ole saanut
	3	on saanut	ei ole saanut
Pl.	1	olemme saaneet	emme ole saaneet
	2	olette saaneet	ette ole saaneet
	3	ovat saaneet	eivät ole saaneet
Passiv		on saatu	ei ole saatu

Plusquamperfekt

Aktiv
Sg.	1	olin saanut	en ollut saanut
	2	olit saanut	et ollut saanut
	3	oli saanut	ei ollut saanut
Pl.	1	olimme saaneet	emme olleet saaneet
	2	olitte saaneet	ette olleet saaneet
	3	olivat saaneet	eivät olleet saaneet
Passiv		oli saatu	ei ollut saatu

Konditional
Präsens

Aktiv
Sg.	1	saisin	en saisi
	2	saisit	et saisi
	3	saisi	ei saisi
Pl.	1	saisimme	emme saisi
	2	saisitte	ette saisi
	3	saisivat	eivät saisi
Passiv		saataisiin	ei saataisi

Perfekt

Aktiv
Sg.	1	olisin saanut	en olisi saanut
	2	olisit saanut	et olisi saanut
	3	olisi saanut	ei olisi saanut
Pl.	1	olisimme saaneet	emme olisi saaneet
	2	olisitte saaneet	ette olisi saaneet
	3	olisivat saaneet	eivät olisi saaneet
Passiv		olisi saatu	ei olisi saatu

Imperativ

Aktiv
Sg.	2	saa	älä saa
	3	saakoon	älköön saako
Pl.	1	saakaamme	älkäämme saako
	2	saakaa	älkää saako
	3	saakoot	älkööt saako
Passiv		saatakoon	älköön saatako

Potential
Präsens

Aktiv
Sg.	1	saanen	en saane
	2	saanet	et saane
	3	saanee	ei saane
Pl.	1	saanemme	emme saane
	2	saanette	ette saane
	3	saanevat	eivät saane
Passiv		saataneen	ei saatane

Perfekt

Aktiv
Sg.	1	lienen saanut	en liene saanut
	2	lienet saanut	et liene saanut
	3	lienee saanut	ei liene saanut
Pl.	1	lienemme saaneet	emme liene saaneet
	2	lienette saaneet	ette liene saaneet
	3	lienevät saaneet	eivät liene saaneet
Passiv		lienee saatu	ei liene saatu

Infinitive

Inf. I	saada
	saadakseni
Inf. II	saadessa
	saaden
Inf. III	saamaan
	saamassa
	saamasta
	saamalla
	saamatta

Partizipien

Part. Präs.	Akt.	saava
	Pass.	saatava
Part. Perf.	Akt.	saanut
	Pass.	saatu

Flexionsschemata

tarvita
(§ 23.4)

		Indikativ	
		Präsens	
		bejahende Form	verneinende Form
Aktiv			
Sg.	1	tarvitsen	en tarvitse
	2	tarvitset	et tarvitse
	3	tarvitsee	ei tarvitse
Pl.	1	tarvitsemme	emme tarvitse
	2	tarvitsette	ette tarvitse
	3	tarvitsevat	eivät tarvitse
Passiv		tarvitaan	ei tarvita

		Imperfekt	
Aktiv			
Sg.	1	tarvitsin	en tarvinnut
	2	tarvitsit	et tarvinnut
	3	tarvitsi	ei tarvinnut
Pl.	1	tarvitsimme	emme tarvinneet
	2	tarvitsitte	ette tarvinneet
	3	tarvitsivat	eivät tarvinneet
Passiv		tarvittiin	ei tarvittu

		Perfekt	
Aktiv			
Sg.	1	olen tarvinnut	en ole tarvinnut
	2	olet tarvinnut	et ole tarvinnut
	3	on tarvinnut	ei ole tarvinnut
Pl.	1	olemme tarvinneet	emme ole tarvinneet
	2	olette tarvinneet	ette ole tarvinneet
	3	ovat tarvinneet	eivät ole tarvinneet
Passiv		on tarvittu	ei ole tarvittu

		Plusquamperfekt	
Aktiv			
Sg.	1	olin tarvinnut	en ollut tarvinnut
	2	olit tarvinnut	et ollut tarvinnut
	3	oli tarvinnut	ei ollut tarvinnut
Pl.	1	olimme tarvinneet	emme olleet tarvinneet
	2	olitte tarvinneet	ette olleet tarvinneet
	3	olivat tarvinneet	eivät olleet tarvinneet
Passiv		oli tarvittu	ei ollut tarvittu

Konditional
Präsens

		Aktiv	
Sg.	1	tarvitsisin	en tarvitsisi
	2	tarvitsisit	et tarvitsisi
	3	tarvitsisi	ei tarvitsisi
Pl.	1	tarvitsisimme	emme tarvitsisi
	2	tarvitsisitte	ette tarvitsisi
	3	tarvitsisivat	eivät tarvitsisi
Passiv		tarvittaisiin	ei tarvittaisi

Perfekt

		Aktiv	
Sg.	1	olisin tarvinnut	en olisi tarvinnut
	2	olisit tarvinnut	et olisi tarvinnut
	3	olisi tarvinnut	ei olisi tarvinnut
Pl.	1	olisimme tarvinneet	emme olisi tarvinneet
	2	olisitte tarvinneet	ette olisi tarvinneet
	3	olisivat tarvinneet	eivät olisi tarvinneet
Passiv		olisi tarvittu	ei olisi tarvittu

Imperativ

		Aktiv	
Sg.	2	tarvitse	älä tarvitse
	3	tarvitkoon	älköön tarvitko
Pl.	1	tarvitkaamme	älkäämme tarvitko
	2	tarvitkaa	älkää tarvitko
	3	tarvitkoot	älkööt tarvitko
Passiv		tarvittakoon	älköön tarvittako

Potential
Präsens

		Aktiv	
Sg.	1	tarvinnen	en tarvinne
	2	tarvinnet	et tarvinne
	3	tarvinnee	ei tarvinne
Pl.	1	tarvinnemme	emme tarvinne
	2	tarvinnette	ette tarvinne
	3	tarvinnevat	eivät tarvinne
Passiv		tarvittaneen	ei tarvittane

Perfekt

Aktiv			
Sg.	1	lienen tarvinnut	en liene tarvinnut
	2	lienet tarvinnut	et liene tarvinnut
	3	lienee tarvinnut	ei liene tarvinnut
Pl.	1	lienemme tarvinneet	emme liene tarvinneet
	2	lienette tarvinneet	ette liene tarvinneet
	3	lienevät tarvinneet	eivät liene tarvinneet
Passiv		lienee tarvittu	ei liene tarvittu

Infinitive

Inf. I	tarvita
	tarvitakseni
Inf. II	tarvitessa
	tarviten
Inf. III	tarvitsemaan
	tarvitsemassa
	tarvitsemasta
	tarvitsemalla
	tarvitsematta

Partizipien

Part. Präs.	Akt.	tarvitseva
	Pass.	tarvittava
Part. Perf.	Akt.	tarvinnut
	Pass.	tarvittu

Literatur

AALTIO, Maija-Hellikki, *Finnish for Foreigners*. I (Zwölfte Aufl.), II (Vierte Aufl.). Otava, Helsinki 1999. (Elementarbuch für Anfänger (I) und Fortgeschrittene (II))

ABONDOLO, Daniel, *Colloquial Finnish. The Complete Course for Beginners.* Routledge, London & New York 1998.

BRANCH, Michael & NIEMIKORPI, Antero & SAUKKONEN, Pauli, *A Student's Glossary of Finnish*. WSOY, Helsinki 1980. (Zentraler Wortschatz auf der Grundlage zahlreicher Frequenzuntersuchungen)

FROMM, Hans, *Finnische Grammatik*. Winter, Heidelberg 1982. (Umfassende wissenschaftliche Darstellung)

HAKULINEN, Auli & KARLSSON, Fred, *Nykysuomen lauseoppia*. Dritte Aufl. Suomalaisen Kirjallisuuden Seura, Helsinki 1995. (Umfassende wissenschaftliche Beschreibung der Syntax)

HÄMÄLÄINEN, Eila, *Aletaan! Suomen kielen oppikirja vasta-alkajille*. Fünfzehnte Aufl. Helsingin yliopiston suomen kielen laitos, Helsinki 2000. (Elementarbuch für Anfänger)

–, *Jatketaan! Suomen kielen oppikirja alkeet osaaville*. Neunte Aufl. Helsingin yliopiston suomen kielen laitos, Helsinki 1998. (Lehrbuch für Fortgeschrittene)

KARLSSON, Fred, *Suomen kielen äänne- ja muotorakenne*. WSOY, Helsinki 1983. (Umfassende wissenschaftliche Beschreibung der Laut- und Formenstruktur)

LEPÄSMAA, Anna-Liisa & SILFVERBERG, Leena, *Suomen kielen alkeisoppikirja*. Siebte Aufl. Finn Lectura, Helsinki 1999. (Elementarbuch für Anfänger)

NUUTINEN, Olli, *Suomea suomeksi*. I (Zwölfte Aufl.), II (Achte Aufl.). Suomalaisen Kirjallisuuden Seura, Helsinki 2000, 1997. (Elementarbuch für Anfänger (I) und Fortgeschrittene (II))

SAUKKONEN, Pauli & HAIPUS, Marjatta & NIEMIKORPI, Antero & SULKALA, Helena, *Suomen kielen taajuussanasto*. WSOY, Helsinki 1979. (Frequenzwörterbuch)

SEMRAU, Richard, *Finnisch. Langenscheidts Praktisches Lehrbuch*. Langenscheidt, Berlin 1983.

SILFVERBERG, Leena, *Harjoituskirja suomen kielen perusopetusta varten*. Fünfte Aufl. Finn Lectura, Helsinki 1998. (Übungsbuch für Anfänger)

SILFVERBERG, Leena, *Harjoituskirja suomen kielen jatko-opetusta varten*. Fünfte Aufl. Finn Lectura, Helsinki 2000. (Übungsbuch für Fortgeschrittene)

–, *Suomen kielen jatko-oppikirja*. Fünfte Aufl. Finn Lectura, Helsinki 2000. (Lehrbuch für Fortgeschrittene)

STEINER, Marja-Liisa & ASSMANN, Dietrich, *Finnisch für Sie*. Vierte Aufl. Max Hueber Verlag, München 1996. (mit Kassette)

VESIKANSA, Jouko, *Johdokset.* WSOY, Helsinki 1977. (Ableitungslehre)

WHITE, Leila, *From Start to Finnish. A Short Course in Finnish*. Finn Lectura, Helsinki 2000. (Elementarbuch für Anfänger)

–, *Suomen kielioppia ulkomaalaisille*. Finn Lectura, Helsinki 1997. (Finnische Grammatik für Ausländer)

Sachregister
(die Zahlen verweisen auf die Paragraphen)

Abessiv 51
Ablativ 45
Ableiten 92, 93
Ableitung 92, 93
Ableitungssuffix 92, 93
absoluter Superlativ 86
Adessiv 44
Adjektiv 12
Adverb 87
Adverbial 84
Agenskonstruktion 84
Agenspartizip 76, 84
Akkusativ 37, 38
Akzent 10
Allativ 46
Anhängepartikel 12–14, 91
Antwort 30
Attribut 31
Aussprache 5–10

bejahender Satz 29

Demonstrativpronomen 55
Diphthong 8

Elativ 42
Endung 12–14
enklitische Partikel =
  Anhängepartikel
Essiv 49

finite Verbform 13
Flexion 12–14, 17–23
Flexionsendung s. Flexion
Frage 30, 56
Fragepronomen 56

Genitiv 34, 35
Grundform 18–20, 23

Grundzahlen 52

Hauptakzent 10
Hilfsverb 27

Illativ 43
Imperativ 66
Imperfekt 60
Indefinitpronomen 57
Indikativ 64
Inessiv 41
Inessivkonstruktion 75.1
infinite Verbform 14, 73, 78
Infinitiv 73–77
Instruktiv 51
Interrogativpronomen 56
Intonation 10

Kasus(endung) 12
Komitativ 51
Komparativ 85
Konditional 65
Kongruenz 24, 31
Konjunktion 90
Konsonant 6

Modus 64–67

Nebenakzent 10
Nominativ 25
Nomen 12
Numerus 26

Objekt 33.2, 37, 38
Ordnungszahl 53
Orthographie 5

Partizip 78–84
Partizipialkonstruktion 82

Partitiv 32, 33
Passiv 68–72
Perfekt 61
Person 24
Personalpronomen 54
Phonem 5, 6
Plural 26
Plusquamperfekt 62
Possessivkonstruktion 28
Possessivsuffix 36
Postposition 89
Potential 67
Prädikativ 25.3, 33.3
Präposition 88
Präsens 59
Pronomen 54–58

Quantität 7

Rechtschreibung 5
Relativpronomen 58

schwache Stufe 15
Silbe 9
Singular 26
Stamm 12–14

starke Stufe 15
Stufenwechsel 15
Subjekt 25.3, 33.1
Substantiv 12
Superlativ 86

teilbares Substantiv 25.2
Temporalkonstruktion 83
Tempus 59–63
Translativ 50

unteilbares Substantiv 25.2

Verb 13, 14
verneinender Satz 29
Verneinungsverb 29
Vokal 6
Vokalharmonie 11
Vokalveränderung 16
Vokalverbindung 8

Zahl 12
Zahlwort 52, 53
Zeitformen 59–63
Zusammensetzen (von Wörtern) 94